》 출제·해설위원

강현태	인천 가좌고
송혜정	원주 학성중
신형철	성결대 파이데이아학부 외래교수
양상진	화성 장안여중
오영미	헤아림한국사교육연구소
윤준기	남양주 예봉초
이은영	헤아림한국사교육연구소
정윤경	평택 청옥초
허영훈	안성 현매초

한권으로 끝내는
만만한 한국사
한국사능력검정시험 초급

구성과 특징

이론편 | 핵심 내용 정리

단원마다 자주 출제되는 주제를 바탕으로 정리하여 제시하였습니다. 어려운 용어 설명, 추가 설명, 사진, 지도, 도표 등을 보조단에 수록하였으며, 시험에 빈출되는 주제는 중요 표시를 통해 짚어 볼 수 있도록 구성하였습니다.

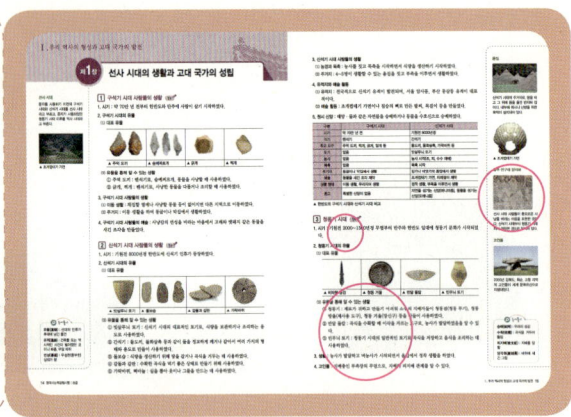

이론편 | 역사 자료 제시

본문의 이해를 돕기 위해 관련된 사료, 사진, 지도, 도표, 읽기자료 등을 수록하였습니다. 특히 자주 출제되는 사료들을 본문 내용과 연결하여 사료·해석에 도움을 줄 해설과 함께 제시하였습니다.

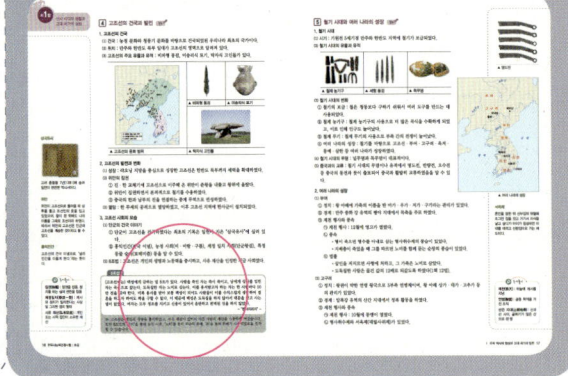

문제편 | 대표 기출 문제 제시

단원별로 자주 출제되는 대표 기출 문제를 선별하여 한국사능력검정시험을 대비할 수 있도록 하였습니다. 문제마다 문항 유형을 분석하여 문제의 유형과 의도를 파악할 수 있도록 제시하였습니다.

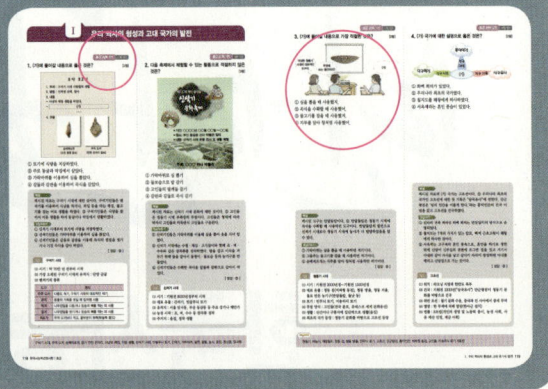

문제편 | 기출 문제 분석

문제에 대한 완벽한 이해를 돕기 위해 해설을 자세하게 제시하였으며, 오답피하기를 통해 틀린 부분을 확인할 수 있도록 하였습니다. 또한 참고를 통해 핵심 내용이나 심화 내용을 제시하였으며, 보기항으로 자주 제시되는 키워드를 하단에 정리하였습니다.

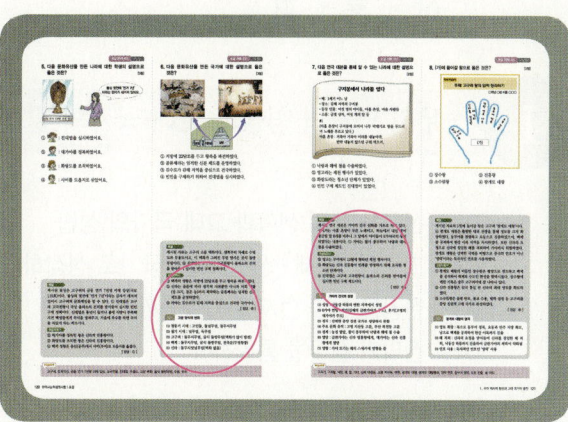

테마편

한국사능력검정시험에 자주 출제되는 세계 문화유산과 자연유산, 세계 기록 유산, 인류 무형 유산, 세시풍속, 지역의 역사를 간략하게 정리하여 제시하였습니다. 또한 자주 출제되는 인물들을 시대순으로 연표와 함께 구성하였습니다.

차례

이 / 론 / 편

I. 우리 역사의 형성과 고대 국가의 발전

01 ·· 선사 시대의 생활과 고대 국가의 성립　14
02 ·· 고구려 · 백제 · 신라, 고대 국가로 성장하다　19
03 ·· 한강을 누가 먼저 장악했을까?　21
04 ·· 신라가 삼국을 통일하다　24
05 ·· 통일 이후 신라는 어떻게 발전했을까?　26
06 ·· 대조영, 발해를 건국하다　28
07 ·· 고대의 경제와 사회의 모습은 어땠을까?　30
08 ·· 고대의 문화　33

II. 고려 귀족 사회의 형성과 변천

01 ·· 태조 왕건, 후삼국을 통일하다　40
02 ·· 고려 통치 체제의 특징은 무엇일까?　42
03 ·· 문벌 귀족 사회의 모순과 서경 천도 운동 그리고 무신 정변　44
04 ·· 북방 민족의 침략을 막아 내다　46
05 ·· 공민왕의 반원 자주 정책과 신진 사대부의 성장　48
06 ·· 고려 시대의 경제와 전시과의 변천 과정　50
07 ·· 고려 시대 사람들은 어떻게 살았을까?　52
08 ·· 찬란한 중세의 문화　54

III. 조선 유교 사회의 성립과 변화

01 ·· 조선의 건국과 유교적 통치 체제 정비　58
02 ·· 사림의 성장과 사화, 그리고 붕당이 형성되다　61
03 ·· 조선 전기의 경제 · 사회 · 문화　62
04 ·· 조선 전기의 대외 관계와 양 난　65
05 ·· 영조와 정조, 탕평 정책을 실시하다　68
06 ·· 조선 후기의 경제와 사회　70
07 ·· 조선 후기 새로운 문화가 등장하다　73

IV 국제 질서의 변동과 근대 국가 수립 운동

01 ·· 흥선 대원군의 개혁과 통상 수교 거부 정책　76
02 ·· 조선, 문호를 개방하다　78
03 ·· 개화 정책에 대한 반발　80
04 ·· 근대적 개혁의 추진　82
05 ·· 일제의 국권 침탈 과정　84
06 ·· 항일 의병 운동과 애국 계몽 운동　85
07 ·· 개항기 사람들은 어떻게 살았을까?　87

V 일제의 강점과 민족 운동의 전개

01 ·· 일제의 시기별 통치 방식은 어떻게 변했을까?　90
02 ·· 일제 강점기 국내 독립운동　92
03 ·· 일제 강점기 국외 독립운동　96
04 ·· 일제 강점기 사람들은 어떻게 살았을까?　98

VI 대한민국의 발전과 현대 세계의 변화

01 ·· 8·15 광복과 국토의 분단　102
02 ·· 6·25 전쟁과 전후 복구 사업　105
03 ·· 민주주의의 시련과 발전　107
04 ·· 북한 정권의 성립과 현재　110
05 ·· 통일을 위한 노력　112
06 ·· 광복 이후 우리 삶의 변화　114

문 / 제 / 편 ·············· 118
테 / 마 / 편 ·············· 178

한국사 능력검정시험 안내

한국사능력검정시험 개요

학교 교육에서 한국사의 위상은 날로 추락하고 있는데, 주변 국가들은 역사 교과서를 왜곡하고 심지어 역사 전쟁을 도발하고 있습니다. 한국사의 위상을 바르게 확립하는 것이 무엇보다 시급한 실정입니다.

이러한 현실에서 우리 역사에 관한 패러다임의 혁신과 한국사 교육의 위상을 강화하기 위하여 국사편찬위원회에서는 한국사능력검정시험을 마련하였습니다.

국사편찬위원회는 우리 역사에 대한 관심을 제고하고, 한국사 전반에 걸쳐 역사적 사고력을 평가하는 다양한 유형의 문항을 개발하고 있습니다. 이를 통해 한국사 교육의 올바른 방향을 제시하고, 자발적 역사 학습을 통해 고차원적 사고력과 문제 해결 능력을 배양하고자 합니다.

1. 한국사능력검정시험의 목적

- 우리 역사에 대한 관심을 확산·심화시키는 계기를 마련함
- 역사 교육의 올바른 방향을 제시함
- 균형 잡힌 역사의식을 갖도록 함
- 고차원적 사고력과 문제 해결 능력을 육성함

2. 한국사능력검정시험의 특징

한국사능력검정시험은 한 나라의 국민으로서 가져야 하는 기본적인 역사적 소양을 측정하고, 역사에 대한 전 국민적 공감대를 형성하기 위한 시험으로 다음과 같은 특징을 갖고 있습니다.

- **한국사 학습 능력을 측정할 수 있는 대표적인 시험입니다.**

- **응시자의 계층이 매우 다양합니다.**
  한국사능력검정시험은 입시생이나, 각종 채용시험과 같은 동일한 집단이 아니라, 다양한 연령층과 직업군을 가진 사람들이 응시하고 있습니다. 한국사에 대한 관심과 애정만 있다면 응시자의 학력 수준이나 연령 등은 더욱 다양해질 것입니다.

- **국가기관인 국사편찬위원회가 주관합니다.**
  우리의 역사에 대한 자료를 관장하고 있는 교육부 직속 기관인 국사편찬위원회가 주관·시행함으로써, 수준 높고 참신한 문항과 공신력있는 관리를 통해 안정적인 시험 운영을 하고 있습니다.

- **참신한 문항 개발에 노력하고 있습니다.**
  단순 암기 위주의 보편적인 문항보다는 다양한 영역에서 여러 접근 방법을 통해 풀 수 있는 참신한 문항, 탐구력을 증진할 수 있는 문항 개발을 통해 기존 시험의 틀을 탈피하려고 노력하고 있습니다.

- **'선발 시험'이 아니라 '인증 시험'입니다.**
  합격의 당락을 결정하는 선발 시험의 성격이 아니라 한국사의 학습 능력을 인증하는 시험입니다.

3 한국사능력검정시험의 출제유형

한국사능력검정시험의 문항은 역사 교육의 목표 준거에 따라 다음의 **여섯 가지 유형**으로 구분됩니다.

- **역사 지식의 이해**
  역사 탐구에 필요한 기본적인 지식, 즉 역사적 사실·개념·원리 등의 이해 정도를 묻는 영역입니다.

- **연대기의 파악**
  역사의 연속성과 변화 및 발전을 이해하고 있는지를 묻는 영역입니다. 역사 사건이나 상황을 시대 순으로 정확하게 이해하고 인과 관계를 파악할 수 있는가를 묻습니다.

- **역사 상황 및 쟁점의 인식**
  제시된 자료에서 해결해야 할 구체적 역사 상황과 핵심적인 논쟁점, 주장 등을 찾을 수 있는지를 묻는 영역입니다. 문헌자료, 도표, 사진 등의 형태로 주어진 자료에서 해결해야 할 과제를 포착하거나 변별해내는 능력이 있는지를 측정합니다.

- **역사 자료의 분석 및 해석**
  자료에 나타난 정보를 해석하여 그 의미를 파악할 수 있는가를 묻는 영역입니다. 정보의 분석을 바탕으로 자료의 시대적 배경과 사회적 의미를 해석할 수 있는가를 측정합니다.

- **역사 탐구의 설계 및 수행**
  제시된 문제의 성격과 목적을 고려하여 절차와 방법에 따라 역사 탐구를 설계하고 수행할 수 있는 능력이 있는가를 묻는 영역입니다.

- **결론의 도출 및 평가**
  주어진 자료의 타당성을 판별하고, 여러 자료를 종합하여 결론을 도출할 수 있는가를 묻는 영역입니다.

한국사능력검정시험 안내

④ 시험 요강

- **시험 주관 및 시행 기관** : 국사편찬위원회

- **응시 자격**
  - ▸ 한국사에 관심 있는 대한민국 국민(외국인도 가능)
  - ▸ 상급 학교 진학 희망자
  - ▸ 한국사 학습자
  - ▸ 기업체 취업 및 해외 유학 희망자 등

- **시험 종류 및 평가 등급**

시험종류	고급	중급	초급
인증 등급	1급(70점 이상)	3급(70점 이상)	5급(70점 이상)
	2급(69~60점)	4급(69~60점)	6급(69~60점)
문항 수	50문항(5지 택1형)	50문항(5지 택1형)	40문항(4지 택1형)

*100점 만점(문항별 1~3점 차등 배점)

- **평가 내용**

시험 구분	등급	평가 내용
고급	1, 2급	한국사 심화 과정으로 차원 높은 역사 지식, 통합적 이해력 및 분석력을 바탕으로 시대의 구조를 파악하고, 현재의 문제를 창의적으로 해결할 수 있는 능력 평가
중급	3, 4급	한국사 기초 심화 과정으로 한국사에 대한 기본적인 이해를 바탕으로 한국사의 흐름을 대략적으로 이해할 수 있는 능력과, 전반적인 이해를 바탕으로 한국사의 개념과 전개 과정을 체계적으로 파악할 수 있는 능력 평가
초급	5, 6급	한국사 입문 과정으로 한국사에 대한 흥미와 관심을 가지고 있으면 누구나 이해할 수 있는 기초적인 역사 상식을 평가

⑤ 활용 및 특전

- ▸ 2012년부터 한국사능력검정시험 2급 이상 합격자에 한해 안전행정부에서 시행하는 행정외무고등고시에 응시 자격 부여
- ▸ 2013년부터 한국사능력검정시험 3급 이상 합격자에 한해 교원임용시험 응시 자격 부여
- ▸ 국비 유학생, 해외파견 공무원, 이공계 전문연구요원(병역) 선발 시 국사 시험을 한국사능력검정시험(3급 이상 합격)으로 대체
- ▸ 일부 공기업 및 민간 기업의 사원 채용이나 승진 시 반영

6 응시정보

• **시험 시간**

등급	시간	내용	소요 시간
고급 (1급, 2급)	10:00~10:10	오리엔테이션(시험 시 주의 사항)	10분
	10:10~10:15	신분증 확인(감독관)	5분
	10:15~10:20	문제지 배부 및 파본 검사	5분
	10:20~11:40	시험 실시(50문항)	80분
중급 (3급, 4급)	10:00~10:10	오리엔테이션(시험 시 주의 사항)	10분
	10:10~10:15	신분증 확인(감독관)	5분
	10:15~10:20	문제지 배부 및 파본 검사	5분
	10:20~11:40	시험 실시(50문항)	80분
초급 (5급, 6급)	10:00~10:10	오리엔테이션(시험 시 주의 사항)	10분
	10:10~10:15	신분증 확인(감독관)	5분
	10:15~10:20	문제지 배부 및 파본 검사	5분
	10:20~11:20	시험 실시(40문항)	60분

• **시험결과 발표**

▶ 성적통지 방법 : 응시자가 인터넷 성적 조회 및 성적통지서, 인증서 출력

- 별도의 성적통지서, 인증서를 발급하지 않음
- 이전에 희망자에 한해 발급하던 인증카드는 제8회 한국사능력검정시험부터는 발급하지 않습니다.
- 한국사능력검정시험 홈페이지에서 출력한 인증서만 인증 효력이 있습니다.

한국사능력검정시험
초 급

이론편

역사를 잊은 민족에게 미래는 없다.
— 단재 신채호 —

I

우리 역사의 형성과 고대 국가의 발전

01 선사 시대의 생활과 고대 국가의 성립
02 고구려 · 백제 · 신라, 고대 국가로 성장하다
03 한강을 누가 먼저 장악했을까?
04 신라가 삼국을 통일하다
05 통일 이후 신라는 어떻게 발전했을까?
06 대조영, 발해를 건국하다
07 고대의 경제와 사회의 모습은 어땠을까?
08 고대의 문화

I. 우리 역사의 형성과 고대 국가의 발전

제1장 선사 시대의 생활과 고대 국가의 성립

선사 시대
문자를 사용하기 이전의 구석기 시대와 신석기 시대를 선사 시대라고 부르고, 문자가 사용되었던 청동기 시대 이후를 역사 시대라고 부른다.

1 구석기 시대

1. 시기 : 약 70만 년 전부터 한반도와 만주에 사람이 살기 시작하였다.

2. 구석기 시대의 유물

(1) 대표 유물

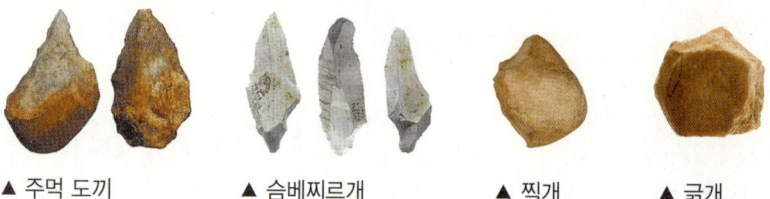

▲ 주먹 도끼 　　　▲ 슴베찌르개 　　　▲ 찍개 　　　▲ 긁개

(2) 유물을 통해 알 수 있는 생활
① 주먹 도끼 : 동물 사냥과 사냥한 동물을 다듬는 등 다양한 용도로 사용되었다.
② 슴베찌르개 : 동물을 사냥할 때 사용하였다.
③ 긁개, 찍개 : 사냥한 동물을 다듬을 때 사용하였다.

3. 구석기 시대 사람들의 생활
(1) 이동 생활 : 채집할 열매나 사냥할 동물이 없어지면 다른 지역으로 이동하였다.
(2) 주거지 : 이동 생활을 하며 동굴이나 막집에서 생활하였다.

2 신석기 시대

1. 시기 : 기원전 8000년경 한반도에 신석기 인류가 등장하였다.

2. 신석기 시대의 유물

(1) 대표 유물

▲ 빗살무늬 토기 　　▲ 돌보습 　　　▲ 갈돌과 갈판 　　　▲ 가락바퀴

(2) 유물을 통해 알 수 있는 생활
① 빗살무늬 토기 : 식량을 보관하거나 조리하는 용도로 사용하였다.
② 간석기 : 돌도끼, 돌화살촉 등과 같이 돌을 정교하게 깨거나 갈아서 여러 가지 형태와 용도로 간석기를 만들어 사용하였다.
③ 돌보습 : 식량을 생산하기 위해 흙을 갈아엎을 때 사용하였다.
④ 갈돌과 갈판 : 수확한 곡식을 먹기 좋은 상태로 만들기 위해 사용하였다.
⑤ 가락바퀴, 뼈바늘 : 실을 뽑아 옷이나 그물을 만드는 데 사용하였다.

유물(遺物) : 선대의 인류가 후대에 남긴 물건

3. 신석기 시대 사람들의 생활

(1) **농경과 목축** : 농사를 짓고 목축을 시작하면서 식량을 생산하기 시작하였다.
(2) **주거지** : 4~5명이 생활할 수 있는 움집을 짓고 부족을 이루면서 생활하였다.

4. 유적지와 예술 활동

(1) **유적지** : 전국적으로 신석기 유적이 발견되며, 서울 암사동, 부산 동삼동 유적이 대표적이다.
(2) **예술 활동** : 조개껍데기 가면이나 짐승의 뼈로 만든 팔찌, 목걸이 등을 만들었다.

5. 원시 신앙
태양·물과 같은 자연물을 숭배하거나 동물을 수호신으로 숭배하였다.

움집

신석기 시대의 주거지로, 땅을 파고 그 위에 움을 올린 반지하 집이다. 내부에 취사나 난방을 위한 화덕이 설치되어 있다.

▲ 조개껍데기 가면

구분	구석기 시대	신석기 시대
시기	약 70만 년 전	기원전 8000년경
석기	뗀석기	간석기
주요 도구	주먹 도끼, 찍개, 긁개, 밀개 등	돌도끼, 돌화살촉, 가락바퀴 등
토기	없음	빗살무늬 토기
농사	없음	농사 시작(조, 피, 수수 재배)
목축	없음	목축 시작
주거지	동굴이나 막집에서 생활	강가나 바닷가의 움집에서 생활
예술	동물을 새긴 조각 제작	조개껍데기 가면, 치레걸이 제작
생활 형태	이동 생활, 무리지어 생활	정착 생활, 부족을 이루면서 생활
종교	특별한 신앙이 없음	자연을 섬기는 신앙(애니미즘) 동물을 섬기는 신앙(토테미즘)

▲ 구석기 시대와 신석기 시대

3 청동기 시대 〈중요〉

1. 시기
기원전 2000~1500년경 무렵부터 만주와 한반도 일대에서 청동기 문화가 시작되었다.

2. 청동기 시대의 유물

(1) **대표 유물**

▲ 비파형 동검   ▲ 청동 거울   ▲ 반달 돌칼   ▲ 민무늬 토기

(2) **유물을 통해 알 수 있는 생활**
① **청동기** : 재료가 귀하고 만들기 어려워 소수의 지배자들이 청동검(청동 무기), 청동 방울(제사용 도구), 청동 거울(장신구) 등을 만들어 사용하였다.
② **반달 돌칼** : 곡식을 수확할 때 이삭을 자르는 도구로, 청동기 시대에 농사가 발달하였음을 알 수 있다.
③ **민무늬 토기** : 청동기 시대의 일반적인 토기로, 곡식을 저장하고 음식을 조리하는 데 사용하였다.

3. 생활
농사가 발달하고 벼농사가 시작되면서 움집에서 정착 생활을 하였다.

4. 고인돌
지배층인 부족장의 무덤으로, 지배와 피지배 관계를 알 수 있다.

고인돌

2000년 강화도, 화순, 고창 지역의 고인돌이 세계 문화유산으로 지정되었다.

용어풀이

숭배(崇拜) : 우러러 섬김
수확(收穫) : 곡식을 거두어 들임
피지배(被支配) : 지배를 당함

제1장 선사 시대의 생활과 고대 국가의 성립

4 고조선의 건국과 발전

1. 고조선의 건국

(1) 건국 : 우리나라 최초의 국가로, 농경 문화와 청동기 문화를 바탕으로 건국되었다.
(2) 위치 : 만주와 한반도 북부 일대가 고조선의 영역으로 알려져 있다.
(3) 고조선의 주요 유물과 유적 : 비파형 동검, 미송리식 토기, 탁자식 고인돌이 있다.

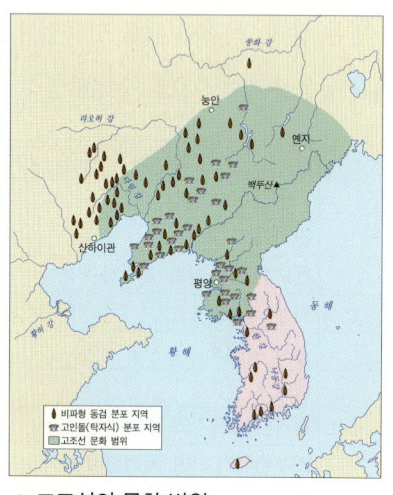
▲ 고조선의 문화 범위

▲ 비파형 동검

▲ 미송리식 토기

▲ 탁자식 고인돌

2. 고조선의 발전과 변화

(1) 성장 : 랴오닝 지방을 중심으로 성장한 고조선은 한반도 북부까지 세력을 확대하였다.
(2) 위만의 집권
  ① 진·한 교체기에 고조선으로 이주해 온 위만이 준왕을 내쫓고 왕위에 올랐다.
  ② 위만이 집권하면서 본격적으로 철기를 수용하였다.
  ③ 중국의 한과 진국을 연결하는 중계 무역으로 번성하였다.
(3) 멸망 : 한 무제의 공격으로 멸망하였고(기원전 108), 이후 고조선 지역에 한사군이 설치되었다.

3. 고조선 사회의 모습

(1) 단군의 건국 이야기
  ① 단군이 고조선을 건국하였다는 최초의 기록은 일연이 지은 "삼국유사"에 실려 있다.
  ② 홍익인간(건국 이념), 농경 사회(비·바람·구름), 제정일치 사회(단군왕검), 특정 동물 숭배(토테미즘) 등을 알 수 있다.
(2) 8조법 : 고조선은 개인의 생명과 노동력을 중시하고, 사유 재산을 인정한 계급 사회였다.

> **8조법**
>
> (고조선에는) 백성에게 금하는 법 8조가 있다. 사람을 죽인 자는 즉시 죽이고, 남에게 상처를 입힌 자는 곡식으로 갚는다. 도둑질한 자는 노비로 삼는다. 이를 용서받고자 하는 자는 한 사람마다 50만 전을 내야 한다. 비록 용서를 받아 보통 백성이 되어도 사람들이 이를 수치스럽게 생각하여 결혼을 하고자 하여도 짝을 구할 수 없다. 이 때문에 백성은 도둑질을 하지 않아서 대문을 닫고 사는 법이 없었다. 여자는 모두 정조를 지키고 신용이 있어서 음란하고 편벽된 짓을 하지 않았다.
> – "한서지리지" –

➡ 고조선은 개인의 생명을 중시하였고, 사유 재산이 있어서 다른 사람의 재산을 소중하게 여겼습니다. 또한 8조법의 내용 중 '곡식'을 통해 농경 사회를, '노비'를 통해 계급의 존재를, '돈'을 통해 화폐 사용을 짐작할 수 있습니다.

위만

위만이 고조선으로 들어올 때 상투를 틀고 조선인의 옷을 입고 있었으며, 왕이 된 뒤에도 나라 이름을 그대로 조선이라 하였다. 따라서 위만 조선은 단군의 고조선을 계승한 것이라고 볼 수 있다.

진국

기원전 2~3세기경 한반도 중남부 지역에 성립해 있었던 국가이다.

삼국유사

고려 충렬왕 7년(1281)에 승려 일연이 편찬한 역사서이다.

홍익인간

고조선의 건국 이념으로, '널리 인간을 이롭게 한다.'라는 뜻이다.

용어풀이

집권(執權) : 정권을 잡음, 정치를 하는 실제 권한을 잡음
제정일치(祭政一致) : 제사와 정치가 일치한다는 사상 및 그러한 정치 형태
사유 재산(私有財産) : 개인 또는 사적 집단이 소유한 재산

5 철기 시대와 여러 나라의 성장

1. 철기 시대
(1) 시기 : 기원전 5세기경 만주와 한반도 지역에 철기가 보급되었다.
(2) 철기 시대의 유물과 무덤

▲ 철제 농기구

▲ 세형 동검

▲ 독무덤

(3) 철기 시대의 변화
① 철기의 보급 : 철은 청동보다 구하기 쉬워서 여러 도구를 만드는 데 사용되었다.
② 철제 농기구 : 철제 농기구의 사용으로 더 많은 곡식을 수확하게 되었고, 이로 인해 인구도 늘어났다.
③ 철제 무기 : 철제 무기의 사용으로 부족 간의 전쟁이 늘어났다.
④ 여러 나라의 성장 : 철기를 바탕으로 고조선·부여·고구려·옥저·동예·삼한 등 여러 나라가 성장하였다.

(4) 철기 시대의 무덤 : 널무덤과 독무덤이 대표적이다.
(5) 중국과의 교류 : 철기 시대의 무덤이나 유적에서 명도전, 반량전, 오수전 등 중국의 동전과 붓이 출토되어 중국과 활발히 교류하였음을 알 수 있다.

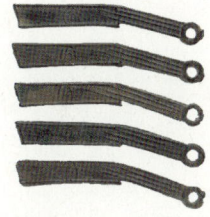
▲ 명도전

2. 여러 나라의 성장
(1) 부여
① 정치 : 왕 아래에 가축의 이름을 딴 마가·우가·저가·구가라는 관리가 있었다.
② 경제 : 만주 쑹화 강 유역의 평야 지대에서 목축을 주로 하였다.
③ 제천 행사와 풍속
  ㉠ 제천 행사 : 12월에 영고가 열렸다.
  ㉡ 풍속
    • 형이 죽으면 형수를 아내로 삼는 형사취수제의 풍습이 있었다.
    • 지배층이 죽었을 때 그를 따르던 노비를 함께 묻는 순장의 풍습이 있었다.
  ㉢ 법률
    • 살인을 저지르면 사형에 처하고, 그 가족은 노비로 삼았다.
    • 도둑질한 사람은 물건 값의 12배로 되갚도록 하였다(1책 12법).

(2) 고구려
① 정치
  ㉠ 왕권이 약한 연맹 왕국으로 5부족 연맹체이다.
  ㉡ 왕 아래 상가·대가·고추가 등의 관리가 있었다.
② 경제 : 압록강 유역의 산간 지대에서 정복 활동을 하였다.
③ 제천 행사와 풍속
  ㉠ 제천 행사 : 10월에 동맹이 열렸다.
  ㉡ 형사취수제와 서옥제(데릴사위제)가 있었다.

▲ 여러 나라의 성장

제천(祭天) : 하늘에 제사를 지냄
연맹(聯盟) : 공동 목적을 가진 조직

제1장 선사 시대의 생활과 고대 국가의 성립

고구려의 건국 신화

시조 동명왕은 성이 고씨이며 이름은 주몽이다. …… 부여의 금와왕이 태백산 남쪽에서 한 여자를 만나게 되어 물은 즉, 하백의 딸 유화라 하는지라. …… 금와왕이 이상히 여겨 그녀를 방에 가두어 두었는데 햇빛이 따라와 비추었다. …… 마침내 알 하나를 낳았다. …… 한 사내아이가 껍데기를 깨고 나왔다. …… 부여의 속어에 활 잘 쏘는 것을 주몽이라 하니 이로써 이름을 삼았다. …… 주몽은 그를 따르는 세 사람과 함께 도망하여 …… 졸본천으로 갔다. 그곳 땅이 기름지고 아름다우며 산천이 험하였다. 마침내 이곳에 도읍하기로 하였다. 나라 이름을 고구려라 하고 '고'를 그의 성씨로 삼았다.

— "삼국사기" —

▶ 고구려를 세운 주몽은 부여에서 도망쳤다는 점에서 부여계 유이민임을 알 수 있습니다. 따라서 고구려는 부여계 유이민인 주몽과 졸본을 중심으로 한 토착 세력 간의 협력으로 세워진 나라임을 알 수 있습니다.

(3) 옥저 · 동예
  ① 공통점
    ㉠ 왕이 없고 읍군 · 삼로라는 군장들이 자기 부족을 통치하였다.
    ㉡ 고구려의 간섭을 받아 멸망하였다.
  ② 옥저의 특징
    ㉠ 위치 : 함경도 동해안 지역에 위치하였다.
    ㉡ 경제 : 해산물이 풍부하고, 토지가 비옥하여 농경이 발달하였다.
    ㉢ 풍습 : 민며느리제와 골장제(가족 공동 무덤)가 있었다.
  ③ 동예의 특징
    ㉠ 위치 : 강원도 북부 동해안 지역에 위치하였다.
    ㉡ 경제 : 단궁(활), 과하마(나무를 아래를 지나갈 수 있을 정도의 작은 말), 반어피(바다표범 가죽) 등의 특산물이 생산되었다.
    ㉢ 제천 행사 : 10월에 무천이 열렸다.
    ㉣ 풍습
      • 다른 부족의 생활권을 침범하면 소나 말, 노비로 변상하게 하는 책화가 있었다.
      • 같은 씨족끼리 결혼하지 않고 다른 씨족과 결혼하는 족외혼이 있었다.

(4) 삼한
  ① 정치
    ㉠ 신지 · 읍차라는 군장이 통치하였고, 마한의 목지국이 삼한을 대표하였다.
    ㉡ 제사장인 천군이 소도를 다스리는 제정 분리 사회였다.
  ② 경제
    ㉠ 철제 농기구를 사용하여 벼농사가 발달하였다.
    ㉡ 변한에서는 철이 많이 생산되어 낙랑 · 일본 등지에 수출하였다.
  ③ 제천 행사 : 풍요를 기원하고 추수에 감사하는 5월의 수릿날과 10월의 계절제가 있었다.

삼한의 천군

…… 고을마다 한 사람을 뽑아 세워서 천신에게 제사 지내는 것을 주관하게 하였는데, 이 사람을 천군이라 불렀다. 또 이들 여러 나라에는 각각 별읍이 있었는데, 이를 소도라 하였다. 큰 나무를 세우고 거기에 방울과 북을 매달아 놓고 귀신을 섬겼는데, 사방에서 도망해 온 사람들은 모두 여기에 모여 돌아가지 않았다.

— "삼국지" 위서 동이전 —

▶ 삼한은 천군(제사장)이 다스리는 소도라는 곳이 있어서 정치적 간섭을 받지 않는 제정 분리 사회였습니다.

민며느리제
장차 혼인할 것을 약속하고 여자가 남자 집에 들어가서 살다가 성인이 되면, 남자 쪽에서 물품으로 대가를 치르고 결혼하는 풍습이다.

골장제
가족이 죽으면 가매장하였다가 나중에 그 뼈를 추려서 가족 공동 무덤에 함께 넣는 풍습이다.

소도
천군이 다스리는 지역으로, 군장의 세력이 미치지 못하였다. 이곳은 큰 나무를 세워 북과 방울을 매달아 놓고 귀신을 섬겼는데, 현재 솟대 신앙의 원형으로 평가된다.

 용어풀이

산천(山川) : 산과 내라는 뜻으로, '자연'을 일컫는 말
토착(土着) : 대대로 그 땅에서 살고 있음
천신(天神) : 하늘의 신

I. 우리 역사의 형성과 고대 국가의 발전

제2장 고구려·백제·신라, 고대 국가로 성장하다

1 삼국의 성장

1. 고구려
(1) 건국 : 부여 계통의 유이민과 압록강 유역의 토착민이 연합하여 건국하였다.
(2) 성장 : 유리왕 때 국내성으로 천도하면서 성장하였다.
(3) 태조왕(53~146) : 본격적인 영토 확장을 통해 옥저를 정복하였고, 5부족 중 계루부에서 왕위를 독점 세습하였다.
(4) 고국천왕(179~197) : 아버지에서 아들로 왕위가 계승되는 부자 상속이 이루어졌고, 국상 을파소의 건의를 받아들여 진대법을 실시하였다.

> **진대법**
> 고국천왕이 병들고 가난하여 혼자 힘으로 살 수 없는 자들을 널리 찾아내어 구제하도록 하였다. 봄에 곡식을 빌려주었다가 10월에 갚도록 하였다.

2. 백제
(1) 건국 : 고구려 계통의 유이민 세력과 한강 유역의 토착 세력이 결합하여 성립하였다.

백제의 건국 신화

백제의 시조는 온조왕이다. 아버지는 주몽이다. …… 주몽은 두 아들을 낳았는데, 첫아들은 비류라 하고 둘째는 온조라 하였다. 주몽이 부여에 있을 때 낳은 유리가 찾아와서 태자로 책봉되었다. 비류와 온조는 …… 자신을 따르는 신하들과 함께 남쪽으로 내려갔다. …… 온조는 하남 위례성에 도읍을 정하였다. …… 비류의 신하가 모두 위례에 합류하고 즐거이 온조를 따르게 되자 나라 이름을 백제라 고쳤다. 국왕의 핏줄이 고구려와 같이 부여에서 나온 것이라 하여 부여를 성씨로 삼았다.
– "삼국사기" –

▶ 백제의 시조인 온조가 주몽의 아들이라는 점에서 백제는 고구려 계통의 유이민과 한강 유역의 토착 세력 간의 결합으로 성립되었음을 알 수 있습니다.

(2) 고이왕(234~286)
① 왕권 강화 : 형제 상속으로 왕위를 계승하였다.
② 영토 확장 : 한강 유역을 완전히 장악하였다.
③ 체제 정비 : 관제 및 관리의 복색을 제정하고 율령을 반포하였다.

3. 신라
(1) 건국 : 진한의 소국인 사로국에서 출발하였고, 박·석·김의 3성이 교대로 왕위에 올랐다.

신라의 건국 신화

(신라의) 시조는 성이 박 씨이고 이름은 혁거세이다. …… 6촌을 이루고 있었다. …… 이것이 진한 6부였다. 어느 날 고허촌장 소벌공이 양산(남산) 아래를 바라보았다. 나정 곁 숲에 말이 무릎을 꿇고서 울고 있었다. 달려가 보니 말은 간데없고 큰 알만 있었다. 알을 깨어 보니 어린아이가 나와 거두어 길렀다. …… 여섯 마을 사람들은 이상하게 태어난 아이라고 하여 임금으로 모시었다. 진나라 사람들은 바가지를 박이라 하였다. 큰 알이 박과 같았기 때문에 박을 성씨로 삼았다. 거서간은 진나라 말로 왕이란 뜻이다.
– "삼국사기" –

▶ 신라가 6촌으로부터 출발하였으며, 알에서 나온 박혁거세가 신라의 시조임을 알 수 있습니다.

왕호	의미
거서간	군장
차차웅	무당, 제사장
이사금	• 연장자, 우두머리 • 박·석·김 교대로 선출
마립간	• 대군장 • 김씨 왕위 세습 독점
왕	• 중국식 칭호 • 왕권 강화, 율령 반포

▲ 신라의 왕호 변천

용어풀이
시조(始祖) : 한 족속의 맨 우두머리 조상
율령(律令) : 법률의 총칭
반포(頒布) : 널리 펴서 알게 함

(2) 내물 마립간(356~402)
① 김씨가 왕위 세습을 독점하고, 왕호를 이사금에서 마립간으로 바꾸었다.
② 광개토 대왕의 도움으로 왜군을 물리쳤으나 이로 인해 고구려의 정치적 간섭을 받았다.

제2장 고구려·백제·신라, 고대 국가로 성장하다

2 가야의 성장과 멸망

(1) 가야의 성립과 멸망
① 낙동강 하류의 변한 지역에서 우수한 철기 문화와 벼농사를 바탕으로 성장하였다.
② 6가야의 연맹체로, 전기에는 김해의 금관가야가, 후기에는 고령의 대가야가 가야 연맹을 주도하였다.
  ㉠ 금관가야는 5세기에 고구려 광개토 대왕의 공격을 받아 세력이 약해졌으며, 신라 법흥왕에게 병합되었다(532).
  ㉡ 대가야는 신라 진흥왕에게 병합되었다(562).

(2) 경제
① 따뜻한 기후로 농경이 발달하였다.
② 철이 많이 생산되어 낙랑과 일본에 수출하였다.

(3) 주요 문화 유적 : 김해의 대성동 고분, 고령의 지산동 고분, 부산의 복천동 고분이 가야의 대표적인 유적이다.

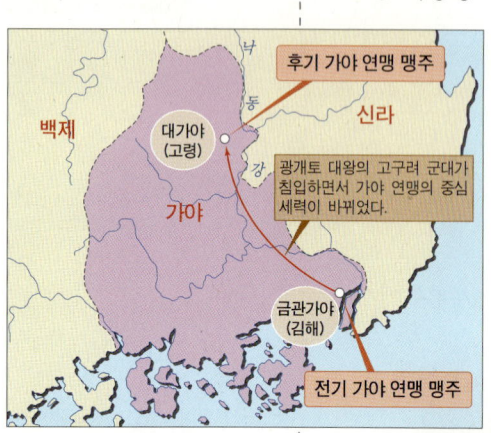

▲ 가야 연맹의 세력 변화

▲ 대성동 고분군

▲ 지산동 고분군

▲ 복천동 고분군

(4) 주변국으로의 영향
① 가야 토기는 일본의 스에키에 직접적인 영향을 주었다.
② 금관가야가 망하자 왕족 김유신 가문은 신라 진골에 편입되어 김춘추와 연합하였다.
③ 대가야의 우륵은 신라에 가야금을 전해 주었다.

가야 토기(좌)와 스에키(우)

스에키는 일본 고분 시대(아스카 문화)의 대표적인 토기로, 가야 토기의 영향을 받았다.

구지가

거북아, 거북아
머리를 내어라.
내어 놓지 않으면,
구워서 먹으리.

"삼국유사"의 가락국기에 전하는 구지가는 가야의 건국 신화와 관련이 깊다.

▲ 덩이쇠

▲ 철제 갑옷

▲ 수레 모양 토기

▲ 가야 금관

가야의 건국 신화

구간(九干)들이 노래를(구지가) 부르고 춤을 추었다. 얼마 지나지 않아 자줏빛 줄이 하늘에서 드리워져서 땅에 닿았다. 그 줄의 끝을 찾아보니 붉은 보자기에 금으로 만든 상자가 싸여 있어서 열어 보니 해처럼 둥근 황금 알 여섯 개가 있었다. …… 그 이튿날 …… 여섯 알은 화해서 어린아이가 되어 있었는데 …… 이들은 나날이 자라서 …… 왕위에 올랐다. 세상에 처음 나타났다고 해서 이름을 수로라고 하였다. …… 나라 이름을 대가락이라 하고 또한 가야국이라고도 하니 곧 여섯 가야 중의 하나이다. 나머지 다섯 사람도 각각 가서 다섯 가야의 임금이 되니 …….

– "삼국유사" –

▶ 하늘에서 땅으로 내려온 수로왕과 다섯 가야의 임금은 새로운 문물을 가진 유이민을 의미합니다. 그리고 구간(九干)은 토착 세력을 의미합니다. 따라서 가야는 새로운 문물을 가진 유이민과 토착 세력 간의 연합으로 세워진 국가임을 알 수 있습니다.

용어풀이

주도(主導) : 주장이 되어 이끎
맹주(盟主) : 굳은 약속을 서로 맺은 개인이나 단체의 우두머리
농경(農耕) : 논밭을 갈아 농사짓는 일
편입(編入) : 이미 짜인 한 동아리나 대열 따위에 끼어 들어감

I. 우리 역사의 형성과 고대 국가의 발전

제3장 한강을 누가 먼저 장악했을까?

1 백제의 발전

1. 근초고왕(364~375)

(1) 왕권 강화 : 왕위의 부자 상속을 확립하여 왕권을 강화하였다.

(2) 영토 확장
 ① 낙동강 유역에 진출하여 가야에 대해서 지배권을 확립하였다.
 ② 마한의 남은 영역을 정복하여 전라도 남해안까지 진출하였다.
 ③ 고구려의 평양성을 공격하여 고구려 고국원왕을 전사시켰다(371).
 ④ 백제 최대의 영토를 확보하였다.

(3) 대외 활동
 ① 중국 요서 지방과 산둥 반도, 일본의 규슈 지방까지 진출하였다.
 ② 중국 남조의 동진과 외교 관계를 수립하였다.
 ③ 왜에 아직기를 파견하고, 칠지도를 하사하였다.

2. 침류왕(384~385) : 중국의 동진으로부터 불교를 수용하고, 이를 공인하였다.

3. 무령왕(501~523)

(1) 22담로 설치 : 지방에 22담로를 설치하여 왕족을 파견하여 왕권을 강화하였다.

(2) 외교 관계 : 중국 남조의 양과 외교 관계를 강화하였다.

4. 성왕(523~554)

(1) 사비 천도 : 수도를 웅진(공주)에서 사비(부여)로 옮기고, 나라 이름을 '남부여'로 바꾸었다.

(2) 불교 전파 : 노리사치계를 통해 왜에 불교를 전해 주었다.

(3) 활동 : 일시적으로 한강 하류 지역을 차지하였으나 신라 진흥왕에게 다시 빼앗겼고, 이후 신라를 공격하다가 관산성 전투에서 전사하였다(554).

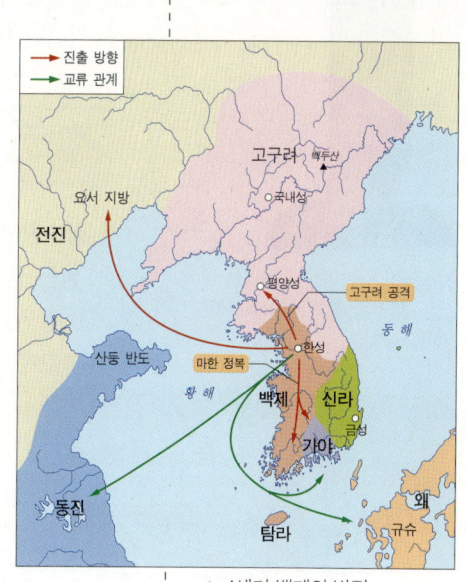

▲ 4세기 백제의 발전

칠지도

백제 근초고왕 때 사신을 통해 왜왕에게 하사한 칼로, 가지가 7개 있다 하여 칠지도라고 부른다.

2 고구려의 발전

1. 미천왕(300~331) : 압록강 하류 지역의 서안평을 점령하였으며, 낙랑군을 몰아내고 고조선의 옛 영토를 되찾았다.

2. 고국원왕(331~371) : 백제 근초고왕의 공격을 받아 평양성에서 전사하였다.

3. 소수림왕(371~384) : 전진으로부터 불교를 수입하였고, 교육 기관인 태학을 세웠으며, 율령을 반포하였다.

4. 광개토 대왕(391~412)

(1) 정복 활동 : 북으로 요동과 만주 지방을 확보하고, 남으로 한강 이북까지 진출하였다.

(2) 신라에 침입한 왜 격퇴
 ① 신라의 요청을 받아들여 신라를 공격한 왜군을 격퇴하였다.
 ② 낙동강 하류까지 진출하여 금관가야 세력을 약화시켰다.

(3) 연호 사용 : '영락'이라는 연호를 사용하여 중국과 대등한 세력을 과시하였다.

용어풀이

강화(強化) : 세력이나 힘을 더 강하고 튼튼하게 함

하사(下賜) : 임금이 신하에게, 또는 윗사람이 아랫사람에게 물건을 줌

파견(派遣) : 일정한 임무를 주어 사람을 보냄

천도(遷都) : 도읍을 옮김

제3장 한강을 누가 먼저 장악했을까?

충주 고구려비

장수왕이 남양만에서 죽령에 이르는 지역을 점령한 이후 세운 비이다.

광개토 대왕의 신라 구원

(영락) 9년 기해에 백제가 서약을 어기고 왜와 화통하므로, 왕은 평양으로 순수해 내려갔다. 신라가 사신을 보내 왕에게 말하기를, '왜인이 그 국경에 가득차 성을 부수었으니, 노객은 백성된 자로서 왕에게 귀의하여 분부를 청한다.'라고 하였다. …… 10년 경자에 보병과 기병 5만을 보내, 신라를 구원하게 하였다. …… 관군이 이르자 왜적이 물러가므로, 뒤를 급히 추격하여 임나 가라의 종발성에 이르렀다. 성이 곧 귀순하여 복종하므로 순라 병을 두어 지키게 하였다. 신라의 농성을 공략하니 왜구는 위축되어 궤멸되었다.
— 광개토 대왕릉비 —

▲ 호우명 그릇

▶ 광개토 대왕이 신라에 쳐들어온 왜를 물리쳤다는 내용입니다. 당시 광개토 대왕은 신라 내물왕의 요청을 받아들여 군사 5만을 보내 신라를 구원하였고, 계속해서 가야를 공격하여 약화시켰습니다.

5. 장수왕(412~491)

(1) 남진 정책
  ① 왕권 강화와 남진 정책을 위해 국내성에서 평양으로 천도하였다.
  ② 고구려의 남진 정책으로 나·제 동맹이 체결되었다.
     ③ 백제 수도를 함락하고, 개로왕을 전사시켰다.
     ④ 한강 이남까지 진출하였다.
(2) 비석 건립 : 광개토 대왕릉비와 충주 고구려비를 건립하였다.

3 신라의 발전

1. 눌지 마립간(417~458) : 왕위의 부자 상속을 확립하였다.

2. 지증왕(500~514)

(1) 우산국 복속 : 우산국을 복속하여(이사부) 영토를 확장하였다.
(2) 우경 장려 : 우경이 시작되어 농업 생산력이 증대되었다.
(3) 국호 제정 : 국호를 '신라'로 정하고, '왕'이라는 칭호를 사용하였다.

▲ 5세기 고구려의 발전

3. 법흥왕(514~540)

(1) 병부 설치 : 병부를 설치하여 군사권을 장악하였다.
(2) 율령 반포 : 율령을 반포하고 관리들의 공복을 제정하였다.
(3) 불교 공인 : 이차돈의 순교로 불교를 국교로 공인하였다.
(4) 상대등 설치 : 화백 회의의 의장인 상대등을 설치하였다.
(5) 금관가야 병합 : 김해의 금관가야를 병합하여 낙동강 유역을 확보하였다.
(6) 연호 사용 : '건원'이라는 연호를 사용하여 중국과 대등한 국가임을 과시하였다.

이차돈과 신라의 불교 공인

왕위에 오른 신라의 법흥왕에게 이차돈이 왕과 불교를 위해 자신의 목숨을 바치겠다고 하였다. 다음날부터 이차돈은 귀족들이 성스럽게 여기는 산에서 나무를 베어다가 절을 짓기 시작하였다. 귀족들이 거세게 반발하였고, 귀족들의 뜻에 따라 이차돈을 처형하였다. …… 이차돈이 처형되는 순간 목에서 흰 피가 솟구치고 하늘에서 꽃비가 내렸다고 한다. 이를 지켜본 사람들은 불교를 믿게 되었고, 신라는 귀족들의 반대를 물리치고 불교를 인정할 수 있게 되었다.
— 초등학교 사회교과서 —

▲ 이차돈 순교비

▶ 법흥왕 때 이차돈이 귀족들의 반발로 죽었다는 점에서 불교 수용 과정에서 귀족들의 반대가 심하였음을 짐작할 수 있습니다. 그리고 이차돈의 기이한 (흰 피, 꽃비) 일을 통해 불교가 공인되었다는 점에서 귀족들의 강한 반대 속에서 불교 공인이 이루어졌음을 알 수 있습니다.

용어풀이

순수(巡狩) : 임금이 나라 안을 두루 살피며 돌아다니던 일

우산국(于山國) : 신라 지증왕 때 이사부가 복속한 곳으로, 현재의 울릉도와 독도

공복(公服) : 삼국 시대부터 관원이 평상시 조정에 나아갈 때 입던 제복

공인(公認) : 국가나 공공 단체 또는 사회단체 등이 어느 행위나 물건에 대해 인정함

연호(年號) : 왕이 다스리던 해의 차례를 나타내기 위하여 붙이는 이름

4. 진흥왕(540~576)

(1) 영토 확장
   ① 성왕과 함께 고구려를 공격하여 한강 상류 지역을 확보하였다(단양 적성비).
   ② 백제를 기습 공격하여 한강 하류 지역을 점령하였다(북한산 순수비).
   ③ 대가야를 정벌하여 낙동강 유역을 완전히 확보하였다(창녕 척경비).
   ④ 고구려를 공격하여 함흥평야까지 진출하였다(황초령비, 마운령비).

▲ 단양 적성비   ▲ 북한산 순수비   ▲ 창녕 척경비

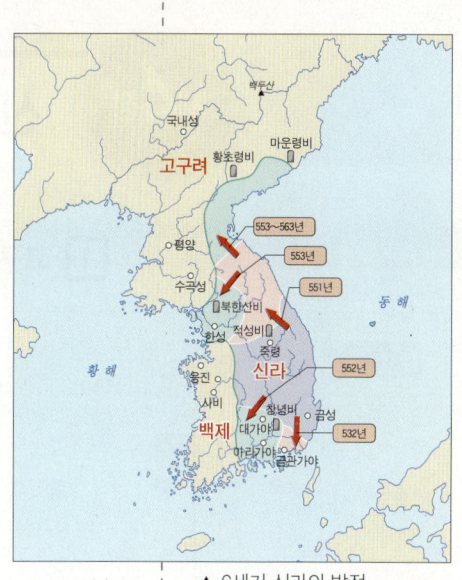

▲ 6세기 신라의 발전

(2) 화랑도 개편 : 청소년을 교육하기 위해 화랑도를 개편하였다.
(3) 숭불 정책 : 황룡사를 건립하여 불교를 숭상하였다.

5. 진평왕(579~632)

(1) 숭불 정책 : 불교를 장려하여 불교식 이름을 사용하였다.
(2) 수와 외교 : 고구려의 공격을 막아 내기 위해 수와 교류하였다.
(3) 세속 오계 : 원광은 화랑도의 다섯 가지 계율인 세속 오계를 만들었다.

세속 오계

원광이 만든 것으로, 임금에게 충성을 강조한 사군이충, 부모에게 효도를 강조한 사친이효, 친구 관계에 있어서 믿음을 강조한 교우이신, 전쟁에서 물러서지 말라는 임전무퇴, 때를 가려 짐승을 죽이라는 살생유택의 다섯 가지 계율을 말한다.

6. 선덕 여왕(632~647)

(1) 친당 외교 : 고구려와 백제에 대항하기 위해 당과 적극적인 외교를 추진하였다.
(2) 숭불 정책 : 승려 자장의 건의로 황룡사 9층 목탑을 건립하였다.
(3) 주요 건축 : 돌을 벽돌처럼 깎아 쌓은 분황사 모전 석탑을 건립하고, 첨성대를 축조하였다.
(4) 귀족 세력의 억압 : 선덕 여왕을 몰아내고자 비담이 난을 일으켰으나 김춘추와 김유신이 이를 진압하였다.

7. 진덕 여왕(579~632)

(1) 마지막 성골 출신 왕 : 성골로서 왕위에 오른 마지막 왕으로, 이후 진골만 왕위에 올랐다.
(2) 친당 외교 : 김춘추를 당에 파견하여 당과 적극적인 외교를 추진하였다.

4 삼국의 정치와 귀족 회의

1. 고구려
(1) 관등 조직 : 대대로 이하 10여 등급의 관등이 있었다.
(2) 귀족 회의 : 제가 회의가 있다.

2. 백제
(1) 관등 조직 : 6좌평 제도와 16관등 조직이 있었다.
(2) 귀족 회의 : 정사암 회의가 있다.

3. 신라
(1) 관등 조직 : 법흥왕 시기 17관등제를 정비하였고, 상대등을 설치하였다.
(2) 귀족 회의 : 화백 회의의 의장은 상대등이었고, 만장일치제로 운영되었다.
(3) 골품 제도의 특징 : 각 골품이 올라갈 수 있는 상한선이 존재하였다.

골품 제도

신라의 신분 제도로서 사람들의 신분을 성골, 진골, 6두품, 5두품, 4두품으로 나누었다. 신분(골품)에 따라 올라갈 수 있는 관등을 제한하였다. 또한 골품은 사회 생활뿐만 아니라 결혼도 제약하였다. 성골은 왕이 될 수 있는 신분으로 진덕 여왕 이후에 사라졌다.

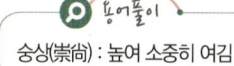

숭상(崇尙) : 높여 소중히 여김

Ⅰ. 우리 역사의 형성과 고대 국가의 발전

제4장 신라가 삼국을 통일하다

1 고구려와 수·당의 전쟁

1. 6세기 후반 정세 변화
(1) 남·북 세력 : 고구려는 돌궐·백제·왜와 연합하였다.
(2) 동·서 세력 : 신라는 중국의 수·당과 연합하였다.

2. 수와의 전쟁
(1) 고구려의 선제 공격 : 수의 압박을 받은 고구려가 중국의 요서 지방을 선제 공격하였다.
(2) 수의 1차 침략 : 수 문제가 30만 대군을 동원하여 침략하였으나 고구려의 방어로 성과 없이 돌아갔다.
(3) 수의 2차 침략 : 수 양제가 113만 대군을 동원하여 침략하였으나 을지문덕에게 살수에서 대패하였다(살수 대첩, 612).
(4) 수의 멸망 : 수는 고구려 침략과 무리한 대운하 건설로 멸망하였다.

▲ 6세기 말 동아시아의 정세

을지문덕의 시
신묘한 계책은 천문을 꿰뚫어 볼 만하고 오묘한 전술은 땅의 이치를 모조리 알도다.
전쟁에 이겨서 공이 이미 높아졌으니 만족을 알거든 그만 돌아가시구려. – "삼국사기" –

3. 당과의 전쟁
(1) 배경 : 당 태종의 팽창 정책으로 고구려와 대립하였다.
(2) 당의 1차 침략 : 고구려군은 당 태종의 30만 대군을 안시성에서 격퇴하였다(안시성 싸움, 645).
(3) 당의 2·3차 침략 : 당은 2·3차 침입하였으나 모두 실패하였고, 이후 나·당 동맹을 통해 고구려를 공격하였다.

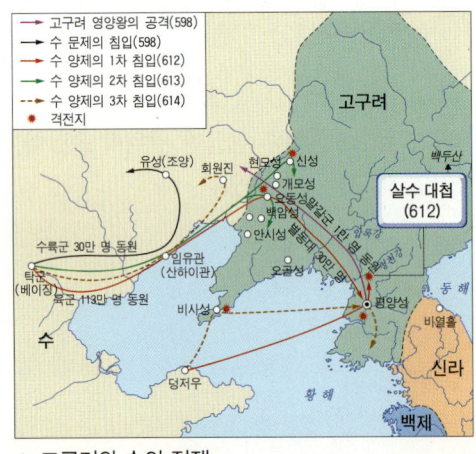

▲ 고구려와 수의 전쟁

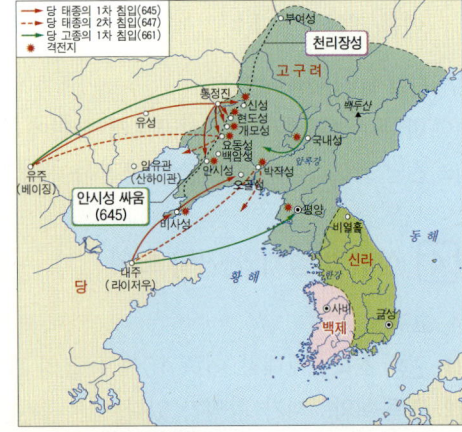

▲ 고구려와 당의 전쟁

대운하(大運河) : 배의 운항을 위하여 육지에 파 놓은 큰 물길

2 백제·고구려의 멸망과 부흥 운동

1. 백제와 고구려의 멸망
(1) 나·당 동맹(648) : 백제 의자왕의 공격으로 고립에 빠진 신라는 당과 나·당 동맹을 체결하였다.

(2) **백제 멸망(660)** : 백제는 김유신의 신라군과 소정방의 당군에 의해 멸망하였다.
(3) **고구려 멸망(668)** : 고구려는 연개소문이 죽고 난 후 지배층의 내분으로 멸망하였다.

2. 백제와 고구려의 부흥 운동
(1) **백제의 부흥 운동** : 왕족 복신과 승려 도침이 부흥 운동을 일으켰으나 지도층의 내분으로 실패하였다(663).
(2) **고구려의 부흥 운동**
  ① 고연무(오골성), 검모잠·안승(한성)이 왕족인 안승을 받들어 부흥 운동을 전개하였다.
  ② 안승이 신라에 회유되어 금마저(익산)에 보덕국을 세웠다.

▲ 고구려와 백제의 부흥 운동

3 나·당 전쟁과 신라의 삼국 통일

1. 배경
당은 백제에 웅진도독부(664), 신라에 계림도독부(663), 평양에 안동도호부를 설치하여 한반도를 지배하려 하였다.

2. 나·당 전쟁
(1) **신라의 고구려 부흥 운동 지원** : 신라가 고구려의 부흥 운동을 지원하였고, 사비에 주둔한 당군을 몰아냈다.
(2) **매소성 전투·기벌포 전투**
  ① 신라가 매소성 전투와 기벌포 전투에서 승리하여 당나라 군대를 한반도에서 몰아냈다.
  ② 신라의 영토는 대동강과 원산만을 잇는 영역으로 확대되었다(676).

3. 삼국 통일의 역사적 의의와 한계
(1) **의의**
  ① 고구려·백제의 유민과 함께 당 세력을 무력으로 몰아냈다.
  ② 새로운 민족 문화 발전의 토대가 마련되었다.
(2) **한계**
  ① 외세인 당을 이용한 통일이었다.
  ② 대동강에서 원산만까지를 경계로 삼국 통일이 이루어지면서 대동강 이북의 고구려 땅을 상실하였다.

▲ 신라의 삼국 통일 과정(나·당 전쟁)

신라의 삼국 통일

신라의 통일 전쟁은 두 단계로 진행되었습니다. 첫 번째 단계는 나·당 연합군과 백제, 고구려의 전쟁이었습니다. 660년 신라와 당의 연합군이 백제를 공격하여 멸망시키고, 이듬해부터 고구려를 공격하기 시작하였습니다. 고구려는 초기에는 이를 방어하였으나 내분으로 인하여 결국 668년 멸망하고 말았습니다.

두 번째 단계는 신라와 당의 전쟁이었습니다. 일찍이 신라는 당과 군사 동맹을 맺으면서 적어도 평양 이남의 땅을 자신이 차지한다는 밀약을 맺었습니다. 그러나 당이 삼국 전체를 수중에 넣으려는 의도를 보이자 양국 사이에 전쟁이 벌어지게 되었습니다. 이 과정에서 신라는 백제, 고구려의 유민을 포섭하여 함께 당의 군대를 물리침으로써 마침내 대동강과 원산만을 잇는 선의 남쪽을 차지하여 불완전하나마 삼국의 통일을 이룩하였습니다.

용어풀이

내분(內紛) : 특정 조직이나 단체의 내부에서 자기편끼리 일으킨 분쟁
부흥(復興) : 쇠퇴하였던 것이 다시 일어남
금마저(金馬渚) : 현재 전북 익산
토대(土臺) : 어떤 사물이나 사업의 밑바탕이 되는 기초
밀약(密約) : 비밀 약속

I. 우리 역사의 형성과 고대 국가의 발전

제5장 통일 이후 신라는 어떻게 발전했을까?

1 통일 신라의 발전

1. **태종 무열왕(654~661)** : 최초의 진골 출신 왕으로, 백제를 멸망시켰다(660).

2. **문무왕(661~681)** : 고구려를 멸망시키고(668), 나·당 전쟁에서 당군을 몰아낸 후 삼국 통일을 완성하였다(676).

3. **신문왕(681~692)**
(1) 진골 세력 숙청 : 진골 귀족들을 숙청하여 전제 왕권을 확립하였다.
(2) 지방 행정 조직 정비(9주 5소경 설치)
  ① 9주 : 주 아래에 군과 현을 두어 지방관을 파견하였고, 촌은 촌주가 담당 관리하였다.
  ② 5소경
    ㉠ 수도인 경주가 지리적으로 동쪽에 치우쳐져 있음을 극복하고, 지방 세력을 통제하기 위해 소경을 설치하였다.
    ㉡ 금관경(김해), 서원경(청주), 남원경(남원), 북원경(원주), 중원경(충주)에 5개의 소경을 설치하였다.
(3) 군사 제도 정비

중앙군	9서당(신라, 백제, 고구려, 보덕국, 말갈인으로 구성)
지방군	10정(9주에 1개의 정을 설치하고, 국경 지역인 한주에는 1개 정을 추가로 설치)

(4) 귀족 세력 약화 : 진골 귀족에게 지급하던 토지인 녹읍을 폐지하고 관리들에게 지급하는 토지인 관료전을 지급하였다.
(5) 국학 설치 : 국학을 설치하여 관리를 양성하였다.

4. **성덕왕(702~737)**
(1) 정전 지급 : 백성들에게 정전을 지급하였다.
(2) 당과의 외교 : 나·당 전쟁 이후 끊겨졌던 당과 공식적으로 외교 관계를 맺었다.

5. **경덕왕(742~765)**
(1) 불국사·석굴암 축조 : 김대성이 불국사와 석굴암을 축조하였다.
(2) 녹읍 부활 : 귀족의 세력이 왕권보다 강해지면서 녹읍이 부활하였다(757).

만파식적

> 신라 31대 신문왕이 아버지 문무왕을 위하여 동해변에 감은사를 지어 추모하였는데, 죽어서 바다의 용이 된 문무왕과 천신이 된 김유신이 합심하여 용을 시켜 동해의 한 섬에 대나무를 보냈다. 이 대나무는 낮이면 갈라져 둘이 되고, 밤이면 합하여 하나가 되는지라, 왕은 이 기이한 소식을 듣고 현장에 거동하였다. …… 왕은 곧 이 대나무를 베어서 피리를 만들어 부니, 나라의 모든 걱정, 근심이 해결되었다 한다. 그리하여 이 피리를 국보로 삼았는데, 효소왕 때 분실하였다가 우연한 기적으로 다시 찾게 된 후 이름을 만만파파식적(萬萬波波息笛)이라 고쳤다고 한다.
> - "삼국유사" -

➡ 신문왕 시기 나라의 모든 걱정과 근심을 해결할 수 있는 만파식적이 있었다는 이야기입니다. 신문왕의 권력이 강하였음을 보여 줍니다.

대왕암(문무왕릉)

삼국을 통일한 문무왕이 "동해의 용이 되어 나라를 지키겠다."는 유언을 남기고 묻혔다는 수중릉이다.

▲ 신라의 9주 5소경

정전
원래 백성들이 조상 대대로 소유하였던 토지이나 왕토 사상에 의거하여 왕이 지급하는 형식을 취하였다. 이로써 국가의 토지와 농민에 대한 지배력이 강화되었다.

용어풀이
- 소경(小京) : 정치적·군사적으로 중요한 지방에 특별히 둔 작은 서울
- 양성(養成) : 가르쳐서 유능한 사람을 길러 냄
- 축조(築造) : 쌓아서 만듦

2 통일 신라 말의 사회와 새로운 세력의 성장

1. **진골 귀족 세력의 강화** : 집사부 시중의 세력은 약화되었고, 귀족을 대표하는 상대등의 세력이 강화되었다.

2. **중앙 귀족의 왕위 다툼** : 혜공왕이 피살된 이후 치열한 왕위 쟁탈전이 전개되었는데, 김헌창의 난(822)과 장보고의 난(846)이 대표적이다.

3. **새로운 정치 세력의 성장**
   (1) 호족의 성장 : 호족은 촌주, 몰락한 진골, 지방 세력과 해상 세력 출신으로, 스스로 성주나 장군으로 불렀다.
   (2) 6두품 : 6두품은 골품 제도에 불만을 품고 지방 호족과 결탁하여 새로운 사회 건설을 모색하였다.

승진 제한	6관등인 아찬까지 승진
활동 분야	학문과 종교 분야에서 두드러진 활동을 함
대표 인물	원효, 무염(승려), 강수, 설총, 최치원 등
불만	신라 말 골품제에 대한 불만으로 반 신라적 활동을 함

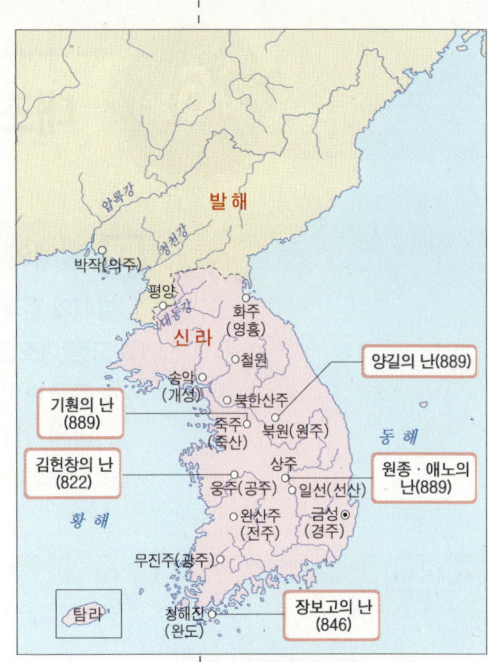

▲ 신라 말의 농민 봉기

집사부 시중
신라 시대의 최고 행정 관서가 집사부이고, 집사부의 장관이 시중이다.

> **골품제의 모순**
> 최치원이 서쪽으로 당에 가서 벼슬을 하다가 고국에 돌아왔는데 전후에 난세를 만나서 처지가 곤란하였으며 걸핏하면 모함을 받아 죄에 걸리겠으므로 스스로 때를 만나지 못한 것을 한탄하고 다시 벼슬할 뜻을 두지 않았다. 그는 세속과 관계를 끊고 자유로운 몸이 되어 숲속과 강이나 바닷가에 정자를 짓고 소나무와 대나무를 심으며 책을 벗하여 자연을 노래하였다.
> – "삼국사기" –

▶ 최치원은 당에 가서 벼슬을 할 정도로 뛰어난 능력이 있었지만, 6두품이라는 신분적 한계로 신라에서는 높은 관직에 오르지 못하였습니다.

3 농민의 봉기와 후삼국의 성립

1. **농민 봉기** : 사벌주(상주) 지방의 원종과 애노의 난을 시작으로 전국적으로 봉기가 일어났다.

> **신라 말의 농민 봉기**
> - 진성 여왕 3년(889) 나라 안의 여러 주·군에서 공부(貢賦)를 바치지 않으니, 창고가 비고 나라의 쓰임이 궁핍해졌다. 왕이 사신을 보내어 독촉하였지만, 이로 말미암아 곳곳에서 도적이 벌 떼같이 일어났다. 이에 원종, 애노 등이 사벌주(상주)에 의거하여 반란을 일으키니, 왕이 나마 벼슬의 영기에게 명하여 잡게 하였다. 영기가 적진을 쳐다보고는 두려워하여 나아가지 못하였다.
> - 진성 여왕 10년(896)에 도적이 경주의 서남쪽에 나타났는데 이들은 붉은 바지를 입고 있었다. 이때 사람들이 이들을 '적고적'이라고 불렀다. 그들은 주현을 약탈하였으며, 경주 서부의 모량리에서 민가를 약탈하였다.
> – "삼국사기" –

▶ 통일 신라 말 진성 여왕 시기에 이르러 가혹한 수취에 반발하여 전국 각지에서 국가에 세금 내기를 거부한 농민의 봉기가 일어났습니다. 그러나 국가에서는 전국 각지에서 일어난 농민 봉기를 통제할 수 없었습니다.

2. **후삼국 성립** : 견훤은 후백제를, 궁예는 후고구려를 건국하여 후삼국이 성립되었다.

▲ 후삼국 시대의 영토

결탁(結託) : 마음을 결합하여 서로 의탁함
공부(貢賦) : 나라에 바치던 물건과 세금을 통틀어 이르던 말

I. 우리 역사의 형성과 고대 국가의 발전

제6장 대조영, 발해를 건국하다

1 발해의 성립과 발전

1. 발해의 건국과 발전

(1) 고왕(대조영, 698~719)
① 고구려의 유민이었던 대조영이 동모산(지린 성 둔화)에 발해를 건국하였다(698).
② 당의 위협으로부터 벗어나기 위해 돌궐과 외교 관계를 맺었다.
③ 발해의 지배 계급은 소수의 고구려인이었으며, 피지배 계급은 다수의 말갈인이었다.

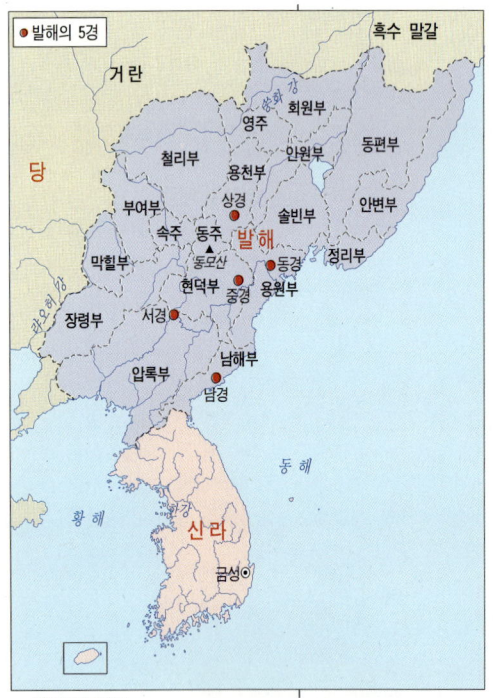
▲ 발해의 영역

발해

발해의 건국
　발해 말갈의 대조영은 본래 고구려의 별종이다. 고구려가 망하자 대조영은 그 무리를 이끌고 영주로 이사하였다. …… 대조영은 용맹하고 병사 다루기를 잘하였으므로 말갈의 무리와 고구려의 남은 무리가 점차 그에게 들어갔다.
- "구당서" -

남북국 시대
　부여씨가 멸망하고 고씨가 망하게 되니 김씨가 그 남쪽 땅을 가지고 대씨가 그 북쪽 땅을 소유하여 발해라고 하였다. 이것을 남북국이라 한다. 그러니 마땅히 남북국사가 있어야 할 것이다. 그런데 고려가 이것을 편수하지 않은 것은 잘못이다. 대개 대씨라는 이는 어떤 사람인가. 바로 고구려 사람이다. 그가 소유하였던 땅은 어떤 땅인가. 바로 고구려 땅이다. …… 마침내 발해사를 편수하지 않아서 토문 이북과 압록 이서의 땅으로 하여금 누구의 땅인지 알지 못하게 하였으니, 여진인을 꾸짖고자 하나 할 말이 없고, 거란을 꾸짖고자 하나 그 말이 없었다. 고려가 드디어 약국이 된 것은 발해를 차지하지 못하였기 때문이다. 한 탄스러움을 이길 수 있겠는가.
- 유득공, "발해고" -

▶ 고구려 유민인 대조영이 세운 발해는 18세기 실학자들과 20세기 민족 사학자들에 의해 본격적으로 우리 역사로 연구되었습니다. 유득공은 "발해고"에서 처음으로 발해를 한국사의 체계에 넣어 통일 신라와 발해를 '남북국 시대'로 인식해야 한다는 논리를 제시하였습니다.

(2) 무왕(719~737)
① 돌궐, 일본과 우호 관계를 형성하여 당과 신라를 견제하였다.
② 흑수부 말갈 문제로 당과 대립하였으며, 당의 산둥 반도 덩저우를 선제 공격하였다.

(3) 문왕(737~793)
① 당과 친선 관계를 유지하고, 당의 제도를 수용하였다.
② 당에 사신과 유학생을 파견하고, 신라와 교역을 위해 '신라도'를 개설하였다.
③ 발해 국왕으로 격상되었고(762), 3성 6부(중앙 조직)를 완성하였으며, 국립 대학인 주자감을 설치하였다.

(4) 선왕(818~830) : 활발한 정복 사업으로 광대한 영토를 확보하여 중국에서 발해를 '해동성국'이라고 불렀다.

(5) 멸망(926) : 거란의 공격을 받아 멸망하였다.

2. 발해의 고구려 계승 의식 : 발해의 왕은 스스로 '고려 국왕'으로 칭하는 등 고구려 계승 의식을 갖고 있었다.

용어풀이
우호(友好) : 개인끼리나 나라끼리 서로 사이가 좋음
수용(受容) : 어떠한 것을 받아들임
격상(格上) : 자격이나 등급, 지위 따위의 격이 높아짐

2 발해의 통치 제도

1. 중앙 정치
(1) 3성 6부 : 당의 제도를 받아들여 3성 6부로 조직하였다.
(2) 정당성 중심 : 정당성을 중심으로 운영하였고, 6부가 행정 실무를 담당하였다.
(3) 독자성 유지 : 운영 방식과 명칭에서 발해의 독자성을 유지하였다.

2. 지방 행정
(1) 조직 : 전국을 5경 15부 62주로 조직하였다.
(2) 지방관 파견 : 주와 현에 지방관을 파견하였고, 촌락은 토착 세력인 말갈인이 다스렸다.

3. 군사 조직
(1) 중앙군 : 10위가 왕궁과 수도 경비를 담당하였다.
(2) 지방군 : 지방의 전략적 요충지나 국경 지역에 설치하였다.

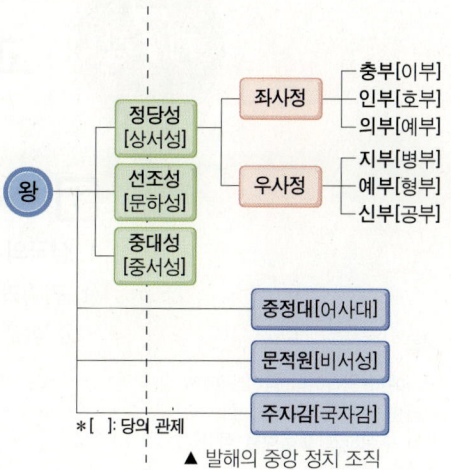
▲ 발해의 중앙 정치 조직

3 발해의 대외 관계

1. 당과의 관계
(1) 적대 관계 : 무왕은 흑수부 말갈 문제로 산둥 지방을 공격하였다.
(2) 친선 관계 : 문왕은 당에 사신을 파견하였고, 많은 유학생들이 당의 빈공과에 합격하였다.

2. 신라와의 관계
(1) 교류 관계 : 발해와 신라의 사신이 왕래하던 교통로인 '신라도'가 있었다.
(2) 대립 의식(불편한 관계) : 당을 사이에 두고 신라와 발해는 문화적인 우월 경쟁을 하였다.

▲ 발해의 교통로

3. 일본과의 관계 : 당과 신라의 협공을 견제하고 고립을 탈피하기 위해서 일본과 빈번히 교류하였다.

4. 돌궐과의 관계 : 당을 견제하기 위해서 돌궐과 우호적인 관계를 유지하였다.

빈공과
당은 대제국을 건설한 국가로 국제적 성격이 강하여 여러 나라의 유학생들이 유학하고 있었다. 빈공과는 당에서 유학하고 있는 외국 학생들을 위한 과거 시험이다.

우월(優越) : 다른 것보다 나음
탈피(脫皮) : 일정한 상태나 처지에서 완전히 벗어남

I. 우리 역사의 형성과 고대 국가의 발전

제7장 고대의 경제와 사회의 모습은 어땠을까?

1 삼국과 통일 신라의 경제생활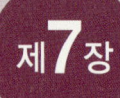

1. 삼국의 경제생활

(1) 귀족과 농민의 경제생활
  ① 귀족
    ㉠ 녹읍과 식읍을 지급받았으며, 노비를 소유하였다.
    ㉡ 농민과 노비를 이용하여 농사를 지으면서 수확량이 늘어났고, 고리대로 농민을 수탈하였다.
  ② 농민
    ㉠ 척박한 토지를 소유하거나 부유한 자의 토지를 빌려서 농사를 지었다.
    ㉡ 자연재해, 고리대 등으로 몰락하여 노비나 도적이 되기도 하였다.

> **고구려의 귀족과 평민**
>
> 그 나라는 3만 호인데 …… 그중에서 대가(大家)들은 경작하지 않고 먹는 자가 1만 명이나 되며, 하호는 먼 곳에서 쌀, 낟알, 물고기, 소금 등을 져서 날라다 대가에 공급하였다.
> – "삼국지" 위서 동이전 –
>
> ▶ 고구려의 대가는 귀족으로서 풍족하게 생활하였으며, 그 수가 많았습니다. 반면 하호는 평민으로서 그 수가 적은 편이고, 노비처럼 생활하였습니다.

(2) 상공업의 발달 : 경주와 같은 큰 도시에 시장이 형성되었다.
(3) 대외 무역
  ① 왕실과 귀족의 필요에 의하여 경제적 교역이 행해졌다.
  ② 무역품
    ㉠ 수출품 : 금·은·모피류·인삼 등이었다.
    ㉡ 수입품 : 귀족 생활과 관련이 있는 비단·도자기·책·약재 등이었다.

2. 통일 신라의 경제생활

(1) 귀족과 농민의 경제생활
  ① 귀족
    ㉠ 넓은 토지와 노비를 이용하여 물품을 생산하였다.
    ㉡ 당이나 아라비아에서 수입한 사치품을 사용하였다.
  ② 농민
    ㉠ 생산량의 10분의 1을 세금으로 납부하고 국가에 노동력을 제공하였다.
    ㉡ 8세기 후반 이후 농민들이 몰락하여 노비, 유랑민, 도적이 되는 경우가 많아졌다.
(2) 경제 활동
  ① 경제력 향상 : 9주 5소경의 중심지에 시장이 생겨났다.
  ② 대외 무역 발달
    ㉠ 당과의 무역이 번성하였고, 울산항에서는 이슬람 상인과 활발하게 교역하였다.
    ㉡ 장보고는 청해진을 중심으로 남해와 황해의 해상 무역을 장악하였다.
    ㉢ 당의 산둥 반도에 신라방, 신라소, 신라관, 신라원이 발달하였다.

식읍
국가에서 왕족이나 공신 등에게 지급한 토지와 가호(家戶)로, 조세를 수취하고, 노동력을 징발할 수 있는 권리이다.

용어풀이
수탈(收奪) : 강제로 빼앗음
부역(賦役) : 국가가 백성들에게 특정 사업을 보수 없이 의무적으로 책임을 지우는 노역
유랑민(流浪民) : 일정한 거처 없이 이리저리 떠돌아다니는 백성

해상 세력의 성장

　장보고는 신라로 돌아와 흥덕왕을 찾아서 만나서 말하기를 "중국에서는 널리 우리나라 사람들을 노비로 삼으니 청해진을 만들어 적으로 하여금 사람들을 약탈하지 못하도록 하기를 원하나이다."라고 하였다. 청해는 신라의 요충으로 지금의 완도를 말하는데, 대왕은 그 말을 따라 장보고에게 군사 만 명을 거느리고 해상을 방비하게 하니 그 후로는 해상으로 나간 사람들이 잡혀가는 일이 없었다.

- "삼국사기" -

▶ 9세기 이후 해적들의 약탈 행위가 극심해지자 장보고는 흥덕왕의 도움으로 전라남도 완도에 청해진을 설치하여 해적을 소탕하였습니다. 이후 장보고는 청해진을 중심으로 당과 신라, 일본을 연결하는 해상 무역을 장악하였습니다.

(3) 민정 문서(신라 촌락 문서)
① 발견 : 1933년 일본 도다이 사 쇼소인에서 발견되었다.
② 작성 목적 : 부역과 세금을 징수하기 위해 작성하였다.
③ 대상 : 서원경(청주) 부근의 4개 촌을 대상으로 작성하였다.
④ 내용 : 인구(노비 등), 소(53마리), 말(61마리), 뽕나무(4,249그루) 등을 자세하게 조사하여 기록하였다.

▲ 민정 문서

2 삼국과 남북국의 사회

1. 삼국의 사회

(1) 삼국의 신분

지배층	• 귀족(특권층) • 골품 제도(지배층만을 대상으로 성립)
피지배층	• 평민(대부분 농민, 신분적 자유민) : 조세, 공납 부담, 노동력 징발의 의무 • 천민(노비, 집단 예속민)

(2) 삼국의 사회 모습
① 고구려
　㉠ 대외 정복 활동을 중요시하여 씩씩한 사회 기풍이 형성되었다.
　㉡ 고국천왕은 빈민 구제를 위해 진대법을 실시하였다.
　㉢ 형사취수제와 서옥제의 풍습이 있었다.
　㉣ 형법이 엄격하였다.

서옥제

　혼인하는 풍속을 보면, 구두로 약속이 정해지면 신부집에서 본채 뒤에 작은 별채를 짓는데, 이를 서옥이라 한다. 해가 저물 무렵, 신랑이 신부집 문 밖에 와서 이름을 밝히고 꿇어앉아 절하며 안에 들어가 신부와 잘 수 있도록 요청한다. 이렇게 두세 번 청하면, 신부의 부모가 별채에 들어가 자도록 허락한다. …… 자식을 낳아 장성하면 신부를 데리고 자기 집으로 간다.

- "삼국사기" -

▶ 서옥제는 신랑이 신부 집의 별채에 살다가 자식을 낳아 크게 자라면 신부를 데리고 자기 집으로 가는 고구려의 혼인 풍속입니다. 신랑이 신부를 데려가면 신부 집의 노동력이 부족해지기 때문에 신랑이 일정 기간 동안 신부 집에서 일을 해주었습니다.

② 백제
　㉠ 형법이 엄격하였고, 중국과 교류를 통해 선진 문화를 수용하였다.
　㉡ 귀족 중심 사회였으며, 왕족은 고구려 동명왕 계통의 부여씨이다.

용어풀이

징발(徵發) : 국가에서 특별한 일에 필요한 사람이나 물자를 강제로 모으거나 거둠

예속민(隸屬民) : 남의 지배나 지휘 아래 매인 백성

기풍(氣風) : 어떤 집단이나 지역 사람들의 공통적인 기질

형법(刑法) : 범죄와 형벌에 관한 법률 체계

제7장 고대의 경제와 사회의 모습은 어땠을까?

③ 신라
  ㉠ 화백 회의 : 법흥왕 때 국가 기구가 된 신라의 귀족 회의로, 만장일치제를 채택하였다.
  ㉡ 골품 제도 : 지배층 내부의 신분 제도로, 관등 승진의 상환선은 골품에 따라 결정되었다.
  ㉢ 화랑도(국선도, 풍류도, 풍월도)

조직·운영	진흥왕 때 국가적인 차원에서 조직 확대, 인재 양성을 목적으로 운영
교육 내용	제천 의식, 사냥과 전쟁에 대한 교육 등 전통적인 사회 규범 교육
세속 오계	사군이충, 사친이효, 교우이신, 임전무퇴, 살생유택

2. 남북국의 사회
(1) 통일 신라의 사회 변화
  ① 민족 통합 노력
    ㉠ 9서당을 편성하여 과거 신라인뿐만 아니라 고구려인, 백제인까지 포용하여 융합하였다.
    ㉡ 백제와 고구려의 옛 지배층에게 관등을 부여하였다.
  ② 통일 신라인의 생활
    ㉠ 귀족 생활 : 큰 저택에서 노비와 사병을 거느리고 호화롭게 생활하였다.
    ㉡ 평민 생활 : 평민들은 대부분 귀족의 토지를 소작하거나 노비로 전락하는 경우가 많았다.

흥덕왕의 사치 금지령
흥덕왕 9년 말하기를 "사람에게는 위와 아래가 있고, 벼슬에도 높음과 낮음이 있어 명칭과 법식이 같지 않고 의복 또한 다른 것이다. 그런데 세상의 습속은 점점 각박해지고 백성들은 다투어 사치와 호화를 일삼고 오로지 외래품의 진귀한 것만을 숭상하고 토산품의 야비한 것을 싫어한다. 그리하여 예절이 분수에 넘치는 데 빠지고 풍속이 파괴되는 데까지 이르렀다. 이에 예법에 따라 엄한 명령을 베푸는 것이니 그래도 만약 일부러 범하는 자가 있으면 국법을 시행할 것이다."라고 하였다.
— "삼국사기" —

▶ 흥덕왕 때 귀족들의 사치를 금지하는 명령으로, 귀족들이 골품 제도에 규정된 범위를 넘어서 집을 짓거나 말을 소유하지 못하도록 하였습니다.

  ③ 통일 신라 말의 사회 모순
    ㉠ 중앙 정부의 통제력 약화가 계속되면서 지방 호족이 성장하였다.
    ㉡ 9세기 말 진성 여왕 이후 원종과 애노의 난을 시작으로 농민 봉기가 전국으로 확산되었다.
(2) 발해의 사회 구조
  ① 발해 주민의 구성
    ㉠ 지배층 : 고구려계가 다수를 차지하며, 일부는 말갈 출신이었다.
    ㉡ 피지배층 : 대부분 말갈족이었다.
  ② 발해의 사회·문화
    ㉠ 당의 제도와 문화를 수입하였다.
    ㉡ 하층민들은 고구려와 말갈의 전통적인 생활 모습을 유지하였다.

골품과 관등표

등급	관등명	골품				공복
		진골	6두품	5두품	4두품	
1	이벌찬					자색
2	이 찬					
3	잡 찬					
4	파진찬					
5	대아찬					
6	아 찬					비색
7	일길찬					
8	사 찬					
9	급벌찬					
10	대나마					청색
11	나 마					
12	대 사					황색
13	사 지					
14	길 사					
15	대 오					
16	소 오					
17	조 위					

골품제는 왕족을 대상으로 한 성골과 진골, 6두품에서 1두품에 이르는 6개의 두품 등 모두 8등급의 신분으로 구성되었다. 진덕 여왕 이후 성골이 사라지고 진골이 왕위에 올랐다. 통일 이후에는 1두품에서 3두품에 이르는 신분의 구별도 차츰 사라져 일반 백성과 비슷하게 되었다.

용어풀이
만장일치(滿場一致) : 모든 사람의 의견이 같음
규범(規範) : 마땅히 따르고 지켜야 할 가치 판단의 기준
소작(小作) : 토지를 갖지 못한 농민이 다른 사람의 농지를 빌려 농사를 짓는 일
전락(轉落) : 나쁜 상태나 타락한 상태에 빠짐

Ⅰ. 우리 역사의 형성과 고대 국가의 발전

고대의 문화

1 고대 문화의 성격

1. 삼국

(1) 삼국 문화의 성격
  ① 삼국 시대에는 중앙 집권적 귀족 사회가 성립되면서 왕족과 귀족 중심의 문화가 성행하였다.
  ② 불교를 수용하여 사상을 통합하였고, 각 분야에 다양한 불교 문화가 발전하였다.

(2) 나라별 특징
  ① 고구려 : 패기가 넘치고 정열적이며 북방 민족의 특징이 담겨 있다.
  ② 백제 : 우아하고 세련되며 귀족적이다.
  ③ 신라 : 소박하며 고구려와 백제의 영향으로 조화로운 문화를 추구하였다.

2. 통일 신라 : 삼국의 문화를 종합하고 당 및 서역의 문화를 수용하여 고대 문화의 꽃을 피웠다.

3. 발해

(1) 발해 문화의 특징 : 발해는 고구려 문화의 기반 위에 당 문화를 받아들여 독자적 문화를 이룩하였다.
(2) 발해의 대표 유물

▲ 돌사자상

▲ 발해 석등

▲ 발해 기와

▲ 이불병좌상

2 삼국과 통일 신라의 종교

1. 삼국의 불교 수용과 발전

(1) 전래 : 중앙 집권 국가 체제를 정비할 무렵 불교를 수입하였다.
  ① 고구려 : 소수림왕 시기 전진의 순도에 의해 전래되었다(372).
  ② 백제 : 침류왕 때 동진의 마라난타에 의해 전래되었다(384).
  ③ 신라 : 눌지왕 때 전래되었으며, 법흥왕 때 이차돈의 순교로 공인되었다(527).

(2) 발전
  ① 고구려 : 담징은 호류 사 금당 벽화를 그렸고, 종이와 먹 제조법을 일본에 전수하였다.
  ② 백제 : 노리사치계는 일본에 불상과 불경을 전해 주었다.
  ③ 신라 : 원광은 화랑의 다섯 가지 계율인 세속 오계를 만들었다.

> **용어풀이**
>
> **성행(盛行)** : 매우 성하게 유행함
>
> **세련(洗練)** : 서투르거나 어색한 데가 없이 능숙하고 미끈하게 갈고닦음
>
> **서역(西域)** : 중국의 서쪽에 있던 여러 나라를 통틀어 이름(중앙아시아, 인도 등)

제8장 고대의 문화

2. 통일 신라 시기 불교의 발전
(1) 통일 신라 시기의 주요 승려
  ① 원효 : 정토종(아미타 신앙)을 보급하여 불교 대중화에 기여하였다.
  ② 의상 : 화엄종을 개창하여 왕권 전제화에 기여하였다.
  ③ 혜초 : 인도의 성지를 순례하고 "왕오천축국전"을 저술하였다.

(2) 5교 9산 성립

5교	• 5개의 교종 의미 • 왕실 불교, 귀족 불교의 성격이 강함 • 신라 중대에 발달
9산	• 9개의 선종 의미 • 신라 하대에 유행한 불교로 깨달음을 중시 • 호족과 6두품의 반 신라적 움직임과 결부되어 고려 개창의 사상적 기반이 됨

3 도교와 학문의 발달

1. 도교
(1) 고구려
  ① 삼국 중 가장 먼저 전파되었다.
  ② 고구려 고분의 신선도, 사신도 등이 있다.
(2) 백제
  ① 도교 전래에 대한 기록은 없으나 유물로 존재를 확인할 수 있다.
  ② 산수무늬 벽돌, 사택지적비, 백제 금동 대향로 등이 있다.

2. 학문의 발달
(1) 고구려 : 태학과 경당이 있었다.
(2) 백제 : 한문학이 발달하였다(무령왕릉 지석, 사택지적비 등).
(3) 신라 : 화랑도에서 유교 경전을 교육하였다(임신서기석).

> **임신서기석**
>
> 임신년 6월 14일에 두 사람은 같이 적어서 하늘에 맹세하나이다. 지금으로부터 3년 이후 나라에 충도(忠道)를 잡아 지니면서 과실이 없기를 비옵니다. 만약 이 약속을 어기면 큰 벌이라도 감수하겠나이다. 만약 나라가 불안하고 세상이 크게 어지러워지더라도 반드시 행할 것을 다짐하나이다. 따로 작년 신미년 7월 22일에 맹세했듯이 "시", "상서", "예기", "춘추좌씨전"을 차례로 배워 익히길 3년 안에 다할 것을 거듭 다짐하나이다.

▲ 임신서기석

➤ 신라의 두 청년이 국가에 대한 충성을 맹세하고 유교 경전을 열심히 공부할 것을 약속한 내용입니다. 신라에 유학이 발달하였음을 알 수 있습니다.

(4) 통일 신라
  ① 국학과 독서삼품과를 설치하였다.
  ② 강수 : 가야 출신 6두품으로 외교 문서 작성에 능하였다.
  ③ 설총 : 이두를 정리하였으며, '화왕계'를 지어 국왕의 도덕 정치를 강조하였다.
  ④ 김대문 : 진골 출신으로 신라 문화를 주체적으로 인식하였다.
  ⑤ 최치원 : 도당 유학생 출신의 6두품으로 진성 여왕에게 시무 10여 조를 올렸다.
(5) 발해 : 주자감을 설치하여 귀족 자제에게 유교 경전을 교육하였고, 당의 빈공과에 합격한 사람들이 나타났다.

도교
노장사상과 신선 사상이 결합된 도교는 5세기경 북위 구겸지에 의해 성립되었다고 한다. 언제 우리나라에 전래되었는지 확실하지 않으나, 6세기경 고구려, 백제의 귀족 사회에 전래된 것으로 추정하고 있다.

산수무늬 벽돌

부여에서 출토된 벽돌이다. 산봉우리마다 소나무가 그려져 있으며 하늘에 구름이 떠 있는 등 도교적인 요소가 보인다.

사택지적비
백제 의자왕 때 사택지적이라는 사람이 늙음에 대한 인상무상을 읊은 허무주의 내용을 담고 있다.

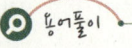

기여(寄與) : 도움이 되도록 이바지함
개창(開創) : 새로 시작하거나 세움
결부(結付) : 일정한 사물이나 현상을 서로 연관시킴

4 고대 국가의 예술

1. 고분과 벽화

(1) 고구려
① 돌무지무덤 : 장군총(만주 지역, 벽화 없음)이 대표적이다.
② 굴식 돌방무덤
　㉠ 벽화가 주로 발견되는 무덤 양식이다.
　㉡ 천장 구조는 네모와 세모를 엇갈려서 줄여 나가는 모줄임 천장 구조이다.
③ 주요 고분 벽화
　㉠ 황해도 안악 3호분 : 고구려 지배층의 행렬과 부엌, 고깃간 등의 벽화가 있다.
　㉡ 쌍영총(평남 용강) : 기마 인물도, 행렬도, 사신도 등의 벽화가 있다.
　㉢ 무용총(무용도와 수렵도), 각저총(씨름도) 등이 있다.
　㉣ 수산리 고분 벽화 : 신분에 따라 사람의 크기를 다르게 그렸으며, 벽화의 여성 복장이 일본 다카마쓰 고분의 여성 복장과 흡사하다(고구려 문화의 일본 전래).
　㉤ 강서대묘 : 사신도(좌-청룡, 우-백호, 남-주작, 북-현무)가 그려져 있다.

▲ 장군총

▲ 모줄임 천장 구조

  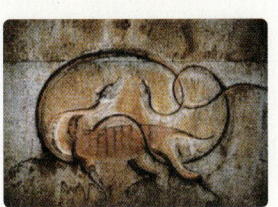
▲ 안악 3호분의 부엌과 고깃간　▲ 각저총의 씨름도　▲ 강서대묘의 사신도(현무도)

(2) 백제
① 한성 시대 : 서울 석촌동 고분이 대표적이며, 고구려 계통의 돌무지무덤을 계승한 것이다.
② 웅진 시대 : 무령왕릉은 중국 남조의 영향을 받은 벽돌무덤으로, 벽화는 발견되지 않았다.
③ 사비 시대 : 능산리 고분군이 대표적이며, 굴식 돌방무덤으로 사신도, 연꽃무늬, 구름무늬 등의 벽화가 발견되었다.

무령왕릉
1971년에 송산리 고분군의 배수로 공사 중에 우연히 발견되었는데, 다른 무덤과는 달리 완전한 형태로 남아 있었다. 이는 중국 남조의 영향을 받아 벽돌로 무덤 내부를 쌓았는데, 무덤의 주인공이 무령왕과 왕비임을 알리는 지석이 발견되어 연대를 확실히 알 수 있다.

▲ 석촌동 2호분　▲ 무령왕릉　▲ 부여 능산리 고분군

(3) 신라
① 통일 이전
　㉠ 돌무지덧널무덤으로 벽화는 없고, 도굴이 어려워 부장품이 다수 발견되었다.
　㉡ 주요 고분

호우총	고구려 광개토 대왕의 호우(제사 지내는 제기)가 발견됨
천마총	천마도가 발견됨
황남 대총	고분 중 가장 큰 규모로, 많은 금제 장신구가 출토됨

② 통일 이후 : 굴식 돌방무덤이 유행하였고, 대왕암처럼 불교의 영향으로 화장이 유행하였다.

(4) 발해 : 정효 공주 묘에는 공주를 지키는 사람들, 시중을 드는 사람들이 그려져 있다.

▲ 천마도

용어풀이
도굴(盜掘) : 불법적으로 고분(옛 무덤) 따위를 파는 행위
화장(火葬) : 시체를 불에 살라 장사 지냄

제8장 고대의 문화

▲ 정효 공주 묘 내부

2. 건축과 탑

(1) 삼국 시대

① 백제 : 미륵사지 석탑(목탑 양식), 부여 정림사지 5층 석탑(목탑 양식)이 있다.
② 신라 : 황룡사 9층 목탑(고려 때 불타서 없어짐), 분황사 모전 석탑(돌을 벽돌 모양으로 깎아서 축조한 모전 석탑)이 있다.

백제		신라	
▲ 미륵사지 석탑	▲ 정림사지 5층 석탑	▲ 황룡사 9층 목탑 터	▲ 분황사 모전 석탑

(2) 통일 신라 시대

① 불국사 : 불국토의 이상을 표현하였고, 청운교, 백운교, 불국사 3층 석탑, 다보탑 등이 있다.
② 석굴암 : 경주 토함산 중턱에 세워진 석굴 사원이다.
③ 경주 동궁과 월지 : 신라인의 조경술과 화려한 귀족 생활을 엿볼 수 있다.
④ 석탑 : 통일 신라 시대에는 감은사지 3층 석탑과 진전사지 3층 석탑처럼 3층 석탑이 유행하였다.

통일 신라의 3층 석탑
통일 신라의 3층 석탑으로는 감은사지 3층 석탑, 불국사 3층 석탑, 화엄사 4사자 3층 석탑, 양양 진전사지 3층 석탑 등이 있다.

▲ 불국사

▲ 불국사 3층 석탑

▲ 불국사 다보탑

▲ 경주 동궁과 월지

▲ 감은사지 3층 석탑

▲ 진전사지 3층 석탑

3. 불상과 공예

(1) 불상

① 연가 7년명 금동 여래 입상 : 고구려의 불상으로, 광배 뒷면에 '연가 7년'이라는 명문이 새겨져 있다.
② 서산 마애 삼존 불상 : 온화한 백제의 미소라고 불린다.
③ 석굴암 본존불과 보살상 : 통일 신라 시대의 균형미가 돋보인다.
④ 금동 미륵보살 반가 사유상 : 삼국 공통으로 제작하였으며, 일본에 영향을 주었다.
⑤ 이불병좌상 : 고구려를 계승한 발해의 불상이다.

조경(造景) : 경치를 아름답게 꾸밈

고구려	백제	신라	삼국 공통
▲ 연가 7년명 금동 여래 입상	▲ 서산 마애 삼존 불상	▲ 석굴암 본존불	▲ 금동 미륵보살 반가 사유상

(2) 금속 기술
 ① 백제 : 칠지도와 금동 대향로가 대표적이다.
 ② 신라 : 금관, 성덕 대왕 신종 등이 있다.

백제		신라	
▲ 칠지도	▲ 백제 금동 대향로	▲ 신라 금관	▲ 성덕 대왕 신종

성덕 대왕 신종
에밀레종이라고도 불린다. 맑고 장중한 소리와 비천상으로 유명하다.

(3) 목판 인쇄술 : 통일 신라의 무구정광대다라니경이 있다.

4. 고대 문화의 일본 전파
(1) 삼국 문화의 일본 전파 : 야마토 정권의 성립과 아스카 문화 형성에 영향을 주었다.

백제	• 근초고왕 때 아직기가 일본으로 한자 전래 • 박사 왕인이 일본에 천자문과 논어 전파 • 성왕 때 노리사치계가 일본에 불경과 불상 전파
고구려	• 담징은 일본에 종이와 먹 제조 방법 전수, 호류 사에 금당 벽화를 그림 • 혜자는 쇼토쿠 태자의 스승이 됨 • 고구려 수산리 고분 벽화는 일본의 다카마쓰 고분 벽화에 영향을 줌

무구정광대다라니경

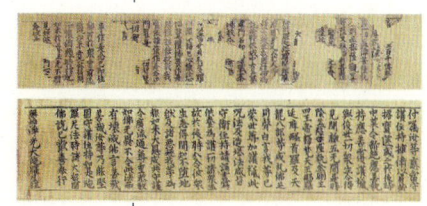

불국사 3층 석탑을 보수하는 과정에서 발견된 불교 경전이다. 세계에서 가장 오래된 목판 인쇄물로 인정받고 있다.

고분 벽화		불상	
▲ 수산리 고분 벽화 (고구려)	▲ 다카마쓰 고분 벽화(일본)	▲ 금동 미륵보살 반가 사유상(삼국)	▲ 목조 미륵보살 반가 사유상(일본)

(2) 통일 신라 문화의 일본 전파 : 일본으로 건너간 통일 신라 문화가 하쿠호 문화 성립에 기여하였다.

용어풀이

마애(磨崖) : 바위를 쪼거나 갈아서 만듦
반가(半跏) : 불교에서 앉아서 좌선하는 방법 중 하나
비천상(飛天像) : 하늘을 날아다니며 인간과 왕래한다는 여인 조각

II 고려 귀족 사회의 형성과 변천

01 태조 왕건, 후삼국을 통일하다
02 고려 통치 체제의 특징은 무엇일까?
03 문벌 귀족 사회의 모순과 서경 천도 운동 그리고 무신 정변
04 북방 민족의 침략을 막아 내다
05 공민왕의 반원 자주 정책과 신진 사대부의 성장
06 고려 시대의 경제와 전시과의 변천 과정
07 고려 시대 사람들은 어떻게 살았을까?
08 찬란한 중세의 문화

Ⅱ. 고려 귀족 사회의 형성과 변천

제1장 태조 왕건, 후삼국을 통일하다

▲ 태조 왕건상

흑창
식량이 떨어진 봄에 곡식을 나누어 주고 추수 후에 갚도록 한 빈민 구제 기구이다.

1 고려의 성립

1. 고려의 건국 : 왕으로 추대 된 왕건이 고구려 계승을 내세워 국호를 '고려'로, 연호를 '천수'라 하였으며, 송악(개경)으로 도읍을 옮겼다(919).

2. 고려의 후삼국 통일
(1) 통일 정책 : 고려는 후백제와 대립하고, 신라에 화친하는 통일 정책을 취하였다.
(2) 통일 과정
 ① 왕위 계승권을 둘러싸고 내분을 겪는 과정에서 후백제의 견훤이 고려에 투항하였다.
 ② 신라의 경순왕이 고려에 항복하였다(935).
 ③ 고려가 후백제를 정벌하였다(936).

2 태조

1. 민생 안정 정책 : 민생 안정을 위해 호족들의 지나친 세금 징수를 금지하였고, 가난한 백성을 구제하기 위해 흑창을 설치하였다.

2. 호족 통합 정책
(1) 호족 통제
 ① 사심관 제도 : 개국 공신과 중앙 관리들을 자기 출신 지역의 사심관으로 임명하여 민심을 수습하고 지방 세력을 회유·통제하였다.

> **사심관 제도**
> 태조 18년 신라왕 김부(경순왕)가 항복해 오니 신라국을 없애고 경주라 하였다. (김)부로 하여금 경주의 사심이 되어 부호장 이하의 (임명을) 맡게 하였다. 이에 여러 공신이 이를 본받아 각기 자기 출신 지역의 사심이 되었다. 사심관은 여기에서 비롯되었다.
> – "고려사" –

▶ 태조 왕건은 호족을 견제하고 지방 통치를 보완하기 위해 사심관 제도를 활용하였습니다.

 ② 기인 제도 : 지방 향리의 자제들을 기인으로 임명하여 중앙에 불러들인 후 출신 지방에 대해 자문하도록 한 일종의 인질 제도이다.
(2) 호족 회유
 ① 개국 공신과 지방 호족을 관리로 등용하였고, 공신에게 역분전이라는 토지를 지급하였다.
 ② 유력한 호족들과 혼인 관계를 맺거나 왕씨 성을 하사하였다.

훈요 10조
태조가 세상을 떠날 때 남긴 가르침으로, 고려의 대통을 이을 임금이 명심해야 할 10가지 사항을 제시하였다.

용어풀이
징수(徵收) : 나라, 공공 단체, 지주 등이 돈, 곡식, 물품 따위를 거두어들임
자문(諮問) : 어떤 일을 더욱 효율적이고 바르게 처리하려고 그 방면의 전문가나, 전문가들로 이루어진 기구에 의견을 물음
북진(北進) : 북으로 나아감

3. 북진 정책
(1) 고구려 계승 의식 : 발해 유민을 수용하고 고구려 계승 의식을 분명히 하였다.
(2) 서경 중시 : 고구려의 옛 땅을 되찾기 위해서 서경(평양)을 북진 정책의 기지로 삼았다.
(3) 반거란·반여진 정책 : 반거란·반여진 정책을 실시하여 청천강부터 영흥만까지 영토를 확대하였다.

4. 국가의 통치 방향 제시 : "정계"와 "계백료서"를 지어 신하들이 지켜야 할 규범을 제시하였고, '훈요 10조'를 남겨 후대 왕들이 지켜야 할 정책 방향을 제시하였다.

3 광종

1. **왕권 강화 정책** : 혜종·정종 때의 왕권 불안을 해소하기 위해 왕권 강화 정책을 추진하였다.
2. **노비안검법**
   (1) 실시 : 불법적으로 노비가 된 사람들 중에 본래 양인이었던 자를 해방시켰다.
   (2) 목적 : 왕권에 위협이 되는 호족의 경제적·군사적 세력 기반을 약화시키고자 하였다.
3. **과거제 실시** : 신진 인사를 기용하여 공신 세력을 약화시키고 왕권을 강화하고자 쌍기의 건의를 받아들여 실시하였다(958).

> **과거제**
> 광종이 쌍기의 의견을 받아들여 과거로 인재를 뽑게 하였다. 이때부터 문풍이 일어났고, 그 법은 대체로 당나라 제도를 따른 것이다. - "고려사" -
>
> ▶ 고려는 능력을 중시하여 관리를 등용할 때 과거 제도를 실시하였습니다. 과거 시험에는 백성들도 응시할 수 있었습니다.

4. **공복 제정** : 왕과 신하의 관계를 분명히 하고 관리들의 상하를 쉽게 판별하기 위하여 자주색·붉은색·진홍색·초록색의 4색 공복을 제정하였다.
5. **황제 호칭, 독자적 연호 사용** : 국왕의 권위를 높이기 위하여 '황제'라 칭하고, '광덕'·'준풍' 등의 독자적인 연호를 사용하였다.
6. **송과의 교류** : 거란을 견제하고자 송과 교류하였으며, 경제적·문화적 선진화를 도모하였다.
7. **제위보 설치** : 빈민 구제 기금인 제위보를 설치하여 농민들의 생활을 안정시키고자 하였다.

4 성종

1. **최승로의 시무 28조**
   (1) 국방 강화 : 거란의 침입에 대비하기 위해 국방 강화를 건의하였다.
   (2) 유교 이념 채용 : 유교를 정치 이념으로 삼을 것과 연등회와 팔관회의 축소를 주장하였다.
   (3) 중앙 집권 체제 확립 : 중앙 집권적인 정치 형태를 구상하고, 중국 문물을 우리 실정에 맞게 선별하여 수용할 것을 주장하였다.

2. **성종의 정책**
   (1) 중앙 통치 기구 정비 : 당의 제도를 고려에 맞게 고쳐 중서문하성과 상서성을 만들었다.
   (2) 지방 제도 정비 : 12목을 설치하고 지방관을 파견하였다.

> **지방관 파견(최승로의 시무 28조)**
> 국왕이 백성을 다스림은 집집마다 가서 날마다 일을 보는 것이 아닙니다. 그런 까닭으로 수령을 나누어 보내어 가서 백성의 이익 되는 일과 손해 되는 일을 살피게 하는 것입니다. …… 청컨대 외관을 두소서. 비록 한꺼번에 다 보낼 수는 없더라도 먼저 10여 곳의 주현에 1명의 외관을 두고, 그 아래에 각각 2~3명의 관원을 두어서 백성 다스리는 일을 맡기소서. - "고려사" -
>
> ▶ 성종은 12목을 설치하고 지방관을 파견하여 중앙 집권 체제를 강화하였습니다.

   (3) 유교 교육의 진흥 : 국자감을 설립하고, 12목에 경학박사와 의학박사를 파견하였으며, 과거 제도를 정비하여 과거 출신자들의 정치 참여를 유도하였다.

청주 용두사지 철당간

광종의 연호인 '준풍' 3년(962)에 만들어졌다는 글씨가 새겨져 있다.

최승로의 시무 28조

최승로가 성종에게 올린 글로, 나라를 발전시키기 위해 힘써야 할 28가지 내용이 적혀 있다. 대개 임금과 신하가 힘을 합쳐 백성의 어려움을 살펴 잘살게 해야 한다는 내용이다.

12목

성종은 양주·황주·해주·충주·청주·공주·전주·나주·승주·상주·진주·광주 12곳에 지방 행정 단위인 목을 설치하고, 지방관을 파견하였다.

국자감

고려 시대 최고의 교육 기관으로, 선비들이 학문을 닦고 과거 시험을 준비하던 곳이다. 이후 성균관으로 이름이 바뀌었다.

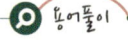

문풍(文風) : 글을 숭상하는 풍습
외관(外官) : 지방의 관직이나 관원을 이르던 말

Ⅱ. 고려 귀족 사회의 형성과 변천

제2장 고려 통치 체제의 특징은 무엇일까?

1 중앙 정치 조직

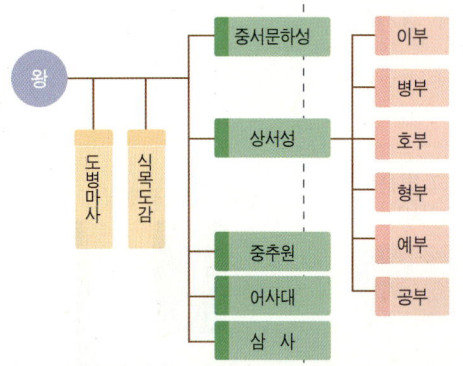
▲ 고려의 중앙 정치 조직

1. 중서문하성과 상서성(2성 6부제)
(1) 중서문하성 : 국가의 중요한 정책을 의논하고 결정하는 최고 기구이다.
(2) 상서성
 ① 이부·병부·호부·형부·예부·공부의 6부로 나뉘어 있었다.
 ② 중서문하성에서 결정된 정책을 집행하였다.

2. 중추원과 삼사
(1) 중추원 : 군사 기밀과 왕명 출납의 역할을 하였다.
(2) 삼사 : 화폐와 곡식의 회계 및 출납을 담당하였다.

3. 도병마사, 식목도감, 대간
(1) 도병마사 : 국방 문제를 담당하는 임시 기구로, 원 간섭기 이후 도평의사사로 불리며 국가 최고 회의 기구로 발전하였다.
(2) 식목도감 : 법과 시행 규칙을 제정하고 격식 문제 등을 논의하였다.
(3) 대간(대성·성대)
 ① 중서문하성의 낭사(3품 이하)와 어사대(관리 감찰 기구)의 관원은 대간을 이루어 왕권을 견제하였다.
 ② 대간은 왕의 잘못을 따지는 간쟁, 잘못된 왕명을 따르지 않고 되돌려 보내는 봉박, 관리의 임명과 법령의 시행에 동의하는 서경권을 행사하였다.

2 지방 행정 조직

1. 행정 중심의 5도와 양계
(1) 5도 : 전국을 다섯 개의 도로 나누어 안찰사를 파견하고, 각 도에 주·군·현을 설치하였다.
(2) 양계(동계·북계) : 북방의 국경 지대에 양계를 설치하여 병마사를 파견하였고, 국방상의 요충지에는 특수 군사 지역인 진을 설치하였다.

2. 3경·4도호부·8목
(1) 3경 : 개경, 서경(평양), 동경(경주, 나중에는 남경으로 바뀜)을 지칭한다.
(2) 4도호부 : 군사적으로 중요한 지역(안북·안변·안서·안남)이다.
(3) 8목 : 지방의 일반 행정 중심지로, 지방관이 파견되었다.

▲ 고려의 지방 행정 구역

용어풀이
안찰사(按察使) : 중앙관이며, 지방을 순시·감찰하던 임기 6개월의 임시직
호장(戶長) : 고을 구실아치의 우두머리

3. 향·부곡·소
(1) 특징
 ① 지방관이 파견되지 않은 특별 행정 구역이다.
 ② 호장 이하의 향리가 지배하였으며, 일반 군현에 비해 과도한 세금을 부담하였다.
(2) 향·부곡 : 주로 농업에 종사하였다.
(3) 소 : 국가가 필요로 하는 금·은·철 등의 원료와 종이·먹·도자기 등의 공납품을 바쳤다.

3 군사 제도

1. 중앙군과 지방군
(1) 중앙군
 ① 2군 : 국왕의 친위 부대로, 직업 군인으로 구성되었다.
 ② 6위 : 수도 경비와 국경 방어를 담당하였다.
(2) 지방군
 ① 주현군 : 5도에 주둔하며 치안과 경비를 담당하였다.
 ② 주진군 : 양계의 상비군으로, 좌군·우군·초군으로 구성되었다.

2. 특수 부대
(1) 광군 : 정종 때 거란의 침입에 대비할 목적으로 설치된 호족 연합 부대이다.
(2) 별무반 : 숙종 때 윤관의 건의로 설치된 여진 정벌 부대이다.
(3) 삼별초 : 좌별초·우별초·신의군으로 구성된 몽골 대항 부대이다.
(4) 도방 : 무신 집권기에 설치된 사병 부대이다.
(5) 연호군 : 고려 말 왜구를 토벌하기 위해 농민과 노비로 구성된 부대이다.

왜구
13~16세기에 우리나라와 중국 해안에서 약탈을 일삼던 일본인 해적을 말한다.

4 관리 등용 제도와 교육 제도

1. 관리 등용 제도
(1) 과거제
 ① 실시 : 광종 9년(958) 호족 세력을 약화시키고, 왕권을 강화할 목적으로 시행하였다.
 ② 구분
  ㉠ 문과 : 문예 능력을 시험하는 제술과, 유교 경전의 이해 능력을 평가하는 명경과로 구분되었다.
  ㉡ 잡과 : 법률, 회계, 지리 등의 실용적인 기술학 시험이다.
  ㉢ 승과 : 교종과 선종을 구분하여 승려를 선발하였다.
 ③ 응시자의 신분
  ㉠ 양인 이상은 과거 시험에 응시할 수 있었다.
  ㉡ 제술과와 명경과에는 주로 귀족과 향리의 자제들이 응시하였고, 잡과에는 주로 양민이 응시하였다.
(2) 음서제
 ① 공신과 왕실의 자손, 5품 이상 고위 관료의 자손 등은 과거를 거치지 않고 관료가 되었다.
 ② 음서의 혜택으로 관료의 지위가 세습되었고, 음서 출신자가 과거 출신자보다 재상 등의 관직에 오르는 경우가 더 많아서 과거의 기능은 제한적이었다.

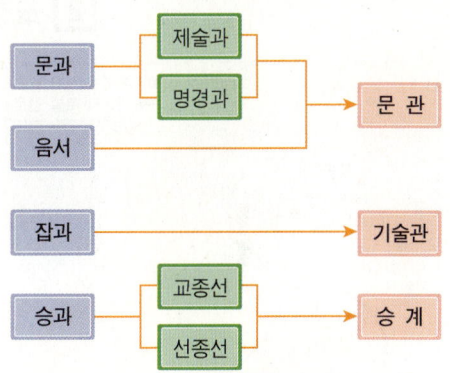
▲ 고려의 관리 등용 제도

▲ 고려 성균관

2. 교육 제도
(1) 국자감(국립 대학) : 유학 교육과 기술학(율·서·산학) 교육을 실시하였다.
(2) 사학의 발달 : 문종 때부터 최충의 문헌공도(9재 학당)와 같은 사학이 인기를 얻어 국자감이 위축되었다.
(3) 관학 진흥책
 ① 7재의 전문 강좌와 장학 재단인 양현고를 설치하였다.
 ② 향교를 중심으로 지방 교육을 강화하였고, 성균관을 순수 유학 교육 기관으로 개편하였다.

교종(敎宗) : 불교의 종파를 크게 둘로 나누었을 때에, 선(禪)보다 교리를 중시하는 종파

사학(私學) : 고려 시대의 사설 교육 기관. 9재 학당, 문헌공도, 홍문공도, 광헌공도 따위의 십이공도가 유명함

Ⅱ. 고려 귀족 사회의 형성과 변천

제3장 문벌 귀족 사회의 모순과 서경 천도 운동 그리고 무신 정변

1 문벌 귀족 사회의 특권과 모순

1. 문벌 귀족 사회의 성립
(1) 문벌 귀족의 형성 : 과거와 음서를 통해 관직을 독점하며 주도적인 정치 세력이 되었다.
(2) 문벌 귀족의 성장
  ① 관직에 따라 지급받는 과전, 자손에게 세습이 허용되는 공음전의 혜택을 받으며 경제력을 독점하였다.
  ② 귀족 및 왕실과 중첩된 혼인 관계를 맺으며 권력을 유지하였다.

2. 이자겸의 난(1126)
(1) 배경 : 경원 이씨 가문의 이자겸이 외척이 되어 정권을 장악하였다.
(2) 전개 : 인종이 이자겸 세력을 공격하자 이에 맞서 이자겸이 척준경과 반란을 일으켰으나 결국 실패하였다.

과전
관원에게 지급한 토지로, 반납이 원칙이다.

공음전
공신과 5품 이상의 신하에게 지급된 세습이 가능한 토지이다.

척준경
이자겸의 부하로, 이자겸을 도와 난을 일으켰다. 인종의 회유에 넘어가 이자겸을 제거하지만, 결국 죽임을 당하였다.

2 묘청의 서경 천도 운동

▲ 묘청의 세력 범위

1. 묘청의 서경 천도 운동(1135)
(1) 배경 : 인종이 민생 안정과 국방 강화를 위해 개혁을 추진하는 과정에서 개경 세력과 서경 세력 사이에 대립이 발생하였다.
(2) 서경 세력의 주장 : 서경 세력은 황제 칭호 사용과 금나라 정벌을 주장하였다.
(3) 결과 : 국호를 대위국으로 하는 묘청의 난이 일어났으나 김부식에게 진압당하였다.
(4) 의의 : 귀족 사회 내부의 모순을 드러낸 것이었다.

2. 서경 세력과 개경 세력

구분	서경 세력	개경 세력
중심 인물	묘청, 정지상 등	김부식 등
사상	풍수지리설	유교
주장	황제 칭호 사용, 금 정벌	금에 사대
역사 의식	고구려 계승 의식	신라 계승 의식

용어풀이
외척(外戚) : 어머니 쪽의 친척
사대(事大) : 약자가 강자를 섬김
계승(繼承) : 조상의 전통이나 문화유산, 업적 따위를 물려받아 이어 나감

> **서경 천도 운동에 대한 신채호의 인식**
>
> 묘청의 천도 운동 …… 그 실상은 낭가와 불교 양가 대 유가의 싸움이며, 국풍파 대 한학파의 싸움이며, 독립당 대 사대당의 싸움이며, 진취 사상 대 보수 사상의 싸움이니, 묘청은 전자의 대표요 김부식은 후자의 대표였던 것이다. 묘청의 천도 운동에서 묘청 등이 패하고 김부식이 이겼으므로 조선사가 사대적 · 보수적 · 속박적 사상인 유교 사상에 정복되고 말았다. 만약 김부식이 패하고 묘청이 이겼더라면 조선의 역사가 독립적 · 진취적으로 진전하였을 것이니, 이것이 어찌 일천 년래 제일 대사건이라 하지 아니하랴.
> — 신채호, "조선사연구초" —

➤ 신채호는 묘청의 서경 천도 운동을 우리 민족의 자주적 의식이 발현된 중요한 사건으로 평가하였습니다.

3 무신 정권의 성립

1. 무신 정변(1170)
(1) 배경 : 무신에 대한 차별 대우(문신 우대)가 심화되었다.
(2) 전개 : 정중부·이의방 등이 무신 정변을 일으키고 무신 정권을 수립하였다.
(3) 집권 세력의 변천 : 이의방·정중부·경대승·이의민·최충헌의 순서로 집권하였다.

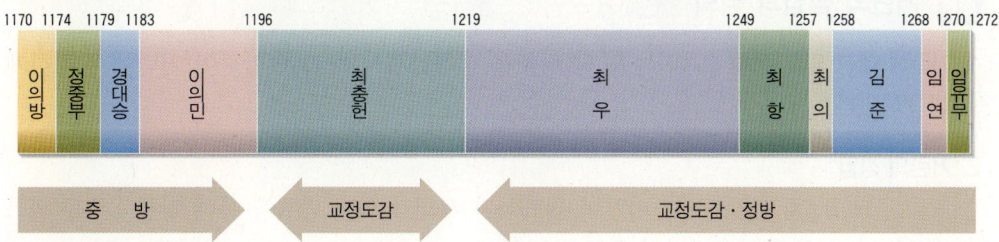
▲ 무신 집권자의 변천과 지배 기구

2. 최씨 무신 정권
(1) 최충헌
  ① 최충헌이 이의민을 제거하고 정권을 장악한 이후 4대 60여 년 동안 최씨 무신 정권이 유지되었다.
  ② 교정도감(최고 권력 기구)과 도방(사병 조직)을 설치하였다.
  ③ 봉사 10조를 건의하여 혼란을 극복하기 위한 개혁 방안을 제시하였다.
(2) 최우
  ① 정방(인사 행정)을 설치하여 관리의 인사권을 독점하였다.
  ② 문학적 소양과 전문적 행정 실무 능력을 갖춘 문신을 등용하였다.
  ③ 삼별초(치안 유지)를 설치하였고, 몽골의 침입에 맞서기 위해 강화도로 천도하였다.

3. 무신 정권의 영향
(1) 정치
  ① 문신 중심의 정치 기구가 기능을 잃고 무신 중심의 회의 기구가 강화되었다.
  ② 문벌 귀족 사회가 무너지고 왕권과 국가 통치 질서가 약화되었다.
(2) 경제
  ① 권력을 독점한 소수가 불법적으로 농장을 확대하여 국가 경제가 어려워졌다.
  ② 땅을 빼앗긴 농민들이 늘어나면서 농촌 사회가 몰락하였다.
(3) 사회
  ① 엄격하게 지켜지던 신분 제도가 흐트러져 하극상의 분위기가 퍼져 나갔다.
  ② 귀족 사회에서 관료가 중심이 되는 사회로 옮겨 갔다.

만적의 신분 해방 운동

신종 원년(1198) 사노 만적 등 6인이 북산에서 나무하다가 공노비와 사노비들을 불러 모의하였다. "나라에서 경인·계사년 이후로 고관이 천민과 노비에서 많이 나왔다. 장수와 재상이 어찌 씨가 따로 있으랴. 때가 오면 누구나 할 수 있다. 우리가 왜 육체를 괴롭히면서 채찍 밑에 곤욕을 당해야 하겠는가?" 여러 노비가 모두 그렇게 여겼다. …… "우리가 성안에서 봉기하여 먼저 최충헌 등을 죽인다. 이어서 각각 그 주인들을 쳐서 죽이고 천인 호적을 불살라서 우리나라에 천인이 없게 하자. 그러면 공경장상을 우리가 모두 할 수 있다."
– 「고려사」 –

➡ 무신 정변 때 하층민 중에는 공적을 세우고 신분이 높아진 사람이 많았습니다. 이렇게 신분 제도가 흐트러지자 만적과 같은 천민들은 신분 해방 운동을 통해 모두가 평등한 사회를 만들고자 하였습니다.

만적의 난
최충헌의 노비였던 만적이 신분 해방 운동을 계획하였으나 사전에 발각되어 실패하였다.

용어풀이
무신(武臣) : 신하 가운데 무관인 사람
하극상(下剋上) : 계급이나 신분이 낮은 사람이 예의나 규율을 무시하고 윗사람을 꺾고 오름

Ⅱ. 고려 귀족 사회의 형성과 변천

제4장 북방 민족의 침략을 막아 내다

1 거란의 침입과 격퇴

1. 거란에 대한 외교 정책: 고려는 북진 정책을 추진하면서 송과 연합하여 거란에 강경하게 대응하였다.

2. 거란의 침입

(1) 1차 침입(993) : 거란이 침략하자 서희가 외교 담판을 통해 강동 6주를 획득하고 압록강까지 영토를 넓혔다.
(2) 2차 침입(1010) : 거란은 고려에 송과의 수교 단절을 요구하며 침략하였으나 양규가 퇴각하는 거란군을 공격하였다.
(3) 3차 침입(1018) : 거란이 대규모 병력을 동원하여 침략하였으나 강감찬이 귀주에서 물리쳤다(귀주 대첩, 1019).

3. 영향

(1) 세력 균형 : 고려·송·거란 사이에 세력 균형이 유지되었다.
(2) 나성 축조 : 개경에 나성을 쌓아 수도 방어를 강화하였다.
(3) 천리장성 축조 : 거란과 여진의 침략에 대비하여 천리장성을 축조하였다.

강동 6주

홍화진, 용주, 철주, 통주, 귀주, 곽주를 말한다.

서희의 외교 담판

소손녕이 서희에게 말하였다. "너희 나라는 신라 땅에서 일어났다. 고구려는 우리의 소유인데 너희 나라가 이를 침식하고 있다. 또 우리와 국경을 맞대고 있음에도 바다를 건너 송을 섬기고 있다. 이 때문에 대국(거란)이 와서 치는 것이다. 지금 땅을 떼어 바치고 사신을 보낸다면 아무 일이 없을 것이다." 서희는 말하였다. "그런 것이 아니다. 우리나라는 고구려를 계승한 나라이다. 그런 까닭에 나라 이름을 고려라 하고 평양에 도읍을 정하였던 것이다. 만약 땅의 경계를 논한다면 상국(거란)의 동경도 모두 우리 땅 안에 있다. 어찌 우리를 침식했다고 하느냐. 더구나 압록강 안팎은 우리나라 땅이지만 여진이 점거하였다. 이들이 교활하고 변덕이 많아 길을 막아서 (중국과) 통하지 못하게 되어 바다를 건너는 것보다 더 어렵게 되었다. 조빙을 하지 못하는 것은 여진 탓이다."
– "고려사절요" –

▶ 서희는 송과 고려의 우호적인 관계를 불편하게 한 소손녕의 의도를 파악하고 협상을 통해 거란을 안심시켰습니다. 그리고 여진을 빌미로 강동 6주를 얻어냄으로써 압록강 이남을 차지하였습니다.

척경입비도

고려 중기에 윤관이 여진족을 정벌하고 9성을 쌓고 '고려지경(高麗地境)'이라고 새긴 경계비를 세운 일을 묘사한 그림이다.

용어풀이

담판(談判) : 서로 맞선 관계에 있는 쌍방이 의논하여 옳고 그름을 판단함
수교(修交) : 나라와 나라 사이에 교제를 맺음

2 여진 정벌과 동북 9성 개척

1. 여진 정벌(1107)

(1) 동북 9성 개척 : 고려는 윤관의 건의를 받아들여 특수 부대인 별무반을 조직한 뒤 여진을 정벌하여 동북 9성을 개척하였다.
(2) 동북 9성 반환 : 고려는 다시는 침략하지 않고 조공을 바치겠다는 여진족의 요청을 수락하고 동북 9성을 돌려주었다.

2. 성장한 여진의 압력

(1) 금 건국(1115) : 여진은 세력을 키워 금을 건국하고 거란과 북송을 멸망시켰다.
(2) 사대 관계 체결 : 이자겸의 굴욕적인 외교로 금과 사대 관계가 맺어졌다(1126).

3 몽골의 침입과 내정 간섭

1. 몽골의 침입(총 6차)
(1) 제1차 침입
  ① 배경 : 몽골 사신 저고여의 피살을 구실로 침입하였다.
  ② 전개
    ㉠ 몽골군이 침입하자 박서가 귀주성에서 저항하였다(귀주성 전투).
    ㉡ 몽골이 개경을 포위하자 최우가 몽골의 요구를 받아들여 강화를 맺었다.
    ㉢ 몽골의 무리한 요구와 횡포가 심해지자 최우가 강화도로 천도하였다.
(2) 제2차 및 제3차 침입
  ① 몽골군이 강화도 천도를 빌미로 재침입하였으나 김윤후가 처인성에서 적장 살리타를 사살하였다(제2차 침입, 1232).
  ② 몽골군이 살리타의 보복을 구실로 재침략하였다(제3차 침입, 1235).

2. 삼별초의 대몽 항쟁
(1) 개경 환도
  ① 개경 환도 : 최씨 정권이 몰락하자 고려 조정은 개경으로 돌아오면서 몽골의 지배를 받게 되었다.
  ② 반몽 정권 수립 : 강화도에서 배중손의 지휘 아래 새로운 반몽 정권이 세워졌다.
(2) 삼별초의 항쟁
  ① 삼별초는 몽골과의 강화에 반대하고 진도로 옮겨 항쟁하였으나 고려와 몽골의 연합군에 밀려 제주도로 다시 옮겨 항쟁하였다.
  ② 삼별초가 진압된 이후 몽골은 제주도에 탐라총관부를 설치하고 직접 통치하였다.

3. 원의 내정 간섭
(1) 일본 원정 동원
  ① 원은 일본 원정을 위해 정동행성을 설치하고 고려에서 선박·식량·무기 등을 징발하였다.
  ② 정동행성은 일본 원정 실패 이후에도 그대로 남아 고려의 정치를 간섭하는 기구로 변질되었다.
(2) 원의 영토 확보
  ① 쌍성총관부 설치 : 원은 철령 이북의 땅을 자국의 직속 땅으로 편입하였는데, 공민왕 때 무력으로 회복하였다.
  ② 동녕부 설치 : 원이 자비령 이북의 땅을 차지하였는데 충렬왕 때 돌려받았다.
  ③ 탐라총관부 : 원이 제주도를 점령하여 직접 지배하였으나 충렬왕 때 반환하였다.

4. 원의 영향
(1) 대외적·정치적 변화
  ① 원 왕실과의 혼인을 통해 사위의 나라로 전락하였다.
  ② 왕의 이름에 '충(忠)'자를 넣었고, 왕실 용어의 격이 낮아졌다.
(2) 사회적 변화
  ① 자주성에 심각한 손상을 입었으며, 왕권이 약화되면서 통치 질서가 무너졌다.
  ② 친원파를 중심으로 한 권문세족이 등장하여 권력을 장악하였다.
  ③ 고려에 몽골식 옷, 변발, 만두, 소주 등 몽골의 풍습인 몽골풍이 유행하였고, 원에는 원으로 건너간 고려인들을 통해 고려 만두, 고려 음악 등 고려양이 유행하였다.

▲ 몽골군의 침입과 대몽 항쟁의 전개

용장산성

배중손이 이끌던 삼별초가 진도에서 몽골의 침략에 대항하여 항쟁을 벌였던 장소이다.

왕실 용어의 변화
왕실 용어가 다음과 같이 낮아졌다.
• 폐하 → 전하
• 태자 → 세자

천도(遷都) : 도읍을 옮김
원정(遠征) : 먼 곳으로 싸우러 나감

Ⅱ. 고려 귀족 사회의 형성과 변천

제5장 공민왕의 반원 자주 정책과 신진 사대부의 성장

1 공민왕의 개혁 정치

1. 공민왕의 개혁 정책

(1) 배경
① 공민왕은 14세기 후반 원·명 교체기를 이용하여 반원 정책을 추진하였다.
② 공민왕은 왕권 강화를 위해 신진 사대부를 등용하여 권문세족을 억압하였다.

(2) 왕권 강화 정책
① 정방을 폐지하고 전민변정도감을 설치하였다.
② 성균관을 설치하고 과거 제도를 정비하였다.

(3) 반원 개혁 정책
① 정동행성 이문소를 폐지하고 몽골풍을 금지시켰다.
② 2성 6부의 관제를 복구하고, 기철·권겸 등 친원파를 숙청하였다.
③ 쌍성총관부를 탈환하고, 동녕부를 정벌하였으며, 요동 수복 운동을 전개하였다.

2. 신돈을 등용한 개혁 정치

(1) 전민변정도감 설치 : 공민왕은 신돈을 등용하고 전민변정도감을 설치하여 권문세족이 불법적으로 빼앗은 토지를 주인에게 돌려주고, 억울하게 노비가 된 자를 양인으로 해방시켜 주었다.

(2) 개혁 결과
① 개혁 추진 세력이 미약하였고, 권문세족이 개혁 정책에 반발하여 신돈이 제거되었다.
② 홍건적과 왜구의 잦은 침입으로 위협이 발생하여 실패로 돌아갔다.

▲ 원 간섭기의 고려

전민변정도감
고려 말 권문세족이 토지와 노비를 늘려 국가의 재정이 악화되자 이를 시정하기 위해 설치한 임시 관청이다.

홍건적
원이 쇠약해진 틈을 타서 일어난 한족 농민 반란군이다. 머리에 붉은 수건을 둘렀다고 해서 홍건적이라 불렸다.

> **신돈의 전민변정도감**
>
> 신돈이 전민변정도감 두기를 청하였다. …… "요즈음 기강이 크게 무너져서 탐욕스러움이 풍속으로 되었다. 종묘·학교·창고·사사·녹전·군수의 땅은 백성이 대대로 지어온 땅이나 권세가들이 거의 다 빼앗았다. 돌려주라고 판결한 것도 그대로 가지며 양민을 노예로 삼고 있다. …… 이에 그 잘못을 알고 스스로 고치는 자는 묻지 않을 것이다. 하지만 기한이 지났는데도 고치지 않고 있다가 발각되면 조사하여 엄히 다스릴 것이다." 이 명령이 나오자 권세가가 뺏은 땅을 주인에게 돌려주므로 안팎이 기뻐하였다. …… 무릇 천민이나 노비가 양민이 되기를 호소하는 자는 모두 양민으로 만들어 주었다.
> – "고려사절요" –

▶ 신돈은 권문세족의 경제적 기반을 약화시키고 국가의 재정을 늘리기 위해 전민변정도감을 설치하여 억울하게 노비가 된 자를 해방시켜 주고 권문세족이 불법적으로 빼앗은 토지를 돌려주었습니다.

용어풀이
탈환(奪還) : 빼앗겼던 것을 도로 빼앗아 찾음
수복(收復) : 잃었던 땅이나 권리 따위를 되찾음

2 신진 사대부의 성장

1. 출신 배경
(1) **지방 향리 출신** : 지방 향리 출신이 많았으며, 경제적으로는 중소 지주에 속하였다.
(2) **과거를 통해 중앙 진출** : 성리학을 받아들이고 과거를 통해 중앙 관료로 진출하였다.

2. 성장 : 권문세족의 친원적·친불교적 성향에 반대하며 공민왕 시기에 세력을 키웠다.

3. 신진 사대부의 분열 : 신진 사대부는 고려 왕조의 폐단을 비판하며 사회 개혁을 주장하는 방법에서 차이를 보였다.

구분	온건 개혁파	급진 개혁파
중심 인물	이색, 정몽주, 이숭인, 길재 등	정도전, 조준, 윤소종 등
개혁 방향	고려 왕조 안에서의 점진적 개혁	고려 왕조를 부정하는 역성혁명
군사력	군사력의 미비로 혁명파 제거에 실패	이성계(신흥 무인 세력), 농민군과 협력

▲ 온건 개혁파와 급진 개혁파

3 고려의 멸망

1. 홍건적과 왜구의 격퇴
(1) **홍건적의 침입** : 공민왕 때 홍건적의 1차 침입(1359)과 2차 침입(1361)을 정세운, 이방실 등이 격퇴하였다.
(2) **왜구의 침입** : 왜구의 침입으로 국가의 재정이 어려워지자 최영(홍산 대첩)과 이성계(황산 대첩)가 이를 격퇴하였다.

왜구의 침입과 격퇴

왜구에 의한 피해
조령을 넘어 동남쪽으로 바닷가까지 수백 리를 가면 흥해라는 고을이 있다. 땅이 매우 궁벽하고 험하나 어업, 염업이 발달하고 비옥한 토지가 있었다. 옛날에는 주민이 많았는데 왜란을 만난 이후 점점 줄다가 경신년(1380) 여름에 맹렬한 공격을 받아 고을은 함락되고 불탔으며 백성들이 살해되고 약탈당해 거의 없어졌다. 그중에서 겨우 벗어난 사람들은 사방으로 흩어져 마을과 거리는 빈 터가 되고 가시덤불이 길을 덮으니, 수령으로 온 사람들이 먼 고을에 가서 움츠리고 있고 감히 들어오지 못한 지 여러 해가 되었다. - 권근, "양촌집" -

황산 대첩
이성계가 이끄는 토벌군이 남원에 도착하니 왜구는 인월역에 있다고 하였다. 운봉을 넘어온 이성계는 적장 가운데 나이가 어리고 용맹한 아지발도를 사살하는 등 선두에 나서서 전투를 독려하여 아군보다 10배나 많은 적군을 섬멸케 하였다. 이 싸움에서 아군은 1,600여 필의 군마와 여러 병기를 노획하였다고 하며 살아 도망간 왜구는 70여 명밖에 없었다고 한다. - "고려사" -

▶ 원 간섭기 때부터 시작된 왜구의 침입은 공민왕에서 우왕 때 가장 심각하였습니다. 일본의 쓰시마 섬과 규슈에 근거를 둔 왜구는 수시로 고려의 해안을 침략하여 노략질을 일삼고, 조세 운반을 위협하여 국가 재정을 궁핍하게 하였습니다. 이에 고려 조정에서는 수도를 옮기자는 논의가 진행되기도 하였습니다. 그러나 최영, 이성계, 최무선 등의 활약으로 왜구를 격퇴하였고, 이 과정에서 신흥 무인 세력이 성장하였습니다.

▲ 홍건적과 왜구의 격퇴

2. 이성계의 위화도 회군과 고려의 멸망
(1) **철령위 문제** : 명이 쌍성총관부가 있던 철령 이북 지역에 철령위를 두고 명의 영토에 편입시키려 하였다.
(2) **위화도 회군**
① 최영이 이성계를 시켜 요동 정벌을 단행하였다.
② 이성계가 위화도에서 군대를 돌려 개경으로 돌아왔다(위화도 회군, 1388).
(3) **결과**
① 이성계를 중심으로 한 신진 사대부(혁명파) 세력은 최영을 몰아내고 정권을 장악하였다.
② 경제적 기반을 마련하기 위해 과전법을 제정하였다(1391).
③ 왕으로 추대된 이성계가 조선을 건국하였다(1392).

용어풀이
역성혁명(易姓革命) : 왕조가 바뀌는 일
궁벽(窮僻) : 매우 후미지고 으슥함

Ⅱ. 고려 귀족 사회의 형성과 변천

제6장 고려 시대의 경제와 전시과의 변천 과정

1 고려의 경제 정책

1. 농업 중심의 산업 발전

(1) 중농 정책
  ① 농민 생활의 안정을 위해 개간을 장려하고 농번기에 잡역 동원을 금지하였다.
  ② 농업 기술의 발달
    ㉠ 저수지와 같은 수리 시설이 발달하고 농기구와 종자도 개량되었다.
    ㉡ 소를 이용한 깊이갈이와 시비법이 발달하였고 일부 지역에 모내기법이 보급되었다.
(2) 상업 부진 : 개경에 시전을 열고 금속 화폐를 제작하였으나 널리 유통되지는 못하였다.

성종	건원중보
숙종	은병(활구), 해동통보, 삼한통보
충렬왕	쇄은
충혜왕	소은병
공양왕	저화(최초의 지폐)

▲ 고려 시대의 화폐

▲ 활구

▲ 삼한통보와 해동통보

(3) 수공업 : 관청에 기술자를 소속시키거나 소에서 수공업 제품을 생산하였다.

2. 국가 재정의 운영

(1) 수취 체제 : 양안(토지 대장)과 호적(호구 장부)을 작성하여 조세·공물·부역을 부과하였다.
(2) 실무 담당 : 실제 조세를 거두고 쓰는 것은 각 관청의 향리가 담당하였다.

3. 수취 제도

(1) 조세(토지세) : 논과 밭의 비옥한 정도에 따라 3등급으로 나누어 조세를 부과하였는데, 대체로 수확량의 10분의 1이었다.
(2) 공물 : 집집마다 토산물을 거두는 제도로, 조세보다 부담이 컸다.
(3) 역 : 국가에서 16세에서 60세의 남성을 군역(국방)과 요역(토목 공사)에 동원하였다.

2 경제 활동의 진전

1. 귀족과 농민의 경제 생활

(1) 귀족 : 상속받은 토지와 노비, 과전을 바탕으로 고리대와 대농장 경영을 통해 재산을 늘리며 사치스럽고 화려한 생활을 즐겼다.
(2) 농민의 경제 생활 : 본인 소유의 민전을 경작하거나 소작을 하였으나, 고려 후기 권문세족의 착취로 몰락하였다.

2. 상업

(1) 활발한 상거래 : 고려 후기 개경 인구의 증가로 물품 수요가 늘어나자 상거래가 활발해졌다.
(2) 경시서 설치 : 매점매석과 같은 불법적인 상행위를 감독하기 위해 경시서를 설치하였다.
(3) 한계 : 자급자족 경제로 인해 상업이 크게 발달하지 못하였다.

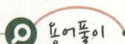
개간(開墾) : 황무지 같은 거친 땅을 일구어 논밭으로 만드는 일
민전(民田) : 일반 농민들이 조상 대대로 물려받은 토지

3 무역 활동

1. **무역항** : 벽란도(예성강 하구)가 국제 무역항으로 번성하였다.

2. **여러 나라와의 무역**
  (1) 송
    ① 수출품 : 비단, 약재, 서적 등이 있었다.
    ② 수입품 : 금, 은, 인삼, 종이, 먹, 부채, 나전 칠기, 화문석 등이 있었다.
  (2) 거란과 여진
    ① 수입품 : 은, 모피, 말 등이 있었다.
    ② 수출품 : 식량, 문방구 등이 있었다.
  (3) 아라비아 : 수은, 향로, 산호 등을 가지고 왕래하였으며, 아라비아 상인들에 의해 '고려(Corea)'라는 이름이 서방 세계에 알려지게 되었다.

▲ 고려 전기의 대외 무역

4 전시과 제도

1. **전시과 제도**
  (1) 지급 : 관직 복무와 직역(국가와 관청에 종사)에 대한 대가로 18등급으로 나누어 전지(농토)와 시지(땔감 획득)를 지급하였다.
  (2) 반납 : 토지를 받은 자가 죽거나 관직에서 물러날 경우 국가에 반납하는 것이 원칙이었다.

2. **성립과 변천**
  (1) 역분전(태조) : 고려 건국에 기여한 충성도와 공로를 기준으로 하여 경기 지역에 한정하여 분배하였다.
  (2) 시정 전시과(경종) : 전직과 현직 관리에게 관직의 높낮이와 함께 인품을 반영하여 지급하였다.
  (3) 개정 전시과(목종) : 인품을 제외하고 관직의 높낮이만을 기준으로 18등급으로 나누어 지급하였다.
  (4) 경정 전시과(문종) : 현직 관리만을 대상으로 지급하였으며, 무신에 대한 차별 대우를 개선하였다.
  (5) 녹봉제 : 현직 관리들은 1년에 두 번씩 녹봉(곡식, 비단, 베 등)을 지급받았다.

3. **전시과 제도의 붕괴**
  (1) 배경 : 무신 정변 이후 일부 세력의 불법적인 농장 확대로 신진 관료에게 지급할 토지가 부족해졌다.
  (2) 녹과전 시행 : 관리들에게 녹봉만 지급하다가 경기 8현에 한정하여 수조권을 지급하는 녹과전을 시행하였다.

> **전시과 제도**
>
> 고려의 토지 제도는 대체로 당의 제도를 본받았다. 개간된 농지를 보아서 기름지고 메마른 것을 구분하여 문무백관으로부터 부병(府兵), 한인(閑人)에 이르기까지 등급에 따라 주었으며, 또 등급에 따라 땔감을 얻을 땅을 지급하였다. 이를 전시과 제도라고 하였다.
> — "고려사" —
>
> ▶ 전시과 제도는 지위와 역할에 따라 전지와 시지를 차등적으로 지급한 수조권적인 토지 제도로, 이후의 토지 제도에 영향을 끼치게 되었습니다.

고려 토지 제도의 변천
역분전 → 시정 전시과 → 개정 전시과 → 경정 전시과 → 과전법이 실시되었다.

녹봉
관리가 국가로부터 받았던 급여를 말한다.

수조권
토지에서 일정량의 곡식을 세금으로 징수할 수 있는 권리이다.

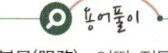
복무(服務) : 어떤 직무나 임무에 힘씀

Ⅱ. 고려 귀족 사회의 형성과 변천

제7장 고려 시대 사람들은 어떻게 살았을까?

1 고려의 신분 제도

1. 사회 구조의 개편

(1) **지배층** : 문벌 귀족·무신·권문세족·신진 사대부로 지배층이 달라졌다.

(2) **중류층(중간 계층)**
① 종류 : 서리(중앙 관청의 하급 관리), 향리, 남반(궁궐의 하급 관리), 하급 장교 등이 있었다.
② 특징 : 직역을 세습하고, 그에 대한 대가로 토지를 지급받았다.

(3) **양민**
① 농민(백정)은 자유민으로, 과거 응시가 가능하였고, 조세·공납·역의 의무가 있었다.
② 향·소·부곡의 거주민은 과거 응시와 국학 입학, 승려 출가가 금지되었다.

(4) **천민**
① 공·사 노비, 뱃사공, 도축업자, 광대 등이 있었다.
② 부모 중 어느 한쪽이 노비이면 자식도 노비가 되었다.

2. 고려 시대 신분 제도의 특징(개방성) : 골품 제도의 폐지로 사회 계층의 변동이 많이 일어났다.

2 백성들의 생활 모습

1. 농민의 공동 조직(향도) : 향도는 불교 신앙 공동체 조직으로 매향 활동을 하였고, 고려 후기에 이르러 마을 공동체 생활을 주도하였다.

2. 사회 시책
(1) 목적 : 농민의 생활을 안정시켜 국가의 지배 체제를 유지하고자 하였다.
(2) 시책 : 농번기에 잡역 동원을 금지하였고, 재해 발생 시 조세를 면제해 주었다.

3. 여러 가지 사회 제도
(1) 의창 : 성종 때 설치된 빈민 구제 기구이다.
(2) 상평창 : 개경과 서경 및 12목에 설치된 물가 조절 기구이다.
(3) 동·서 대비원 : 빈민 환자의 치료와 구휼을 담당하는 기구이다.
(4) 혜민국 : 빈민 환자들을 위한 약국이다.
(5) 제위보 : 빈민 구제를 위한 기금이다.

4. 법률과 풍속
(1) 고려 사회의 법률
① 당의 법률을 따른 71개 조의 법률이 시행되었으나 대부분 관습법을 따랐다.
② 지방관은 대부분의 사건을 스스로 처분하여 결정하였다.
③ 반역죄와 불효죄는 무겁게 처벌하였다.

(2) 장례와 제사에 관한 의례
① 정부 : 유교 의식을 따르도록 권장하였다.
② 일반 : 토착 신앙과 융합된 불교 및 도교 신앙의 풍속을 따랐다.

농민(백정)
조선의 백정은 천인에 해당하나 고려의 백정은 양인에 해당한다.

사천 매향비

1387년에 매향한 곳에 세운 비석이다.

용어풀이

매향(埋香) : 내세의 복을 빌기 위하여 향(香)을 강이나 바다에 잠가 둠. 또는 그런 일

농번기(農繁期) : 농사일이 매우 바쁜 시기. 모낼 때, 논 맬 때, 추수할 때 따위가 이에 속함

구휼(救恤) : 사회적 또는 국가적 차원에서 재난을 당한 사람이나 빈민에게 금품을 주어 구제함

5. 국가적 불교 행사의 성행
(1) 연등회 : 정월 대보름인 음력 1월 15일(나중에 2월 15일로 바뀜)에 전국적으로 거행되던 불교 행사이다.
(2) 팔관회 : 도교, 민간 신앙, 불교가 어우러진 행사로, 개경(11월 15일)과 서경(10월 15일)에서 열렸다.

6. 혼인과 여성의 지위
(1) 혼인 : 일부일처제가 원칙이었으며 일반적으로 여자는 18세, 남자는 20세 전후에 혼인하였다.
(2) 여성의 지위
 ① 고려는 여성의 정치 진출에는 제한을 두었으나, 경제적·사회적으로는 남성과 대등하였다.
 ② 자녀에게 동등하게 재산을 상속하였으며, 아들이 없을 경우 딸이 제사를 지냈다.
 ③ 남편이 죽으면 아내가 재산을 분배할 권리를 갖게 되었다.
 ④ 사위가 처가의 호적에 올려져 처가에서 생활하는 경우가 많았고, 음서의 혜택이 사위나 외손자에게까지 적용되었다.
 ⑤ 여성의 재혼은 비교적 자유롭게 이루어졌고, 자식의 사회적 진출도 차별받지 않았다.

▲ 고려 말 문신 박익의 묘에 그려진 여성의 모습

> **고려 시대 여성의 지위**
> 어머니가 일찍이 재산을 나누어 줄 때 나익희에게는 따로 노비 40구를 남겨 주었다. 나익희는 "제가 6남매 가운데 외아들이라 해서 어찌 사소한 것을 더 차지하여 여러 자녀들로 하여금 화목하게 살게 하려 한 어머니의 거룩한 뜻을 더럽히겠습니까?"라고 사양하자 어머니가 옳게 여기고 그 말을 따랐다.
> – "고려사" –

▶ 고려 시대에는 부모의 유산을 자녀에게 골고루 분배하는 등 가족 내에서 남성과 여성이 동등한 위치에 있었습니다.

3 고려 후기의 사회 변화

1. 무신 집권기 하층민의 봉기
(1) 하층민 봉기의 배경
 ① 무신 정변으로 신분 제도가 흔들리면서 하층민에서 권력층이 된 사람이 늘어났다.
 ② 무신들 간의 대립과 지배 체제의 붕괴로 백성에 대한 통제력이 약화되었다.
 ③ 농장의 확대로 백성들에 대한 수탈이 심해졌다.
(2) 봉기의 전개 과정(소극적 저항에서 점차 대규모 봉기로 발전)
 ① 김보당의 난, 조위총의 난 : 문벌 귀족과 연결되어 반무신 정권을 내세웠다.
 ② 망이·망소이의 난 : 공주 명학소가 일반 군현인 충순현으로 승격되었다.
 ③ 김사미·효심의 난 : 신라 부흥을 내세웠다.
 ④ 만적의 난 : 신분 해방 운동의 성격을 띠었다.

▲ 무신 집권기에 발생한 봉기

2. 몽골의 침입과 백성의 생활
몽골군 격퇴 과정에서 백성들이 크게 활약하였고, 원 간섭 이후 일본 원정에 동원되어 큰 희생을 당하였다.

3. 원 간섭기의 사회 변화
(1) 몽골풍·고려양 유행 : 고려에 몽골풍이 유행하였고, 고려 문화가 몽골에 전해지기도 하였다.
(2) 조혼 풍습 : 여자(공녀)를 바치라는 몽골의 요구로 고려에 조혼 풍습이 유행하였다.

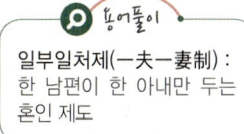
일부일처제(一夫一妻制) : 한 남편이 한 아내만 두는 혼인 제도

Ⅱ. 고려 귀족 사회의 형성과 변천

제8장 찬란한 중세의 문화

1 유학의 발달과 역사서의 편찬

1. 유학의 발달 과정

(1) 고려 초기
  ① 쌍기의 건의를 받아들여 고려 광종 때 과거제가 실시되었다.
  ② 최승로의 '시무 28조'를 통해 유교에 바탕을 둔 정치 개혁이 실시되었다.

(2) 고려 중기
  ① 문벌 귀족 사회로 접어들면서 보수적·현실적 성격의 유학이 발달하였다.
  ② 대표적인 유학자로는 최충(9재 학당 건립), 김부식("삼국사기") 등이 있다.

(3) 고려 후기
  ① 송나라 주자가 정리한 성리학이 충렬왕 때 안향에 의해 고려에 소개되었다.
  ② 유교가 신진 사대부에게 소개되어 조선이라는 새로운 국가의 지도 이념으로 자리 잡게 되었다.

2. 역사서의 편찬

(1) 역사 서술 방법
  ① 기전체 : 본기·세가·열전·지·표로 구성하여 서술하는 방식이다.
  ② 편년체 : 연·월·일의 시간 순서대로 서술하는 방식이다.
  ③ 기사 본말체 : 사건을 중심으로 서술하는 방식이다.

(2) 주요 역사서

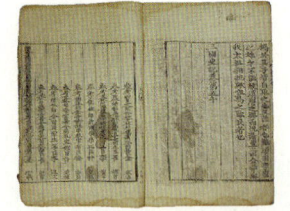
▲ 삼국사기

  ① "삼국사기" : 김부식이 유교적·신라 중심적으로 저술한 현존하는 가장 오래된 역사서이다.
  ② "동명왕편" : 고구려 건국 설화를 민족 자주적 입장에서 5언시로 표현한 책이다.
  ③ "해동고승전" : 왕명에 의해 각훈이 삼국 시대의 고승들의 행적을 모아 편찬한 책이다.
  ④ "삼국유사" : 일연이 설화를 중심으로 한국 고대사를 민족 자주적 사관에서 서술한 책이다.
  ⑤ "제왕운기" : 이승휴가 고조선에서 충렬왕까지의 사적을 5언시와 7언시로 수록한 책이다.
  ⑥ "사략" : 이제현이 성리학적 사관의 입장에서 고려사를 정리한 책이다.

2 불교 사상과 대장경 간행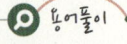

1. 불교 통합 운동

(1) 고려 전기 : 태조가 '훈요 10조'에서 불교 숭상 및 연등회, 팔관회 개최를 당부하는 등 숭불을 국가적인 시책으로 삼았다.
(2) 고려 중기 : 천태종을 중심으로 불교 통합 운동이 일어났다.
(3) 고려 후기(무신 집권기 이후) : 조계종을 중심으로 불교 혁신 운동이 전개되었다.
(4) 원 간섭기 이후 : 불교가 귀족적·세속적 경향으로 흐르면서 보우가 타락한 불교 교단을 정비하려고 노력하였으나 실패하였다.

용어풀이

시책(施策) : 어떤 정책을 시행함. 또는 그 정책
혁신(革新) : 묵은 풍속, 관습, 조직, 방법 따위를 완전히 바꾸어서 새롭게 함

2. 대장경 간행(호국 불교의 이념)
(1) 초조대장경 : 거란의 침입을 막고자 간행하였는데 몽골 침입 시기에 대부분 소실되었다.
(2) 속장경
   ① 의천이 주도한 대장경 연구 해설서로, 교장도감을 설치하여 제작하였다.
   ② 몽골 침입 시기에 대부분 소실되었고, 일부가 송광사에 남아 있다.
(3) 재조대장경
   ① 팔만대장경이라 불리며 몽골의 퇴치를 위한 호국의 목적으로 간행하였다.
   ② 해인사 장경판전에 보관 중이며, 2007년에 유네스코 세계 기록 유산으로 등재되었다.

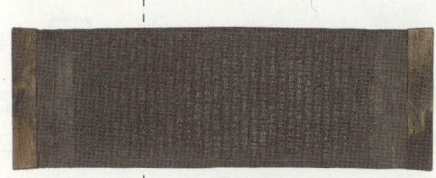
▲ 팔만대장경

▲ 해인사 장경각 내부에 진열된 팔만대장경

3 도교와 풍수지리 사상

1. 도교의 발달
(1) 초제 거행 : 국가의 안녕과 왕실의 번영을 기원하는 국가 도교 행사인 초제가 거행되었다.
(2) 복원궁 건립 : 예종 때 복원궁(도교 사원)이 건립되었다.

2. 풍수지리설
(1) 삼경제 : 개경·서경(평양)·동경(경주, 이후 남경)의 3경을 설치하였다.
(2) 서경 길지설 : 북진 정책과 묘청의 서경 천도 운동의 이론적 근거가 되었다.

4 과학 기술의 발달 [중요]

1. 배경
(1) 잡과 실시 : 국자감에서 잡학(율학·서학·산학)을 교육하였고, 과거에서 잡과를 실시하였다.
(2) 농업에 활용 : 농업을 위한 천체 및 기후 관측에 천문학과 역법이 활용되었다.

2. 인쇄술
(1) 목판 인쇄술의 발달 : 목판 인쇄술의 발달로 대장경 등이 간행되었다.
(2) 금속 활자의 발명
   ① "상정고금예문"(현존하지 않음, 1234) : "동국이상국집"에 50권을 인쇄하였다고 기록되었다.
   ② "직지심체요절"(현존하는 가장 오래된 금속 활자본, 1377) : 흥덕사에서 금속 활자로 조판하였다.

3. 화약 제조와 조선 기술
(1) 최무선의 화약 제조 : 화통도감을 설치하여 화약을 제조하였고, 진포 대첩(1380)에서 화포를 이용해 왜구를 격퇴하였다.
(2) 대형 범선 제작 : 송과의 해상 무역이 발달함에 따라 대형 범선이 제작되었다.
(3) 조운 체계 확립 : 각 지방에서 거둔 조세미를 운송하는 조운 체계가 확립되면서 대형 조운선이 등장하였다.

4. 의학
(1) 의학 교육 : 중앙에 태의감을 두고 지방에 의학박사를 배치하여 의학 교육을 담당하도록 하였다.
(2) "향약구급방"(1236) : 현존하는 우리나라에서 가장 오래된 의서로, 각종 질병에 대한 처방과 무상 약재를 소개하였다.

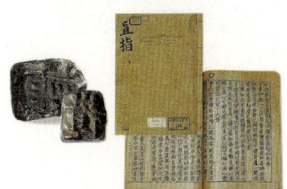
▲ 금속 활자와 "직지심체요절"

호국(護國) : 나라를 보호하고 지킴

제8장 찬란한 중세의 문화

5 건축과 예술

1. 목조 건축물

(1) 주심포 양식
  ① 지붕의 무게를 기둥에 전달하면서 건물을 치장하는 장치인 공포가 기둥 위에만 짜여져 있는 건축 양식이다.
  ② 대표적 건축물은 봉정사 극락전, 부석사 무량수전, 수덕사 대웅전이 있다.

(2) 다포 양식
  ① 원의 영향을 받은 양식으로 공포가 기둥과 기둥 사이에도 짜여져 있는 건축 양식이다.
  ② 대표적 건축물은 석왕사 응진전, 성불사 응진전, 심원사 보광전이 있다.

▲ 부석사 무량수전

2. 석탑과 불상

(1) 석탑
  ① 다각 다층탑의 발달로 안정감이 부족하나 자연스러운 모습이다.
  ② 현화사 7층 석탑과 월정사 8각 9층 석탑은 고려 석탑의 대표적인 걸작이다.
  ③ 고려 후기 경천사 10층 석탑은 원의 라마 예술로부터 영향을 받았다.

(2) 불상
  ① 석불과 금동불이 주류를 이루었고, 9세기 말부터 철불이 유행하였다(광주 춘궁리 철불).
  ② 부석사 소조 아미타여래 좌상은 신라의 양식을 계승한 고려의 대표적 불상이다.
  ③ 지역적 특색이 강하며 신라 시대에 비해 예술성이 떨어지고 인체 비례도 맞지 않는다.

▲ 월정사 8각 9층 석탑

3. 공예 [중요]

(1) 공예 : 귀족의 생활 도구와 불교 의식에 쓰이는 불구를 중심으로 발전하였다.
(2) 고려 자기
  ① 11세기경 송의 자기 기술의 영향을 받은 순수 청자가 발달하기 시작하였다.
  ② 12세기 중엽에 상감 기법이 적용된 상감 청자가 유행하였다.
  ③ 고려 후기에 북방 가마의 기술이 도입되면서 소박한 분청사기로 변화되었다.
(3) 기타 : 은입사 기술과 나전 칠기 기술이 발달하여 공예품을 제작하고 수출하였다.

▲ 광주 춘궁리 철불

4. 서화와 음악

(1) 서예
  ① 전기 : 왕희지체와 구양순체가 귀족들에게 환영을 받았다.
  ② 후기 : 조맹부의 우아한 송설체가 유행하였고, 이암이 서예가로 유명하였다.

(2) 그림
  ① 인종 때 이령과 그의 아들 이광필이 대표적인 화가이다.
  ② 고려 후기 원나라 북화의 영향을 받은 공민왕의 천산대렵도가 유명하다.
  ③ 불화 : 혜허의 양류관음도가 유명하며, 이는 일본에 전해지기도 하였다.

(3) 음악
  ① 향악 : 신라 이래 우리 고유의 음악(속악)이다.
  ② 아악 : 송에서 들어온 중국 고전 음악인 대성악이 궁중 음악으로 발전하였다.

▲ 청자 상감 운학문 매병

용어풀이

불구(佛具) : 부처 앞에 쓰는 온갖 기물
은입사(銀入絲) : 청동기·철기·구리 따위의 금속 그릇 표면에 은사(銀絲)로 장식함. 또는 그런 기법

III

조선 유교 사회의 성립과 변화

01 조선의 건국과 유교적 통치 체제 정비
02 사림의 성장과 사화, 그리고 붕당이 형성되다
03 조선 전기의 경제·사회·문화
04 조선 전기의 대외 관계와 양 난
05 영조와 정조, 탕평 정책을 실시하다
06 조선 후기의 경제와 사회
07 조선 후기 새로운 문화가 등장하다

Ⅲ. 조선 유교 사회의 성립과 변화

제1장 조선의 건국과 유교적 통치 체제 정비

1 조선의 건국과 유교적 통치 체제 정비

1. 태조

(1) 조선의 건국
① 위화도 회군(1388)으로 신흥 무인 세력인 이성계와 신진 사대부가 권력을 잡았다.
② 급진파 신진 사대부가 온건파 신진 사대부를 제거하고 이성계를 왕으로 추대하였다(1392).
③ 이성계는 고조선을 계승한다는 의미로 나라 이름을 조선이라 하고 수도를 한양으로 옮겼다(1394).

(2) 정도전의 활약
① 백성이 국가의 근본이라는 민본적 통치 규범을 강조하고, 재상 중심의 정치를 주장하였다.
② 불교를 비판하고 성리학을 국가의 통치 이념으로 확립하는 데 기여하였다.

▲ 태조 어진

> **재상 중심의 정치를 꿈꾼 정도전**
>
> 국왕의 자질에는 어리석음도 있고 현명함도 있으며, 강력한 자질도 있고, 유약한 자질도 있어서 한결 같지 않으므로 재상이 임금을 옳은 길로 이끌어야 한다.
> 임금은 하늘이 만들어 주는데, 그 하늘은 바로 백성들의 마음이다. 따라서 백성들의 마음이 떠나면 왕을 바꿀 수도 있다.
> — 정도전, "조선경국전" —

▶ 조선을 건국한 실질적인 주역으로 첫손가락에 꼽히는 이가 바로 정도전입니다. 새 왕조의 국호를 비롯하여 한양 천도와 궁궐의 전각 이름, 유교 정치의 기본 틀, 외교에 이르기까지 조선 왕조 건설에 있어 정도전의 손길이 닿지 않은 곳이 없습니다. 이렇게 왕조 건설에 지대한 영향을 끼쳤던 정도전이 쓴 책으로는 "조선경국전"이 있는데, 이 책은 조선의 기본 법전인 "경국대전"에도 영향을 주었습니다. "조선경국전"에서 정도전은 백성의 마음을 잘 아는 현명하고 능력 있는 재상을 찾아 그에게 정치를 맡기는 것이 가장 이상적인 정치 형태라고 주장하였습니다. 이렇듯 왕권과 왕실의 권한을 줄이고 신하들의 권한을 강화하는 재상 중심의 정치를 추구하였던 정도전은 강력한 왕권을 추구하였던 이방원(태종)과 부딪히게 되었습니다. 그리하여 정도전은 결국 1차 왕자의 난 때 죽임을 당하였고, 그의 꿈이었던 재상 중심의 정치도 좌절되고 말았습니다.

2. 태종
(1) **사병 폐지** : 공신들이 개인적으로 거느리던 군대인 사병을 모두 없앴다.
(2) **6조 직계제** : 정치 실무를 6조에서 국왕에게 곧바로 보고하도록 하였다.
(3) **양전 사업 실시** : 전세를 확보하기 위해 토지 조사 사업인 양전 사업을 실시하였다.
(4) **호패법 실시** : 국가 재정과 군사 확보를 위해 호패법을 실시하였다.

3. 세종
(1) **집현전 설치** : 집현전을 설치하고 경연을 활성화하였으며, 황희·맹사성 같은 유능한 재상을 등용하였다.
(2) **훈민정음 창제** : 훈민정음을 창제하고(1443) 반포하여(1446) 민족 문화의 기틀을 마련하였다.
(3) **대외 정책** : 여진족을 정벌하여 4군 6진을 개척하였고, 왜구의 근거지인 쓰시마 섬을 정벌하였다.

호패
조선 시대에 16세 이상의 모든 남자들이 지녔던 일종의 신분증이었다.

집현전
조선 초기 학문 연구를 위해 궁중에 설치한 연구 기관으로, 세종 때 개편되면서 훈민정음 연구 사업에 주력하였으며, 여러 책의 편찬과 더불어 과학 기구를 만들어 냈다.

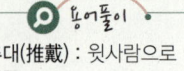
추대(推戴) : 윗사람으로 떠받듦

4. 세조
(1) 국왕 중심의 정치 질서 강화 : 경연을 폐지하고, 의정부의 권한을 축소하였다.
(2) 직전법 실시 : 현직 관리에게만 토지를 지급하는 직전법을 실시하였다.

5. 성종
(1) 통치 조직 정비 : 집현전을 계승하여 홍문관을 설치하고 경연을 실시하였다.
(2) 문물 제도 정비 : 세조 때부터 편찬하기 시작한 "경국대전"을 완성하고 반포하여 유교적 법치 국가의 토대를 마련하였다.

▲ 경국대전

2 중앙·지방 조직, 과거 제도, 군사 제도의 특징

1. 중앙 정치 조직
(1) 의정부와 6조
　① 의정부 : 영의정·좌의정·우의정의 3정승들이 합의하여 국정을 총괄하였다.
　② 6조 : 이조·호조·예조·병조·형조·공조가 행정 업무를 나누어 맡았다.
(2) 3사
　① 사헌부(관리의 비리 감찰), 사간원(국왕의 잘못 간언), 홍문관(국왕의 자문 역할)으로 구성되었다.
　② 언론 기능을 담당하여 권력의 독점과 부정을 방지하였다.

언론 3사의 지위와 역할

　대관은 마땅히 위엄과 명망이 우선되어야 하고 탄핵은 뒤에 하여야 한다. 왜냐하면 위엄과 명망이 있는 자는 종일토록 말하지 않더라도 사람들이 스스로 두려워 복종할 것이요, 이것이 없는 자는 날마다 수많은 글을 올린다 하더라도 사람들이 더욱 두려워하지 않기 때문이다. 대개 강의한 뜻과 정직한 지조가 본래 사람들에게 알려지지 못한 채 한갓 탄핵만으로 여러 신하들을 두렵게 하고 안과 밖을 깨끗이 하려 한다면 기강은 떨쳐지지 못하고 원망과 비방이 먼저 일어날까 두렵다. 천하의 득실과 백성들을 이해하고 사직의 모든 일을 간섭하고 일정한 직책에 매이지 않은 것은 홀로 재상만이 행할 수 있으며 간관만이 말할 수 있을 뿐이니, 간관의 지위는 비록 낮지만 직무는 재상과 대등하다.
－ 정도전, "삼봉집" －

▶ '삼봉'은 정도전의 호이며, "삼봉집"은 정도전의 문집입니다. "삼봉집"은 조선 시대 대간의 역할에 대해 잘 설명해 주고 있습니다. 조선 시대에는 3사의 관리들을 '대간' 또는 '언관'이라고 불렀는데, 이들의 주요 임무는 관리의 잘못을 감찰하고, 왕이 올바른 정치를 하도록 옳고 그름을 따져 일깨워 주고, 왕의 정치 자문과 경연을 맡아 처리하는 것이었습니다. 이러한 언론 3사의 활동은 조선의 왕과 고위 관료들의 권력 독점 및 부정을 방지하는 기능을 하였습니다.

(3) 의금부 : 국왕의 사법 기관으로, 국가의 큰 죄인을 다스렸다.
(4) 승정원 : 왕명을 직접 출납하는 역할을 담당하였다.
(5) 한성부 : 수도 서울의 행정과 치안을 담당하였다.
(6) 성균관 : 조선 시대 최고 교육 기관으로, 예비 관료들을 교육하였다.
(7) 춘추관 : 역사서의 편찬과 보관을 담당하였다.

▲ 조선의 중앙 정치 조직

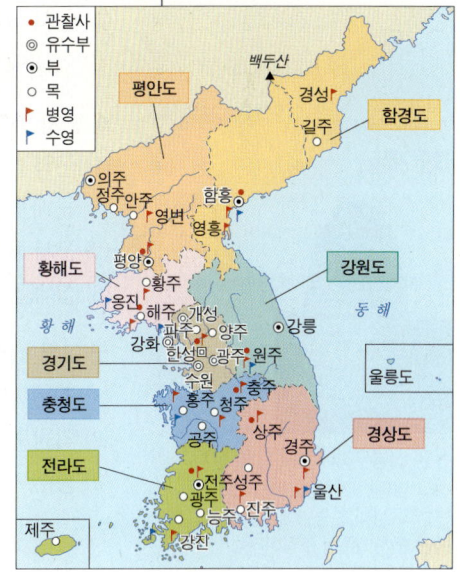

▲ 조선의 지방 행정 조직

2. 지방 통치 조직
(1) 지방 행정 조직 : 전국을 8도로 나누고 관찰사를 파견하였고, 그 밑에 부·목·군·현을 두고 수령을 파견하였다.
(2) 특수 행정 구역 폐지 : 고려 시대의 특수 행정 구역인 향·소·부곡을 폐지하고 일반 군·현으로 승격시켰다.

감찰(監察) : 단체의 규율과 구성원의 행동을 감독하여 살핌
간언(諫言) : 웃어른이나 임금에게 옳지 못하거나 잘못된 일을 고치도록 하는 말

Ⅲ. 조선 유교 사회의 성립과 변화　59

(3) 유향소와 경재소 운영
① 유향소 : 지방의 덕망 있는 양반들이 수령을 보좌하고 지방 행정에 참여하였다.
② 경재소 : 그 지방 출신의 중앙 고관을 책임자로 임명하여 유향소를 통제하도록 하였다.

> **수령의 업무, 수령 7사**
>
> 첫째, 농사와 양잠을 융성하게 할 것
> 둘째, 교육을 진흥시킬 것
> 셋째, 재판을 신속히 처리할 것
> 넷째, 간사하고 교활한 사람을 없앨 것
> 다섯째, 군사 훈련을 실시할 것
> 여섯째, 호구가 늘어나도록 할 것
> 일곱째, 부역을 공평하게 부과할 것
> — "성종실록" —
>
> ➤ 수령은 왕을 대신하여 지방에 파견되어 백성을 다스렸습니다. 수령은 관할 지역의 농업을 장려하고, 행정·사법·군사에 관한 일을 모두 맡아서 처리하였습니다.

3. 과거 제도
(1) 시험 종류

문과	문관 선발 시험, 주로 양반 자제 응시
무과	무관 선발 시험, 주로 양반·서얼·상민이 응시
잡과	기술관 선발 시험, 역과·율과·의과·음양과가 있음

(2) 응시 자격 : 원칙적으로는 양인 이상이면 누구나 응시할 수 있었으나 현실적으로 일반 백성들은 응시하기 어려웠다.
(3) 실시 시기 : 3년마다 치르는 정기 시험인 식년시가 있었고, 이외에 부정기 시험인 증광시·알성시·별시 등이 있었다.

▲ 문과 시험 합격 증서인 홍패

4. 군사 제도
(1) 군역 : 호적 제도와 호패 제도를 두어 16세에서 60세의 성인 남자를 군사로 확보하여 군사력을 강화하였다.
(2) 군사 체계 : 중앙군은 5위(궁궐과 서울 수비), 지방군은 육군과 수군으로 조직되었다.
(3) 잡색군 : 평상시에는 생업에 종사하다가 유사시에 병력으로 활용되던 일종의 예비군이었다.

5. 교통·통신 제도
(1) 조운 제도 : 수로와 해로를 이용하여 조세를 한양으로 운송하였다.
(2) 역원 제도 : 육로 여행자들을 위해 역(역마)과 원(숙박 시설)을 설치하였다.
(3) 봉수 제도 : 봉수를 설치하여 유사시에 군사적인 비상 연락이 가능하도록 하였다.

봉수 제도

높은 산봉우리에 봉화대를 설치하고 밤에는 횃불, 낮에는 연기로 변경의 정세를 중앙에 급히 전달하던 군사·통신 조직이다.

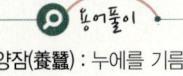
양잠(養蠶) : 누에를 기름

Ⅲ. 조선 유교 사회의 성립과 변화

제2장 사림의 성장과 사화, 그리고 붕당이 형성되다

1 사림의 대두

1. **사림의 등장**: 15세기 말 성종 때부터 사림이 중앙 정계로 진출하였다.
2. **사림의 특징**: 사림은 향촌 자치와 왕도 정치를 추구하며 유교 경전을 중시하였고, 삼사에서 활약하며 훈구 세력과 대립하였다.

	훈구	사림
연원	고려 말 혁명파 신진 사대부	고려 말 온건파 신진 사대부
정치 성향	중앙 집권적 통치, 부국강병	향촌 자치 강조, 왕도 정치
경제 기반	중앙에 기반을 두고 지방에 농장 소유	향촌에 기반을 둔 중소 지주
사상 정책	불교, 도교, 풍수 사상, 민간 신앙에 관대	성리학 이외 사상 배척

▲ 훈구와 사림

3. **사림의 기반**
(1) 서원: 선현에 대한 제사와 후학 양성을 위해 사림들이 지방에 세웠던 사립 학교이다.
(2) 향약
① 전통적인 향촌 규약에 유교적인 삼강오륜의 윤리를 더하여 만들어졌다.
② 지방의 사림이 향약의 우두머리를 맡아 사림이 향촌에서 영향력을 강화할 수 있었다.

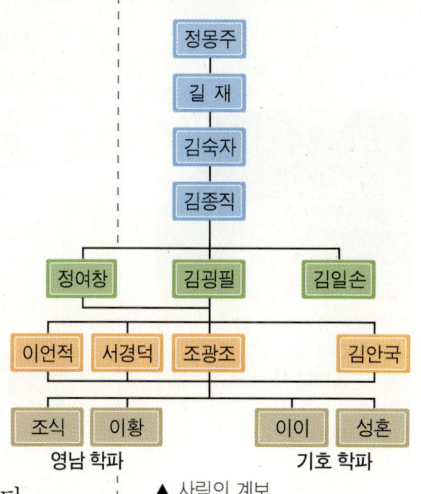

▲ 사림의 계보

2 사화의 발생과 붕당의 형성

1. **사화의 발생**
(1) 발생: 훈구 세력과 사림 세력이 정치적·사상적으로 대립하였다.
(2) 주요 사화

연산군 시기	무오사화(1498)	훈구 세력이 단종의 왕위를 찬탈한 세조를 비판한 김종직의 '조의제문(弔義帝文)'을 문제 삼아 사림 세력 제거
	갑자사화(1504)	연산군이 생모인 폐비 윤씨의 사사 사건에 연루된 훈구와 사림 제거
중종 시기	기묘사화(1519)	조광조 왕도 정치 주장, 현량과 실시, 위훈 삭제 사건 등 개혁 정치 추구 → 훈구 세력이 조광조의 개혁 정치에 반발하여 조광조를 비롯한 사림 제거
명종 시기	을사사화(1545)	명종 때 외척 간의 정권 다툼 속에서 사림 세력이 대거 제거됨

(3) **사화의 결과**: 사림 세력은 정치적으로 위축되었으나, 서원과 향약을 토대로 향촌에서 세력을 키워 선조 때 정계의 주류로 등장하였다.

2. **붕당의 형성**
(1) 붕당의 의미: 정치적 견해와 학문적 성향을 같이하는 사람들이 모여 형성된 집단을 말한다.
(2) 형성
① 선조 때 개혁의 방향을 둘러싼 갈등과 이조 전랑 임명 문제를 둘러싸고 동인과 서인으로 분열되었다.
② 동인은 김효원을 중심으로 한 신진 사림으로 형성되었고, 서인은 심의겸을 중심으로 한 기성 사림으로 형성되었다.

사화
훈구 세력과 사림 세력의 대립 속에서 사림 세력이 훈구 세력에 의해 화를 당한 사건을 의미한다.

이조 전랑
이조 전랑은 사헌부·사간원·홍문관 삼사의 관리를 선발하고, 자신의 후임을 추천할 수 있는 권한을 가지고 있었다.

조의제문
조선 성종 때 김종직이 세조의 왕위 찬탈을 빗대어 지은 글이다. 항우가 초나라 회왕인 의제를 죽인 고사를 비유한 것으로, 무오사화의 빌미가 되었다.

용어풀이
왕도 정치(王道政治): 왕이 도덕을 바탕으로 신하와 함께 백성을 다스리는 정치
현량과(賢良科): 현명한 사람을 뽑는 시험, 서울과 지방의 유능한 선비를 추천하여 과거를 치르지 않고 관리로 등용하였던 제도

III. 조선 유교 사회의 성립과 변화

제3장 조선 전기의 경제·사회·문화

1 경제

1. 경제 정책

(1) **농본주의 경제 정책** : 조선은 백성의 생활을 안정시키기 위해 농업을 중요하게 여겼다.

> **농본주의 경제 정책**
>
> 나라는 백성을 근본으로 삼고 백성은 먹는 것으로 하늘을 삼는 것인데, 농사라는 것은 옷과 먹는 것의 근원으로 임금이 정치에서 먼저 힘써야 할 것이다. …… 농서를 참조하여 시기에 앞서서 미리 조치하되 너무 이르게도 너무 늦게도 하지 말고, 다른 부역을 일으켜서 그들의 농사 시기를 빼앗을 수 없는 것이니 각각 자신의 마음을 다하여 백성들의 근본(농사)에 힘쓰도록 하라. — "세종실록" —

▶ 조선은 농업 생산력을 늘리고 백성 생활을 안정시키기 위하여 농서의 편찬과 보급, 수리 시설의 확충, 농번기에 잡역 동원 금지 등 농본주의 경제 정책을 시행하였습니다.

선농단

선농단은 농사짓는 법을 가르쳤다고 일컬어지는 고대 중국의 제왕인 신농씨와 후직씨에게 제사 지내던 곳이다. 서울 동대문구 제기동에 있다.

(2) 토지 제도의 변화

과전법(고려 공양왕)	• 신진 사대부의 경제적 기반을 마련하기 위해 시행 • 전직과 현직 관리 모두에게 경기 지역 토지의 수조권 지급
직전법(세조)	현직 관리에게만 수조권 지급
관수 관급제(성종)	국가에서 직접 세금을 걷어서 관료들에게 나누어 줌

2. 수취 체제의 확립

조세	• 토지에 부과, 수확량의 10분의 1을 거둠 • 세종 때 토지의 비옥도와 풍흉에 따라 납부
역	16세에서 60세의 양인 남성에게 부과, 군역(군사로 동원)·요역(각종 토목 공사 동원)
공납	각 호에 부과, 각 지방의 특산물을 세금으로 납부

3. 산업의 발달

(1) 농업
  ① 개간 사업으로 농경지가 확대되었다.
  ② 조·보리·콩의 2년 3작이 발달하였다.
  ③ 남부 일부 지역에 모내기법이 보급되었다.
  ④ 시비법 등의 농업 기술이 발달하고, 수리 시설이 확충되었다.
  ⑤ 세종 때 경험 많은 농부들에게서 들은 농사에 관한 지식을 엮은 "농사직설"이 편찬되었다.

시비법
거름주기이다. 시비법의 발달로 땅의 영양분이 높아져 휴경 없이 매년 경작이 가능해졌다.

(2) 상업
  ① 시전 상인을 중심으로 육의전이 발달하였다.
  ② 15세기 후반부터 지방에 정기 시장인 장시가 형성되었으며 보부상이 활동하였다.

(3) 수공업
  ① 전문 기술자를 관청에 등록하고 필요한 물품을 제작하도록 한 관영 수공업이 중심이었다.
  ② 16세기 이후 관영 수공업이 점차 쇠퇴하고 민영 수공업이 발달하였다.

농서(農書) : 농사에 관한 여러 가지 사항을 적은 책

2 사회

1. **신분 제도** : 법적으로는 양인과 천인으로 구분되는 양천제였으나, 실제로 양인은 양반, 중인, 상민으로 구분되는 반상제였다.

양반	문반과 무반을 가리키는 말로 점차 지배 계층 전체를 의미
중인	양민과 상민 사이의 중간 계층, 기술관·서리·향리·군관·서얼 계층을 의미
상민	평민, 양인으로도 불리며 주로 농민, 상인, 수공업자를 말함, 법적으로 과거 응시도 가능
천민	대부분이 노비, 백정·광대·무당·기생 등이 포함

2. **가족 제도** : 가부장적 가족 제도가 발달하였고, 여자가 남자집에 시집가는 것이 일반화되었다.

3. **사회 시설** : 의창과 상평창을 두고 환곡제를 운영하여 빈민을 구제하였고, 혜민국, 동·서 대비원, 제생원, 동·서 활인서 등에서 병자를 치료하였다.

혜민국
조선 시대에 백성의 질병을 고치는 일을 맡아보던 관아이다.

제생원
조선 시대에 각 도에서 해마다 약재를 실어서 바치는 일을 맡아보던 관아이다.

3 문화

1. 민족 문화의 발달

(1) 한글 창제
① 우리말의 자유로운 표현과 피지배층에 대한 도덕적 교화 등을 위해 세종 대왕이 집현전 학자들과 더불어 만든 우리 글이다.
② 1443년 '백성을 가르치는 바른 소리'라는 의미의 훈민정음이 창제되었고, 1446년 반포되었다.
③ '용비어천가', '월인천강지곡'을 비롯하여 각종 불경, 농서, 윤리서, 병서 등이 쓰여졌다.
④ 일반 백성들의 문자 생활이 가능해지면서 민족 문화가 발전하였다.

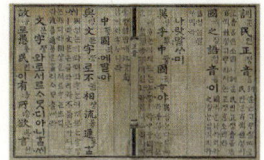
▲ 훈민정음

> **훈민정음 창제**
> 우리나라의 말이 중국과 달라 문자와 서로 통하지 아니한다. 이런 이유로 어리석은 백성이 말하고자 하는 것이 있어도 자신의 뜻을 펴지 못하는 자가 많다. 내가 이를 가엾게 여겨 새로 스물여덟 자를 만드노니 모든 사람들이 쉽게 익혀 날마다 쓰기에 편안하게 하고자 할 따름이다.
> - 훈민정음 서문 -

➡ '백성을 가르치는 바른 소리'라는 의미가 담긴 훈민정음의 서문을 보면, 백성들이 문자를 쉽게 배우고 편리하게 사용할 수 있게 하고자 세종 대왕이 한글을 창제하였음을 알 수 있습니다.

(2) 역사서의 편찬
① 건국 초 정도전이 왕조의 정통성을 확립하고자 "고려국사"를 편찬하였다.
② 15세기에 들어서 조선 왕조가 안정화되자 고려 왕조의 역사를 자주적인 입장에서 재정리한 "고려사", "고려사절요", "동국통감" 등이 편찬되었다.
③ 16세기에 사림이 중앙 정계를 장악하면서 사림의 정치·문화 의식이 반영된 박상의 "동국사략", 이이의 "기자실기" 등이 편찬되었다.

(3) 지도 및 지리서의 제작
① 목적 : 중앙 집권 체제와 국방을 강화하기 위해 지도와 지리서가 제작되었다.
② 지도 : 세계 지도로 혼일강리역대국도지도가 제작되었으며, 이 외에도 팔도도, 동국지도, 조선방역지도 등이 제작되었다.
③ 지리서 : 성종 때 "동국여지승람"과 같은 지리서도 제작되어 각 지방의 역사·인물·풍속·인문·특산물 등을 상세히 기록하였다.

혼일강리역대국도지도

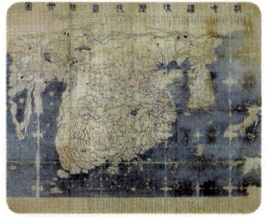

동양에서 가장 오래된 지도로, 중국과 우리나라가 크게 표현되어 있다.

> **용어풀이**
> **환곡(還穀)** : 조선 시대에 국가가 비축하였다가 백성들에게 봄에 빌려주고 가을에 돌려받은 곡식, 혹은 그 제도

Ⅲ. 조선 유교 사회의 성립과 변화 63

제3장 조선 전기의 경제·사회·문화

(4) 윤리와 의례서 편찬
① 유교적 윤리 사상을 보급하기 위해 "삼강행실도" 등이 그림과 함께 제작되었다.
② 국가의 의례와 의식을 정리하여 "국조오례의"를 편찬하였다.

(5) "경국대전"의 완성 : 조선 왕조의 기본 법전인 "경국대전"은 세조 때 편찬하기 시작하여 성종 때 완성되었다.

2. 과학 기술의 발달

(1) 15세기 : 부국강병과 민생 안정을 위해 과학 기술이 중시되면서 발전하였다.
① 관측 기구 : 혼의와 간의(천체 관측 기구), 앙부일구(해시계), 자격루(물시계), 측우기(강수량 측정), 인지의(토지 측량)가 제작되었다.
② 역법서 : 한양을 기준으로 한 역법서인 "칠정산"이 편찬되었다.
③ 천문도 : 고구려 천문도를 바탕으로 태조 때 천상열차분야지도가 제작되었다.
④ 과학 서적 : 우리 풍토에 맞는 농법을 정리한 "농사직설", 우리 풍토에 맞는 약재와 치료 방법을 정리한 "향약집성방" 등이 편찬되었다.
⑤ 병서와 무기 : 고조선에서 고려 말까지의 전쟁사를 정리한 "동국병감"이 편찬되었고, 화포, 화차, 거북선과 같은 무기와 병선도 제작되었다.

(2) 16세기 : 사림 세력이 성리학 이외의 학문을 배척하고 기술을 천시하면서 과학 기술이 침체되었다.

3. 성리학의 발달

(1) 성리학의 통치 이념화 : 조선은 유교를 국가의 통치 이념으로 삼고 중앙 집권과 부국강병을 위한 문물 제도를 정비하였다.

(2) 성리학의 융성
① 16세기에 사림이 정계를 장악하며 조선의 성리학은 더욱 발달하였다.
② 이황은 "주자서절요"와 "성학십도"를, 이이는 "동호문답", "성학집요"를 저술하였다.

(3) 예학과 보학의 발달 : 유교 중심의 양반 신분 질서를 유지하기 위한 노력으로 예법에 대한 학문인 예학과 가문의 족보에 대한 학문인 보학이 발달하였다.

4. 문학과 예술

(1) 건축
① 신분에 따라 건축 규모가 제한되었다.
② 초기에는 궁궐, 관아, 학교 중심의 건축이 이루어졌다.
③ 16세기에는 사림이 집권하면서 서원 건축이 주를 이루었다.

(2) 공예 : 분청사기와 백자가 유행하였다.

(3) 그림
① 15세기
㉠ 안견은 '몽유도원도'에서 이상 세계와 현실 세계의 조화를 표현하였다.
㉡ 강희안은 '고사관수도'에서 선비의 정신 세계를 표현하였다.
② 16세기
㉠ 다양한 화풍과 함께 사군자가 유행하였다.
㉡ 꽃과 강아지 그림의 이암, 대나무 그림의 이정, 매화 그림의 어몽룡, 포도 그림의 황집중, 여성 화가로 초충도를 그린 신사임당 등이 유명하다.

(4) 글씨 : 안평 대군과 한호(한석봉)가 유명하였다.

(5) 음악 : 궁중 음악인 아악이 정리되었으며, 성종 때 "악학궤범"이 편찬되었다.

앙부일구

세종 때 장영실이 만든 해시계이다.

측우기

빗물을 원통형 그릇에 받아 강우량을 측정하던 기구이다.

천상열차분야지도

하늘을 12개의 구역으로 나누어 별자리의 위치와 모양을 표현한 천문도이다.

분청사기

자기에 흰색 백토를 입히고 회청색의 유약을 발라서 구워 낸 것으로, 소박하고 힘찬 문양이 친숙한 분위기를 자아낸다.

용어풀이
- 배척(排斥) : 따돌리거나 거부하여 밀어 내침
- 천시(賤視) : 업신여겨 낮게 보거나 천하게 여김

Ⅲ. 조선 유교 사회의 성립과 변화

제4장 조선 전기의 대외 관계와 양 난

1 조선 전기의 대외 관계

1. 명과의 관계
(1) 조선 초기 명과의 관계 변화
  ① 조선 건국 초기에는 요동과 여진 문제로 대립하였다.
  ② 태종 이후 관계를 개선하고 활발하게 교류하였다.
(2) 사대 정책 : 국제적인 지위를 확립하고 문물을 교류하기 위하여 친명 정책을 실시하였다.
(3) 사절 교류 물품
  ① 수출품 : 종이, 마필, 인삼, 화문석 등이 있었다.
  ② 수입품 : 견직물, 서적, 약재, 도자기 등이 있었다.

2. 여진과의 관계
(1) 회유책
  ① 여진족에게 관직을 주고 정착과 귀순을 장려하였다.
  ② 국경 무역과 조공 무역을 허락하였다.
(2) 강경책
  ① 세종 때 최윤덕, 김종서 등의 활약으로 압록강 유역에 4군을, 두만강 유역에 6진을 개척하여 지금의 국경선을 확정지었다.
  ② 새롭게 확보한 북방의 4군 6진 지역에 남쪽 지역의 백성을 이주시켰다(사민 정책).

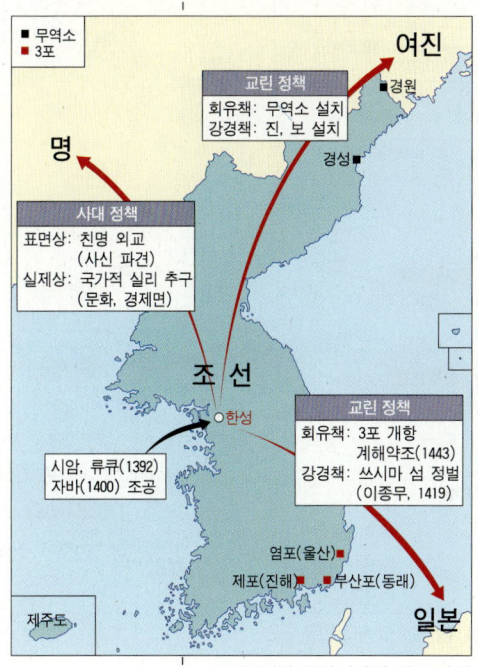
▲ 조선과 동아시아의 외교 관계

> **사민 정책**
>
> 사민 정책은 조선 시대의 북방 개척 정책입니다. 세종 때 여진족을 정벌하고 4군 6진을 개척하여 압록강과 두만강까지 영토가 확장되자 남쪽 지방의 백성들을 북쪽으로 이주시키는 사민 정책이 시행되었습니다. 남쪽에서 이주하는 백성들에게는 여러 혜택이 주어졌습니다. 천민은 양인으로 신분을 상승시켜 주었고, 이주해 온 사람들에게 토지를 나누어 주었으며, 토착 세력을 그 지역의 토관으로 삼아 민심을 수습하도록 하였습니다. 이러한 사민 정책으로 국경 지대를 개발할 수 있었으며, 주민들이 자치적인 방어 체제를 구축하여 국경을 안정적으로 지키는 효과를 거둘 수 있었습니다.

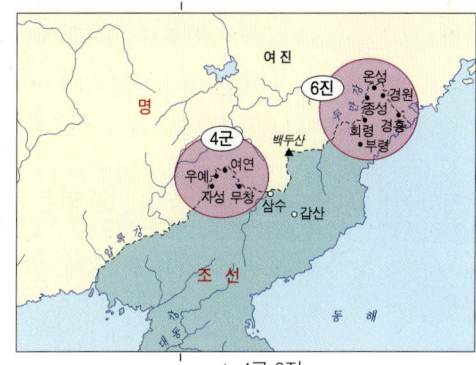
▲ 4군 6진

계해약조
1443년(세종 25) 계해년에 쓰시마 섬 영주와 맺은 약조이다. 이 약조로 3포를 개항하고 일본과 중단되었던 무역을 제한된 조공 무역 형태로 재개하였다.

  ③ 성종 때 신숙주, 윤필상 등이 압록강과 두만강 이북의 여진족을 토벌하였다.

3. 일본 및 동남아시아와의 관계
(1) 일본
  ① 강경책 : 세종 때 이종무가 해안가를 중심으로 노략질을 일삼던 왜구의 근거지인 쓰시마 섬을 정벌하였다(1419).
  ② 회유책 : 쓰시마 섬의 도주가 무역을 간청해 오자 계해약조(1443)를 맺어 제한적으로 조공 무역을 허락하고, 3포(부산포·염포·제포)를 개항하였다.
(2) 동남아시아 : 조선 초기에는 류큐(일본 오키나와), 시암(태국), 지와(인도네시아) 등과도 교류하였는데, 특히 류큐와의 교류가 활발하였다.

사민 정책(徙民政策) : 백성을 특정한 지역으로 옮기는 정책

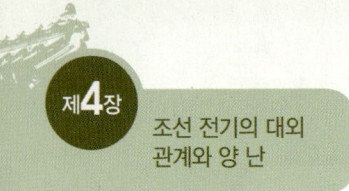

제4장 조선 전기의 대외 관계와 양 난

2 왜란·호란 이후 조선의 새로운 변화

1. 임진왜란

(1) 발발 배경 : 전국 시대를 통일한 도요토미 히데요시가 불만 세력의 관심을 해외로 돌리고 정권을 안정시키고자 조선을 침략하였다(1592).

(2) 수군과 의병의 활약

① 수군의 승리
 ㉠ 이순신을 중심으로 한 수군이 옥포 해전에서 첫 승리를 거둔 이후 한산도 대첩에서 승리하면서 남해의 제해권을 장악하였다.
 ㉡ 수군의 승리로 전라도 지역의 곡창 지대를 보호하고 남해안을 확보할 수 있었다.

② 의병의 활약
 ㉠ 양반 유생을 중심으로 가족과 고장을 지키기 위하여 자발적으로 의병이 조직되었다.
 ㉡ 의병은 육지에서 관군을 도와 전세를 역전시켰다.

(3) 왜란의 극복

① 수군의 승리와 의병의 활약, 명나라 원군의 참전, 권율의 행주 대첩과 김시민의 진주 대첩으로 전세가 역전되었다.
② 일본이 먼저 휴전을 제의해 3년 동안 협상하였으나 결렬되어 왜군이 다시 침입하였다.
③ 조·명 연합군이 직산에서 왜군을 격퇴하였다.
④ 이순신이 명량 해전에서 왜군을 대파한 후 도망가는 왜군을 노량 해전에서 격파하여 7년간의 전란을 마무리하였다.

▲ 관군과 의병의 활동

(4) 왜란의 영향

① 국내
 ㉠ 전쟁으로 인구가 줄어들었으며 전 국토가 황폐해지고 문화유산이 손실되었다.
 ㉡ 전쟁에서 공을 세운 상민과 천민의 신분이 상승하면서 신분제가 동요하였다.
② 중국 : 명의 국력이 약해지고, 여진족이 성장하여 후금을 건국하였다.
③ 일본
 ㉠ 조선의 문화재를 약탈하고 기술자와 학자 등을 포로로 잡아가 인쇄·도자기 문화 발전에 이용하였다.
 ㉡ 도쿠가와 이에야스가 정국의 주도권을 잡고 에도 막부를 성립하였다.

2. 광해군의 중립 외교

(1) 전후 복구 사업
① 소실된 양안(토지 대장)과 호적을 재작성하여 국가 재정 수입의 기반을 확보하였다.
② 성곽과 무기를 수리하고 군사 훈련을 실시하여 국방력을 강화하였다.
③ 질병의 예방과 퇴치를 위해 "동의보감" 편찬을 지시하였다.

(2) 중립 외교 정책 : 명과 강성해진 후금 사이에서 정세 변화에 따라 유연하게 대처하였다.

(3) 인조 반정(1623)
① 서인 중심으로 광해군의 중립 외교 정책에 반발하여 인조반정이 발생하였고, 이로 인해 광해군이 폐위되었다.
② 서인 정권의 지나친 친명 배금 정책은 두 차례의 호란을 불러일으켰다.

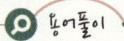

의병(義兵) : 나라가 외적의 침입으로 위급할 때 백성들이 자발적으로 조직한 군대

친명 배금(親明背金) : 명나라와 친하고 금나라와는 등지는 외교라는 뜻

> **명의 파병 요청에 대한 광해군의 입장**
>
> 경들은 지금 우리 병력으로 이 오랑캐(후금)를 잠시라도 막을 수 있다고 생각하는가? …… 지금 우리로서는 열심히 노력하여 군사를 기르고 장수를 뽑으며, 인재를 선발하고 백성의 걱정을 펴 주어 인심을 기쁘게 하고, 크게 땅을 개간하고 병기를 조련하여 성을 잘 수리하는 일이다. 이 모든 것을 정리한 뒤에야 정세로 대처할 수 있을 것이다.
> – "광해군일기" –

▶ 광해군이 집권하던 시기의 국제 정세는 명이 쇠퇴하는 가운데 북방의 여진족이 후금을 세우며 강성해지고 있었습니다. 이러한 시기에 명은 후금을 치는데 조선이 군대를 보내 함께 싸울 것을 요구하였습니다. 그러나 광해군은 조선이 큰 전쟁을 끝낸 지 얼마 되지 않아 회복하지 못한 상태이고, 명을 도와 후금을 칠 여력이 없다고 판단하고 명과 후금 사이에서 중립 외교를 펼쳤습니다.

3. 호란

(1) 정묘호란(1627)
  ① 배경 : 서인 정권이 명과 가까이 지내고 후금을 배척하는 친명 배금 정책을 취하여 후금을 자극하였다.
  ② 전개 : 후금은 인조반정으로 폐위된 광해군의 원수를 갚는다는 명분으로 조선을 침략하였다.
  ③ 결과 : 조선과 후금은 서로 형제 관계를 맺기로 약속하였다.

(2) 병자호란(1636)
  ① 배경 : 세력을 키운 후금은 국호를 청으로 고치고 조선에 군신 관계를 맺자고 요구하며 침입하였다.
  ② 전개 : 인조는 남한산성에서 45일간 항전하였으나 청에 굴욕적으로 항복하였다(삼전도의 굴욕).
  ③ 결과
    ㉠ 조선과 청은 군신 관계를 맺기로 약속하였다.
    ㉡ 청은 조선에 막대한 공물을 요구하였다.
    ㉢ 청은 소현 세자를 비롯하여 홍익한, 윤집, 오달제 등을 인질로 끌고 갔다.

▲ 정묘호란과 병자호란

4. 북벌 운동

(1) 배경 : 조선은 오랑캐라고 여기던 청에게 삼전도에서 굴욕을 당하자 명에 대한 의리를 지키고 오랑캐에게 당한 치욕을 씻자며 북벌 운동을 벌였다.
(2) 전개
  ① 효종 때 서인의 주도로 청을 치러 가자는 북벌 운동이 전개되었다.
  ② 북벌을 위해 남한산성과 북한산성 등 성곽을 수리하고 무기를 개량하였으며, 군사를 양성하였다.
(3) 결과 : 청의 국력 강화와 효종의 갑작스러운 죽음으로 중단되었다.

5. 나선 정벌

(1) 제1차 나선 정벌 : 1654년 조선 효종 때 시베리아로 러시아 세력이 차츰 밀려오자 청은 정벌군을 파견하며 조선에 원병을 요청하였는데, 이때 조선은 조총 부대를 파병하여 실력을 발휘하였다.
(2) 제2차 나선 정벌 : 1658년 청의 또 한 번의 파병 요청으로 제2차 나선 정벌에 나서 대승을 거두었다.

> **용어풀이**
>
> 북벌(北伐) : 무력으로 북쪽 지방(청나라)을 치는 일
>
> 나선(羅禪) : 러시아는 한자로 옮기면 '아라사(俄羅斯)'로 '나선(羅禪)'은 '러시아 사람들'을 한자음으로 옮긴 것임

Ⅲ. 조선 유교 사회의 성립과 변화

제5장 영조와 정조, 탕평 정책을 실시하다

1 붕당 정치의 변질과 탕평론의 대두

1. 양 난 이후 통치 체제의 정비
(1) 비변사의 기능 강화 : 임진왜란을 겪으며 비변사가 군사 문제뿐만 아니라 일반 행정 업무까지 담당하는 국가 최고 기구로 확대되었다.
(2) 군사 제도 개편
 ① 중앙군이 훈련도감, 총융청, 수어청, 어영청, 금위영의 5군영으로 정리되었다.
 ② 지방군은 평상시에는 생업에 종사하다가 외적이 쳐들어오면 동원되는 속오군 체제로 개편되었다.
(3) 조세 제도 개편 : 민생을 안정시키기 위해 조세 제도를 개편하였다.

영정법	토지세는 풍년과 흉년에 관계없이 토지 1결당 쌀 4~6두 납부
대동법	• 공납은 토지를 기준으로 1결당 쌀 12두씩 납부 • 쌀을 내기 힘든 지방에서는 포목이나 돈으로 납부
균역법	군포는 1년에 2필에서 1필만 내도록 줄임

훈련도감
임진왜란 중인 1593년 군사 훈련을 위해 임시로 설치한 기관으로, 포수(총과 대포를 쏘는 군사), 사수(활을 쏘는 군사), 살수(창과 검을 쓰는 군사)로 구성되었다.

균역법
양 난 이후 양인들은 군적에 올라 있어 1년에 2필씩 군포를 납부하였는데, 양반들은 신분적 특권을 내세워 군포를 내지 않아 농민에게 부담이 가중되었다. 이에 영조는 군역의 부담을 공평히 하고 농민의 부담을 덜어주고자 1년에 2필씩 내던 군포를 1필로 줄이고, 양반 지주들에게도 결작이라는 이름으로 쌀 2두를 내도록 하였다.

2. 붕당 정치의 변질
(1) 예송 논쟁
 ① 현종 때 예론에 대한 서인·남인의 대립이 효종의 정통성에 관한 정치적 문제로 확대된 논쟁으로 두 번에 걸쳐 진행되었다.
 ② 기해예송(1659)에서 서인이 승리하였고, 갑인예송(1674)에서 남인이 승리하며 정국을 주도하였다.
(2) 붕당 정치의 변질
 ① 숙종 때 붕당을 약화시키고 왕권을 강화하기 위해 집권 붕당을 교체하는 환국이 이루어졌다.
 ② 정국이 급격하게 바뀌는 환국이 이루어지자 특정 붕당이 정권을 독점하는 일당 전제화의 추세가 나타났다.
 ③ 환국으로 서인과 남인이 번갈아 집권하였으나 남인은 정치에서 소외되었고, 서인은 내부의 갈등이 심해지면서 노론과 소론으로 분열되었다.
 ④ 견제와 균형을 기반으로 공존하던 붕당은 예송 논쟁과 환국을 거치면서 붕당 간의 대립이 격화되어 특정 붕당이 정권을 독점하며 변질되었다.
 ⑤ 왕이 환국을 주도하면서 외척이나 종친이 정치적으로 성장하였으며, 3사와 이조 전랑의 정치적 비중은 감소하였다.

예송 논쟁
현종 때 현종의 부모인 효종과 효종비의 장례에서 궁중 의례를 어떻게 적용시킬 것인가를 두고 서인과 남인 사이에서 벌어졌던 논쟁이다.

3. 탕평론의 대두
(1) 배경 : 일당 전제화의 추세로 붕당 간의 균형이 요구되었다.
(2) 목적 : 왕의 중재를 통해 정치적 균형을 이루고자 하였다.
(3) 숙종의 탕평 정책
 ① 각 붕당의 인재를 골고루 등용하여 붕당 간의 화합을 이끌어내고자 하였다.
 ② 숙종의 치우친 인사 정책으로 정치적 혼란을 초래하였다.

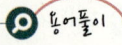

환국(換局) : 시국 또는 판국이 바뀜
독점(獨占) : 개인이나 하나의 단체가 다른 경쟁자를 배제하고 생산과 시장을 지배하여 이익을 독차지함

2 영조와 정조의 탕평 정치

1. 영조의 탕평 정책
(1) 특징
　① 국왕의 지지 정치 세력인 탕평파를 육성하고 산림의 존재를 부정하였다.
　② 서원을 정리하고, 이조 전랑의 후임자 천거제를 폐지하였다.
(2) 제도 정비 : 강화된 왕권을 바탕으로 균역법과 사형수에 대한 삼심제를 시행하였으며, "속오례의", "속대전", "무원록" 등을 편찬하였다.
(3) 한계 : 탕평책의 시행으로 왕권이 강화되고 정국이 안정되었으나 사도 세자의 죽음을 계기로 노론 중심으로 정국이 운영되었다.

2. 정조의 탕평 정책
(1) 특징 : 탕평책을 추진하여 각 붕당의 인사를 골고루 등용하고 남인 세력도 등용하였다.
(2) 탕평책
　① 왕의 친위 부대인 장용영을 설치하여 왕의 군사력을 강화하고 병권을 장악하였다.
　② 정조의 정책을 뒷받침하고 붕당의 비대화를 막고자 학술 및 정책 연구 기관인 규장각을 설치하여 인재를 양성하였다.
　③ 초계문신제를 실시하여 중하급의 능력 있는 신하를 양성하였다.
(3) 제도 정비 : "대전통편", "동문휘고", "탁지지"를 편찬하고, 거중기를 사용하여 수원 화성을 건설하였다.
(4) 한계 : 붕당 간의 융화나 붕당 자체의 해체에는 실패하였다.

3 세도 정치

1. 의미 : 외척과 같은 특정 가문이 권력을 독점하는 정치 형태이다.
2. 전개 : 순조(안동 김씨), 헌종(풍양 조씨), 철종(안동 김씨) 가문이 3대 60여 년간 권력을 독점하였다.
3. 결과
(1) 왕권 약화 : 세도 가문이 비변사와 훈련도감을 장악하고 정치적 · 군사적 실권을 장악하여 왕권이 약화되었다.
(2) 매관매직 성행 : 과거 제도가 문란해지고 매관매직이 성행하였다.
(3) 삼정의 문란 : 탐관오리의 농간으로 수취 체제인 삼정이 문란해졌다.

전정	토지에 부과된 세금 → 정해진 세금 이상의 양을 걷음
군정	군포로 내는 세금 → 인징, 족징, 백골징포, 황구첨정 등
환곡	춘대추납법 → 고리대로 변함, 삼정 중 가장 문란함

(4) 농민 봉기 발생 : 농촌 경제가 파탄하여 홍경래의 난, 임술 농민 봉기 등이 일어났다.

> **세도 정치 시기 백성들의 삶**
>
> 시아버지 죽어서 이미 상복 입었고 갓난아이는 배냇물도 안 말랐는데
> 3대의 이름이 군적에 실리다니 달려가 억울함을 호소하려 해도
> 호랑이 같은 문지기가 버티고 있고 이정이 호통하여 하나뿐인 소마저 끌려갔네.　- 정약용, '애절양' -

▶ 조선 후기에 신분제가 흔들려 군역을 면제받는 양반의 수가 크게 늘어나자 국가의 군포 수입이 줄어들게 되었습니다. 이에 각 지방마다 일정한 군포의 양을 정해서 걷어 들이는 방식으로 바뀌면서 젖먹이 어린아이에서 노인, 심지어 죽은 사람에게까지 군포가 부과되었습니다.

탕평비

영조가 성균관 입구에 탕평 정책의 의지를 밝히며 세운 비석이다.

속대전

영조 때 "경국대전"의 법령을 추려서 편찬한 조선의 두 번째 법전이다.

장용영

정조가 왕의 호위를 강화하기 위해 만든 군대이다.

수원 화성

정조는 그의 아버지 사도 세자의 무덤을 수원의 화산으로 옮기면서 화성 축조를 계획하였다. 정조는 화성을 개혁 정치의 중심으로 만들기 위해 장용영을 설치하고, 수리 시설을 개선하였으며, 상공인들을 유치하여 상업 · 농업 · 군사 도시로 키워 나갔다. 수원 화성은 현재 유네스코 세계 문화유산에 등록되어 있다.

용어풀이

산림(山林) : 학식과 덕이 높으나 벼슬을 하지 않고 숨어 지내는 선비

매관매직(賣官賣職) : 관직 즉 벼슬을 돈을 받고 파는 행위

탐관오리(貪官汚吏) : 자기 욕심만 추구하며 부정을 저지르는 부패한 관리

Ⅲ. 조선 유교 사회의 성립과 변화

제6장 조선 후기의 경제와 사회

1 조선 후기의 경제

1. 농업 생산력의 증대
(1) **농경지 확대** : 양 난 이후 정부의 적극적인 개간 권장과 양반 지주들의 개간 사업으로 농경지가 확대되었다.
(2) **농업 기술 개발**
  ① 수리 시설 복구, 농기구 개발, 비료 개발 등 농업 기술이 개발되었다.
  ② 새로운 농사법으로 모를 못자리에서 논으로 옮겨 심는 모내기법(논농사)과 밭고랑에 씨를 뿌리는 견종법(밭농사)이 시도되었다.
  ③ 쌀·담배·인삼·면화·고추 등 상품 작물이 재배되었다.
(3) **결과**
  ① 농업 생산량이 증가하고 양반 지주들의 수익이 증가하였다.
  ② 일부 농민은 광작을 통해 부농이 되었으나 대다수 농민들은 농토를 잃고 품삯을 받는 임노동자로 몰락하였다.

> **견종법**
> 씨앗을 고랑에 뿌리는 밭농사 농법으로, 봄철 가뭄에 씨앗을 보호할 수 있어서 수확량이 2~3배 증가하였다.

2. 수취 제제의 변화
(1) **영정법** : 토지세를 토지 1결당 쌀 4~6두씩 내도록 하여 농민들의 부담을 덜어 주고자 하였다.
(2) **대동법**
  ① 방식 : 호구별로 특산물을 납부하던 공납을 토지를 기준으로 쌀·포목·돈으로 납부하게 한 제도이다(토지 1결당 쌀 12두).
  ② 효과 : 농민의 부담이 줄어들었고, 유통 경제가 발달함에 따라 상품 화폐 경제 발달에 기여하였다.
(3) **균역법**
  ① 배경 : 과중한 군포 부담으로 인하여 인징, 족징, 백골징포 등의 폐단이 나타났다.
  ② 내용 : 1년에 2필씩 납부하던 군포를 1필로 줄이도록 하였다.
  ③ 결과 : 농민 부담이 일시적으로 줄어들었으나 세도 정치 시기로 들어서면서 다시 농민의 부담이 늘어났다.

3. 수공업과 광산의 발달
(1) **민영 수공업의 발달** : 도시의 발달과 대동법의 시행으로 시장 수요가 증가하여 민영 수공업이 발달하였다.
(2) **광산의 개발**
  ① 배경
    ㉠ 민영 수공업의 발달로 광산물의 수요가 증가하였다.
    ㉡ 청과의 무역 확대로 은의 수요가 증가하였다.
  ② 민영 광산 증가
    ㉠ 17세기 이후 정부는 세를 받고 민간인의 광산 개발을 허용하였다.
    ㉡ 광산 경기가 활기를 띠자 정부 몰래 광산을 개발하는 잠채가 성행하였다.

▲ 조선 후기의 상업과 무역 활동

> **잠채(潛採)** : 정부에 내는 세금을 피하기 위해 불법적으로 몰래 광산을 운영하는 것

4. 상품 화폐 경제의 발달

(1) 상업의 발달
① 신해통공으로 자유로운 상업 활동이 가능해졌다.
② 대동법 시행 이후 공인의 등장과 상품 화폐 경제가 발달하였다.
③ 사상의 활동이 활발해지면서 전국적인 도매 상인 도고가 등장하였다.
④ 전국적으로 1,000여 개의 장시가 열리면서 보부상이 전국적인 유통망을 형성하였다.
⑤ 물품이 배를 통해 유통되면서 포구를 중심으로 선상·객주·여각 등이 등장하였다.

(2) 화폐의 유통 : 상평통보가 전국으로 유통되었고, 환이나 어음 같은 신용 화폐도 등장하였다.

2 조선 후기의 사회

1. 양 난 이후 성리학 중심의 지배 질서 강화

(1) 배경 : 양 난 이후 양반 중심의 지배 체제가 동요하였다.
(2) 가족 제도와 혼인 제도의 변화
① 부계 중심의 가족 제도가 확립되면서 혼인 후 신부가 곧바로 시댁에서 살게 되었다.
② 장자 중심의 재산 상속과 양자 제도, 족보 편찬, 동성 마을 형성 등이 이루어졌다.

2. 신분제의 변동

(1) 양반층의 계층 분화 : 붕당 정치가 일당 전제화로 흐르면서 정쟁에서 밀려난 양반층은 권반·향반·잔반으로 분화되었다.
(2) 중간 계층의 성장
① 왜란 이후 납속책과 공명첩의 매입, 영·정조 시대 개혁 정치를 통해 서얼들이 정계로 진출하였다.
② 기술직 중인들은 소청 운동을 벌여 신분 상승 운동을 전개하였다.
(3) 상민층의 신분 상승
① 납속책과 공명첩 매입, 족보의 위조나 매입 등을 통해 양반으로 신분 상승을 하였다.
② 양반의 수가 급격히 증가하고 상민의 수가 감소하였으며, 국가 재정에 타격을 입혔다.
(4) 노비 수 감소
① 군공을 세우거나 납속책, 도망 등의 방법을 동원하여 상민으로 신분 상승을 하였다.
② 상민층의 감소가 이어지자 국가에서는 노비를 풀어 주어(공노비 해방령, 1801) 상민 수를 늘림으로써 국가 재정을 확보하고자 하였다.
(5) 향촌 사회의 변화
① 부농층이 향촌의 지배권을 얻고자 수령과 결탁하여 기존의 향촌 지배 세력에 도전하였다.
② 수령권이 강화되고 향리 세력이 강화되는 결과를 가져왔다.

신분제의 변동

조선 후기 양반층이 급증하였는데, 이는 양반으로 신분 상승을 하려는 사람이 늘어났기 때문입니다. 양반이 되면 군역에서 빠질 수 있었고, 경제 활동에서도 우위를 점할 수 있었습니다. 그러나 양반층의 급증은 상민층의 감소로 이어져 국가 재정 수입원의 감소로 이어졌습니다. 정부는 이 문제를 해결하기 위해 1801년 공노비 해방령을 내려 약 6만여 명의 노비를 해방시켰습니다. 한편 양반층 내에서도 당쟁이 격화되면서 중앙의 권반, 지방의 향반, 몰락한 양반인 잔반으로 분화되었습니다. 조선 후기 이와 같은 신분제의 변동은 양반의 권위를 약화시키고 양반 중심의 신분 질서를 붕괴시켰습니다.

신해통공
1791년 정조 때 육의전을 제외한 모든 시전 상인들이 가지고 있었던 금난전권을 폐지하는 조치를 말한다. 이 조치로 사상들도 자유로운 상업 활동이 가능해지면서 조선 후기 상공업이 발달하였다.

▲ 상평통보

납속책
양 난 이후 부족한 국가 재정을 보충하기 위해 국가에 일정 정도의 곡식을 바치면 신분을 올려주거나 벼슬을 주었던 정책이다.

공명첩
성명이 기재되어 있지 않은 백지 벼슬 임명장이다.

금난전권(禁難廛權) : 난전을 금할 수 있는 권리
선상(船商) : 배를 가지고 물품을 유통시키며 장사하는 상인
족보(族譜) : 같은 씨족 즉 한 가문에 계통과 혈통 관계를 적어서 기록한 책
소청 운동(疏請運動) : 조선 후기 기술직 중인들이 신분 상승을 위해 임금에게 상소하여 청한 운동

3. 사회 변혁의 움직임

(1) 사회 불안의 고조
① 세도 정치로 인한 정치 질서의 파탄과 삼정의 문란으로 농민이 몰락하였다.
② 이양선의 잦은 출몰 등으로 사회적 불안이 고조되었다.

(2) 예언 사상의 유행
① 왕조의 교체와 변란을 예고하는 "정감록"이 유행하였다.
② 민간 신앙과 미륵 신앙이 유행하였다.

(3) 천주교의 전파 : 17세기 베이징에 다녀온 사신들에 의해 처음 서학이 전래하였다.

(4) 동학의 발생 : 최제우가 창시한 종교인 동학은 인내천 사상을 기본 교리로 삼았다.

(5) 홍경래의 난(1811)
① 세도 정치의 폐단과 서북 지역 차별에 반대하여 몰락 양반 출신 홍경래가 평북 가산에서 봉기하였다.
② 농민과 중소 상인 및 광산 노동자가 봉기에 가담하였으나 정부군에 의해 진압당하였다.

▲ 조선 후기 농민 봉기

> **홍경래의 격문**
>
> 평서 대원수는 급히 격문을 띄우노니 우리 관서의 모든 이는 이 격문을 들으시라. 이 관서 땅은 …… 단군의 근거지로 훌륭한 인물이 넘치고 문물이 번창한 곳이다. …… 그러나 조정은 서토를 똥처럼 버렸다. 심지어 권세가의 노비까지 서토인을 보면 반드시 '평안도 놈'이라 천대하니 어찌 억울하고 원통하지 않은 자 있겠는가. …… 지금 나이 어리신 임금을 둘러싸고 잔악한 김조순의 무리가 국권을 희롱하여 하늘이 노하시어 재앙을 내리시었다. …… 혜성이 나타나고 비바람 몰아치길 거듭하니 굶주린 자 길에 널려 있고 노약자는 구덩이에 빠져 산 자가 모두 죽어 가고 있다.
>
> – "패림" –

▶ 1811년 홍경래가 난을 일으키면서 돌린 격문을 보면, 관서 지방(평안도 지방)에 대한 차별 대우와 세도 정치의 폐단에 반대하며 봉기를 일으켰음을 파악할 수 있습니다.

(6) 임술 농민 봉기(1862)
① 진주 민란을 계기로 전국적인 농민 봉기가 일어났다.
② 정부는 삼정이정청을 설치하여 삼정의 문란을 시정하겠다고 약속하였으나 이행되지 않았다.
③ 농민들의 사회 의식이 성장하면서 양반 중심의 통치 질서가 붕괴되었다.

정감록
정감이라는 사람으로부터 들은 이야기를 기록한 책으로, 조선 후기에 널리 유포되었다. 조선은 곧 망하고 이(李)씨를 대신하여 정(鄭)씨가 왕위에 오른다는 예언이 실려 있다.

미륵
석가모니가 죽은 후 56억 7천만 년이 지나면 다시 이 세상에 출현하여 중생을 구제한다는 보살이다.

동학
서학에 대응하여 일어난 동쪽(한국)의 종교로, 1860년 최제우가 전통적인 민간 신앙에 유교, 불교, 도교를 융합하여 창시하였다.

인내천(人乃天) 사상
동학의 기본 교리로 '사람이 곧 하늘이다.'라는 뜻이다. 모두가 평등하다는 평등 사상과 인간 존엄 사상을 담고 있다.

용어풀이
- **파탄(破綻)** : 일이나 계획 따위가 원만하게 진행되지 못하고 중도에서 잘못됨
- **출몰(出沒)** : 어떤 현상이나 대상이 나타났다 사라졌다 함
- **격문(檄文)** : 어떤 일을 여러 사람에게 알리어 부추기는 글

Ⅲ. 조선 유교 사회의 성립과 변화

제7장 조선 후기 새로운 문화가 등장하다

1 실학의 등장과 국학 연구의 확대

1. 실학의 대두
(1) 배경 : 성리학이 조선 후기 사회 변화를 따라가지 못하자 사회 변동에 따른 현실 사회의 문제를 해결하기 위해 17세 이후 등장하였다.
(2) 농업 중심의 개혁론(중농 학파) : 토지 제도 개혁을 통해 자영농을 육성하여 현실 사회의 문제를 해결하고자 하였다.

주요 인물	대표 저서	주요 주장
유형원	"반계수록"	균전론 제시, 신분에 따라 토지를 차등 있게 나누어 주고 자영농을 육성하여 농병 일치의 군사 조직을 갖출 것을 주장
이익	"성호사설"	한전론 제시, 최소한의 생계를 유지할 수 있도록 영업전을 정하여 매매를 금지
정약용	"여유당전서" "목민심서" "경세유표"	여전론 제시, 마을 단위로 토지를 공동 경작하고, 노동량에 따라 분배할 것을 주장

(3) 상업 중심의 개혁론(중상 학파) : 상공업의 진흥, 기술 개발을 통한 부국강병 및 청 문물의 수용을 주장하였다.

주요 인물	대표 저서	주요 주장
유수원	"우서"	상공업의 진흥과 사·농·공·상의 직업적 평등 주장
홍대용	"임하경륜" "의산문답"	기술 문화 장려와 신분 제도 철폐 주장, 지전설 주장
박지원	"열하일기"	수레와 선박의 이용, 화폐의 유통 강조, 양반 제도 비판
박제가	"북학의"	북학파 실학 집대성, 청과의 통상 강화, 수레와 선박의 이용, 절약보다 소비 강조

2. 국학 연구의 확대
(1) 배경 : 중국 중심의 성리학적 질서에 대한 반발과 실학의 영향으로 우리의 역사, 강토, 언어에 대한 연구가 나타났다.
(2) 역사

주요 인물	대표 저서	주요 주장
안정복	"동사강목"	고조선부터 고려까지 우리 역사의 독자적인 정통론 확립
유득공	"발해사"	발해사를 고구려를 계승한 우리의 역사로 인식

(3) 지리

주요 인물	대표 저서	주요 주장
이중환	"택리지"	각 지방의 인물, 풍속, 특산품, 교통, 인구 등이 반영된 인문 지리서
정상기	"동국지도"	최초로 100리 척 사용
김정호	'대동여지도'	10리마다 눈금 표시, 산맥·하천·포구·도로망 등을 자세하게 표시

(4) 국어 : 신경준의 "훈민정음운해", 유희의 "언문지" 등이 저술되었다.

박제가
북학의를 저술한 박제가는 재물을 샘물에 비유하며 소비를 권장하여 생산을 자극함으로써 상공업 활동을 진흥시킬 것을 주장하였다.

동사강목
1778년 안정복이 단군 조선에서부터 고려 말까지 우리나라 역사를 시대별로 분류하여 편찬한 역사서이다.

대동여지도

'대동'은 우리나라를 가리키는 말이며, '여지'는 수레가 물건을 싣듯이 땅은 만물을 싣고 있다하여 땅을 표현하는 말이다. 따라서 대동여지도는 우리나라 땅을 그린 지도라는 의미이다.

용어풀이
자영농(自營農) : 자신의 소유인 땅에서 농사를 짓고 직접 경영하는 농민
통상(通商) : 나라들 사이에 서로 물품을 사고 팖

제7장 조선 후기 새로운 문화가 등장하다

2 서민 문화의 발달과 예술의 새 경향

1. 서민 문화의 대두
(1) **배경** : 농민의 경제력이 향상하고 서당 교육이 확대되면서 서민 의식이 향상되었다.
(2) **한글 소설과 사설 시조의 등장**
　① 사회의 부정과 비리를 고발하며 서민이 주인공으로 등장하였다.
　② 한글 소설('홍길동전', '춘향전'), 사설 시조(서민의 솔직한 감정 표현), 판소리 등이 등장하였다.

2. 예술의 새 경향
(1) **진경 산수화** : 우리의 자연과 인물을 묘사한 진경 산수화가 정선(인왕제색도, 금강전도 등)에 의해 개척되었다.
(2) **풍속화의 유행** : 김홍도는 서민의 일상생활을 소탈하고 익살스럽게 표현하였고, 신윤복은 양반의 풍류와 남녀 사이의 애정을 주요 소재로 그림을 그렸다.
(3) **민화의 발달** : 이름이 알려지지 않은 화가에 의해 그려진 그림으로, 서민들의 소박한 미 의식을 반영하였다.
(4) **서예** : 김정희에 의해 추사체가 개척되었다.
(5) **도자기** : 흰 바탕에 푸른 물감으로 그림을 그린 청화 백자가 유행하였다.
(6) **탈춤** : 양반의 위선을 폭로하고 사회 모순을 풍자하였다.

인왕제색도
정선은 실제 경치를 답사한 이후에 실제 경치를 화폭에 담았기에 진경 산수화라 한다. 인왕제색도는 비가 막 그친 서울 인왕산을 풍경을 화폭에 그대로 옮겨 놓은 것이다.

▲ 청화 백자

색경
박세당이 저술한 농서로, 이 농서에는 채소와 과수, 화초 재배법, 축산, 수리, 기후에 이르기까지 농가에서 농사에 필요한 필수적인 기술을 모두 기술하였다.

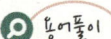 용어풀이

풍속화(風俗畵) : 풍속을 그린 그림이라는 의미로, 조선 후기 왕실에서부터 백성들의 일상생활에 이르기까지 당시의 삶의 모습을 묘사함
민화(民畵) : 일반 백성의 그림이라는 뜻으로, 서민들이 생활 공간을 장식하기 위해 그림
청화 백자(靑華白磁) : 청색 그림이 그려진 백자라는 뜻으로, 코발트 청색 안료로 도자기에 그림을 그려 넣어 장식한 백자를 말함

▲ 인왕제색도(정선)

▲ 서당도(김홍도)

▲ 대장간(김홍도)

▲ 단오풍정(신윤복)

▲ 까치와 호랑이(민화)

3. 과학 기술의 발달
(1) **서양 과학 기술의 전래** : "천주실의", 화포, 천리경, 자명종, 시헌력, 곤여만국전도 등 서양 과학 기술이 전래되었다.
(2) **농업 분야** : 신속의 "농가집성", 박세당의 "색경" 등이 저술되어 농업 생산력 증대에 기여하였다.
(3) **의학 분야** : 허준의 "동의보감", 허임의 "침구경험방", 이제마의 "동의수세보원"이 저술되었다.
(4) **새로운 기계의 등장** : 수원 화성 건축 시 거중기가 고안되었고, 한강에 주교(배다리)를 설계하였다.

IV

국제 질서의 변동과 근대 국가 수립 운동

01 흥선 대원군의 개혁과 통상 수교 거부 정책
02 조선, 문호를 개방하다
03 개화 정책에 대한 반발
04 근대적 개혁의 추진
05 일제의 국권 침탈 과정
06 항일 의병 운동과 애국 계몽 운동
07 개항기 사람들은 어떻게 살았을까?

IV. 국제 질서의 변동과 근대 국가 수립 운동

제1장 흥선 대원군의 개혁과 통상 수교 거부 정책

1 흥선 대원군의 개혁 정치

1. 흥선 대원군 집권 당시의 상황
(1) 국내 : 세도 정치의 폐단으로 부정부패가 만연하였으며, 농민 봉기가 자주 일어났다.
(2) 국외
  ① 청과 일본이 개항하고, 러시아가 연해주 지역을 차지하였다.
  ② 이양선이 출몰하여 통상을 요구하였다.

2. 흥선 대원군의 왕권 강화 정책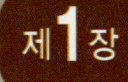
(1) 세도 정치 타파 : 안동 김씨 세력을 내쫓고, 인재를 고루 등용하고자 하였다.
(2) 통치 체제 정비
  ① 비변사를 폐지하고, 의정부(정치)와 삼군부(군사)의 기능을 부활시켰다.
  ② "대전통편"과 "육전조례" 등의 법전을 편찬하였다.
  ③ 붕당의 근거지 제거, 국가 재정 확충, 민생 안정 등을 위해 서원을 정리하였으며, 이에 대해 양반 유생들은 반발하였다.

> **서원 철폐**
>
> 서원의 철폐령이 내려지자 각지의 유생들은 분개하여 맹렬히 반대 운동을 전개하여, 유생 대표가 궐문 앞에서 시위하고 탄원하며 호소하였다. 대원군은 "백성을 해치는 자는 공자가 다시 살아난다 하여도 내가 용서 못한다. 하물며 서원은 우리나라의 선유에게 제사 지내는 곳인데 어찌 이런 곳이 도적이 숨는 곳이 되겠느냐?"하면서 군졸들로 하여금 유생들을 해산시키고 한강 건너로 축출하였다.
> – 박제형, "근세조선정감" –
>
> ➡ 서원은 본래 유생들이 학문을 연마하고 선현에게 제사를 지내는 곳이었으나 점차 백성을 수탈하는 곳으로 변질되었습니다. 이에 흥선 대원군은 양반 유생들의 반발에도 불구하고 전국의 서원 대다수를 정리하였습니다.

당백전
조선 후기 통용되던 상평통보의 100배의 가치를 지닌 동전이다.

(3) 경복궁 중건
  ① 왕실의 권위를 세우기 위해 경복궁을 다시 지었다.
  ② 공사 비용을 마련하기 위해 당백전을 발행하였다.
  ③ 백성들의 노동력을 강제로 동원하여 백성들의 불만이 늘어났다.

3. 흥선 대원군의 수취 체제 개혁
(1) 전정 : 토지를 조사하는 양전 사업을 실시하여 토지 대장에서 빠진 토지들을 찾아 재정을 늘렸고, 양반들의 토지 겸병을 금지하였다.
(2) 군정 : 집집마다 군포를 징수하는 호포제를 실시하여 양반에게도 군포를 징수하였고, 이로 인해 양반들의 많은 반발을 샀다.
(3) 환곡 : 향촌 주민들이 자치적으로 운영하는 사창제를 실시하였다.

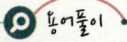

- **이양선(異樣船)** : 모양이 다른 배라는 뜻으로, 서양의 배를 의미함
- **양전(量田)** : 밭을 헤아린다라는 뜻으로, 토지를 조사함
- **겸병(兼倂)** : 겸하고 아우른다는 의미로, 둘 이상의 것을 하나로 합쳐서 가짐

4. 의의와 한계
(1) 의의 : 조선 사회의 정치 기강을 바로 잡고, 민생을 안정시키는 데 기여하였다.
(2) 한계 : 조선 사회가 가진 근본적인 문제를 해결하는 데 이르지는 못하였다.

2 흥선 대원군의 통상 수교 거부 정책

1. 병인양요(1866)

(1) **병인박해**: 조선이 프랑스 선교사를 포함한 수천 명의 천주교 신자를 처형하였다.

(2) **전개**
  ① 병인박해를 구실로 프랑스군이 강화도에 침략한 후 통상을 요구하였다.
  ② 문수산성에서 한성근, 정족산성(삼랑성)에서 양헌수가 프랑스군을 격퇴하였다.

(3) **결과**: 프랑스군은 철수하면서 강화도의 외규장각에서 각종 도서와 문화재 등을 약탈해 갔다.

> **프랑스의 외규장각 도서 약탈과 반환**
>
> 외규장각 도서가 145년 만에 한국에 돌아왔다. …… 외규장각은 1782년 2월 정조가 왕실 관련 서적을 보관할 목적으로 강화도에 설치한 규장각이다. 이는 왕궁의 화재 등으로 인한 문화재 소실을 막기 위한 방안이었다. …… 그러나 1866년 병인양요 당시, 강화도에 상륙한 프랑스 극동함대 사령관 로즈 제독이 외규장각을 불태워 전각이 소실됐다. 그 결과 5,000여 권 이상의 책이 불에 타 사라졌고, 의궤를 비롯한 340여 권의 문서와 은궤 수천 냥이 약탈당했다. …… 이에 정부와 민간 단체는 서로 다른 방법으로 프랑스 정부에 외규장각 도서의 환수를 계속 요구했다. 시민단체인 문화연대는 프랑스 정부를 상대로 소송을 진행해 패소하기도 했다. 그러다 지난해 11월 정부는 서울 G20 정상회의에서 프랑스와 정상회담을 가진 후 외규장각 도서를 5년마다 갱신 대여하기로 합의했다.
> - '세계일보' -

➤ 강화도를 침략한 프랑스군은 후퇴하는 과정에서 강화도의 외규장각에 보관되어 있던 많은 서적과 문화재 등을 약탈하였습니다. 이후 우리 정부와 민간 기구에서는 이를 돌려받기 위한 노력을 기울였고, 2011년 11월에 외규장각 도서를 5년마다 갱신하여 대여하는 방식으로 합의하였습니다.

2. 오페르트 남연군 묘 도굴 미수 사건(1868)

(1) **배경**: 독일 상인인 오페르트가 조선 정부에 통상을 요구하였으나 거절당하였다.

(2) **전개**: 오페르트는 흥선 대원군의 아버지인 남연군 묘의 도굴을 시도하였다가 실패하였다.

(3) **결과**: 서양인에 대한 거부감이 더욱 확산되었다.

3. 신미양요(1871)

(1) **제너럴 셔먼호 사건(1866)**
  ① 미국 상선 제너럴 셔먼호가 대동강을 거슬러 올라와 통상을 요구하였다.
  ② 미국 선원이 포를 쏘며 난동을 부리자, 평양 관민들이 공격하여 침몰시켰다.

(2) **전개**
  ① 미국이 제너럴 셔먼호 사건을 구실로 배상금 지불과 통상을 요구하였고, 조선이 이를 거절하자 강화도를 침략하였다.
  ② 미군이 초지진과 덕진진을 점령하고 광성보를 공격하였다.
  ③ 광성보에서 어재연 부대가 끝까지 맞서 싸웠고, 미군은 철수하였다.

(3) **결과**: 전국 각지에 척화비를 건립하여 조선의 통상 수교 거부 의지를 확고히 하였다.

4. 의의와 한계

(1) **의의**: 조선의 전통을 지키고 외세의 침략을 일시적으로 막아냈다.

(2) **한계**: 문호 개방의 기회를 스스로 놓치고, 자주적인 근대화를 늦추었다.

병인박해의 배경

연해주 지역을 차지한 러시아가 통상을 요구해 오자, 조선은 프랑스를 이용하여 러시아를 견제하고자 하였다. 그러나 프랑스 신부가 이를 거절하여 실패하였다. 또한 양반 유생들이 여러 이유로 천주교를 금지할 것을 요구하자 병인박해가 일어났다.

척화비

신미양요 이후 흥선 대원군이 전국에 건립한 비석이다. "서양 오랑캐가 침범하였을 때 싸우지 않으면 곧 화의하자는 것이요, 화의를 주장하는 것은 곧 나라를 파는 것이다."라는 내용이 새겨져 있어 조선의 통상 수교 거부 의지를 널리 알렸다.

▲ 병인양요와 신미양요

용어풀이

병인양요(丙寅洋擾), 신미양요(辛未洋擾): 병인년과 신미년에 서양이 와서 일으킨 난리

통상(通商): 상업을 통한다라는 뜻으로, 외국과 물자를 주고 받는 활동

척화비(斥和碑): 화의를 배척하는 비

IV. 국제 질서의 변동과 근대 국가 수립 운동

제2장 조선, 문호를 개방하다

1 강화도 조약의 체결과 개항

1. 배경

(1) 통상 개화론의 등장 : 북학파의 영향을 받은 통상 개화론자가 등장하였고, 이들이 서양의 문물과 제도를 받아들여 근대적 개혁을 해야 한다고 주장하였다.

(2) 국내 정치 상황의 변화 : 흥선 대원군이 물러나고 고종이 직접 정치를 실시하였다.

2. 강화도 조약의 체결(1876)

(1) 운요호 사건(1875) : 일본이 조선의 개항을 위해 운요호라는 군함을 파견하여 강화도의 초지진을 공격하고 영종도에 상륙하였다.

(2) 강화도 조약 체결 : 운요호 사건을 빌미로 일본은 조선에 개항을 강요하였고, 조선은 일본과 강화도 조약을 체결하였다.

> **강화도 조약**
>
> 제1관 조선국은 자주의 나라이며, 일본국과 평등한 권리를 가진다.
> 제4관 조선국은 부산 외에 두 곳을 개항하고, 일본인이 왕래 통상함을 허가한다.
> 제7관 조선국은 일본국의 항해자가 자유로이 해안을 측량하도록 허가한다.
> 제10관 일본국 인민이 조선국 지정의 각 항구에 머무르는 동안에 죄를 범한 것이 조선국 인민에게 관계되는 사건일 때에도 모두 일본 관원이 심판한다.
>
> ▶ 강화도 조약의 제1관은 조선에 대한 청의 종주권을 부인하여 청의 간섭을 배제하기 위한 것이며, 제4관은 부산 외에 두 곳(인천과 원산)을 개항하고 일본인과 통상하도록 한 것입니다. 또한 제7관은 유사시에 일본군의 침략을 쉽게 하기 위한 것이고, 제10관은 일본인이 조선에서 죄를 지어도 처벌하지 못하도록 한 것입니다. 이처럼 강화도 조약은 외국과 맺은 최초의 근대적 조약으로, 일본에게 해안 측량권과 치외 법권을 인정하도록 하여 조선의 주권을 침범한 불평등 조약이었습니다.

(3) 성격 : 조선이 외국과 맺은 최초의 근대적 조약이었으나, 조선에 불리한 불평등 조약이었다.

3. 조·미 수호 통상 조약(1882)

(1) 배경
① 제2차 수신사로 일본에 다녀온 김홍집이 가져온 "조선책략"이 널리 유포되었다.
② 러시아와 일본을 견제하기 위해 청이 조약의 체결을 알선하였다.

> **조선책략**
>
> 오늘날 조선의 급선무는 러시아를 막는 일보다 급한 것이 없다. 러시아를 막는 책략은 무엇인가? 중국과 친하고 일본과 맺고 미국과 이어짐으로서 자강을 도모할 따름이다.
> – "조선책략" –
>
> ▶ 김홍집이 가져온 "조선책략"에서는 조선이 러시아의 남하를 막기 위해 중국, 일본, 미국과 연합해야 한다고 주장하였습니다.

(2) 내용 : 치외 법권을 인정하였고, 최혜국 대우를 규정하였다.

(3) 영향 : 이후 영국, 독일, 러시아 등 여러 나라와 수교하였다.

통상 개화론자

북학파 실학자들에 영향을 받은 박규수, 오경석, 유홍기 등이다. 이들은 청과의 통상을 통해 알게 된 서양의 근대 문물과 제도를 받아들여 근대적인 개혁을 해야 한다고 주장하였다. 또한 강화도 조약의 체결을 주장하였고, 이후 개화사상에도 큰 영향을 주었다.

운요호 사건

운요호는 일본의 군함이며, 일본이 조선의 개항을 강요하기 위해 도발한 사건이다.

조선책략

제2차 수신사로 일본에 다녀온 김홍집이 가져왔으며, 일본에 있던 청의 외교관 황준헌이 조선의 외교 방책에 대해서 서술한 책이다.

최혜국 대우

다른 국가와 조약을 체결하거나 개정할 때 보장받은 권한이 해당 국가에도 무조건 보장되도록 한 권리이다.

용어풀이

개항(開港) : 항구를 연다는 뜻으로, 외국과의 교역에 나섬

북학파(北學派) : 북을 배우는 학파라는 뜻으로, 청의 문물을 배우자는 세력

치외 법권(治外法權) : 통치의 바깥에 있을 수 있는 권리라는 뜻으로, 그 나라에 머물면서 그 나라의 법을 적용받지 않을 수 있는 권리

종주권(宗主權) : 주인된 권리라는 뜻으로, 한 나라의 내정에 간섭하는 권리

2 근대를 바라보는 두 가지 입장

1. 개화파의 형성과 개화 정책의 추진
(1) 배경 : 통상 개화론이 개화사상으로 발전하였다.
(2) 대표 인물 : 김옥균, 박영효, 김윤식 등이 정치 세력으로 성장하였다.
(3) 개화 정책의 추진
  ① 통리기무아문 설치 : 통리기무아문을 중심으로 개화 정책을 추진하였다.
  ② 군사 제도 : 신식 군대인 별기군을 설치하였다.
  ③ 근대 시설

명칭	설명	명칭	설명
기기창	근대적 무기 제조 공장	박문국	인쇄 업무, 한성순보 발간
전환국	화폐 주조 및 발행	우정총국	우편 사무

  ④ 사절단의 파견

명칭	상대국	특징
수신사	일본	제2차 수신사 김홍집이 "조선책략"을 가져옴
조사 시찰단	일본	일본의 근대 문물 시찰
영선사	청	청의 근대 무기 제조법 습득
보빙사	미국	미국과 수교 후 파견

2. 위정척사 운동의 전개
(1) 개념 : 성리학적 전통 질서를 지키고 외세를 배척하자는 운동으로 보수적 유생을 중심으로 전개되었다.
(2) 전개

구분	배경	특징
1860년대	병인양요	통상 반대, 흥선 대원군의 통상 수교 거부 정책 지지
1870년대	강화도 조약	개항 반대, 최익현의 왜양일체론
1880년대	"조선책략" 유포, 개화 정책 추진	개화 정책 반대, 미국과의 수교 반대
1890년대	을미사변, 단발령	항일 의병 운동으로 계승

(3) 의의 : 전통 문화를 지키려는 자주적 민족 운동이었고, 이후 항일 의병 운동으로 계승되었다.

최익현의 개항 반대 상소
> 우리의 물건은 한정이 있는데 저들의 요구는 끝이 없을 것입니다. 한 번이라도 응해 주지 못하면 저들은 우리를 침략하고 유린하여 …… 일단 강화를 맺고 나면 저들의 욕심은 물화를 교역하는 데 있습니다. …… 우리의 피와 살이 되어 백성들의 목숨이 걸려 있는 유한한 물화를 저들의 사치하고 기괴한 노리개 따위의 물화와 교역을 한다면 우리의 심성과 풍속이 피폐될 뿐 아니라 …… 저들이 비록 왜인이라 하나 실은 양적(洋賊)이옵니다. 강화가 한번 이루어지면 사학(邪學)의 서적과 천주(天主)의 초상화가 교역 속에 들어올 것입니다. …… 예의(禮儀)는 시궁창에 빠지고 인간들은 변하여 금수(禽獸)가 될 것입니다.
> – 최익현, "면암집" –

▶ 최익현이 일본의 개항 요구에 반대하며 올린 상소입니다. '저들이 비록 왜인이라고 하나 실은 양적이옵니다.'라는 구절을 통해 일본의 개항 요구에 반대하는 주장임을 알 수 있습니다. 1870년대 개항을 반대한 대표적인 상소입니다.

개화파의 형성과 분화

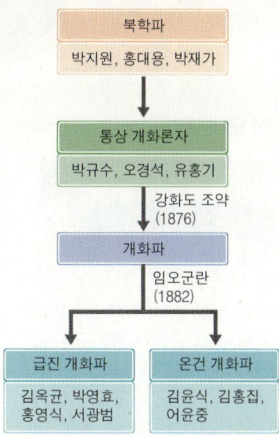

개화파는 조선 후기 북학파 실학자로부터 이어져, 통상 개화론자들을 거쳐 개화파로 이어졌다. 임오군란 이후 개화 정책의 추진 방향 등을 둘러싸고 온건 개화파와 급진 개화파로 분화되었다.

을미사변(1895)
일본이 조선의 친러 정책에 위기감을 느껴 명성 황후를 시해한 사건이다.

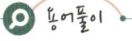
- **위정척사(衛正斥邪)** : 바른 것은 지키고, 사악한 것은 배척한다는 뜻
- **왜양일체론(倭洋一體論)** : 일본과 서양은 하나의 몸이라는 뜻으로, 둘이 동일함을 의미함
- **단발령(斷髮令)** : 머리카락을 자르라는 명령

Ⅳ. 국제 질서의 변동과 근대 국가 수립 운동

제3장 개화 정책에 대한 반발

신식 군대(별기군)

정부의 개화 정책 추진 과정에서 설치된 신식 군대인 별기군은 일본인 교관으로부터 근대적인 군사 훈련을 받았으며, 월급 등에서도 구식 군인들보다 더 좋은 대우를 받았다.

1 임오군란과 갑신정변

1. 임오군란(1882) 중요

(1) 배경
① 신식 군대와의 차별 대우에 구식 군인들이 반발하였다.
② 정부의 개화 정책 추진과 일본으로의 곡물 유출로 도시 하층민들의 생활이 힘들어졌다.

(2) 전개
① 구식 군인들과 도시 하층민들이 봉기하여 일본 공사관과 궁궐을 습격하였다.
② 흥선 대원군이 재집권하여 기존의 개화 정책을 모두 중단하였다.
③ 청군이 개입하여 흥선 대원군을 납치하였고, 민씨 세력이 재집권하였다.

(3) 결과
① 청이 조선에 군대를 주둔시키고 고문을 파견하여 조선의 내정을 간섭하였다.
② 청 상인이 조선의 내륙까지 진출할 수 있도록 특권을 인정하였다.
③ 일본과 제물포 조약을 체결하여 배상금을 지불하고, 일본군의 서울 주둔을 허용하였다.

2. 갑신정변(1884) 중요

(1) 개화파의 분화 : 개화파가 임오군란 이후 점진적 개혁을 추진하는 온건 개화파와 적극적인 개혁을 추진하는 급진 개화파로 나뉘었다.

구분	온건 개화파	급진 개화파
주요 인물	김윤식, 김홍집	김옥균, 박영효
추구 방향	청의 양무운동	일본의 메이지 유신

양무운동
청이 서양의 문물 수용을 통해 부국강병을 이루고자 한 근대화 운동이다.

메이지 유신
일본이 에도 막부를 무너뜨리고 천황 중심의 국가를 수립한 변혁의 과정이다.

(2) 배경 : 청의 내정 간섭이 심화되는 가운데 조선의 개화 정책이 늦어졌다.

(3) 전개
① 청의 군대가 일부 철수하였고, 일본이 급진 개화파에 군사적·재정적 지원을 약속하였다.
② 급진 개화파가 우정총국 개국 축하연을 이용하여 정변을 일으키고, 14개조 개혁 정강을 발표하였다.
③ 청군이 개입하여 정변은 3일만에 실패하였다.

> **14개조 개혁 정강**
>
> 1. 흥선 대원군을 돌아오게 하며, 청에 대한 조공을 폐지한다.
> 2. 문벌을 폐지하여 인민 평등의 권리를 제정한다.
> 3. 토지에 대한 세금 제도를 개혁하여 국가 재정을 넉넉하게 한다.
> 12. 모든 재정은 호조에서 관리하도록 한다.
>
> - 김옥균, "갑신일록" -

➤ 급진 개화파가 갑신정변 중에 발표한 개혁 정강에는 청과의 사대 관계를 청산한다는 내용과 함께 문벌 폐지, 세금 제도 개혁 등에서 근대적인 국가를 건설하고자 하는 내용이 담겨 있습니다.

파병(派兵) : 군대를 보냄
임오군란(壬午軍亂) : 임오년에 군대가 일으킨 난
갑신정변(甲申政變) : 갑신년에 일어난 정치적인 변란

(4) 결과
① 청의 내정 간섭이 더욱 심화되었고, 일본에 배상금을 지불하였다.

② 청과 일본은 양국 군대를 철수하고, 군대를 파병할 때 미리 알릴 것을 합의하였다.
(5) 의의 및 한계 : 우리나라 최초의 근대적 정치 개혁 운동이었으나, 일본의 힘에 의존하였고 백성들의 지지를 얻지 못하였다.
(6) 영향 : 한반도를 둘러싼 열강의 대립이 커졌다.

2 동학 농민 운동

1. 청과 일본의 경제적 침탈
(1) 외국 상인의 진출 : 청, 일본 등 외국 상인들이 내륙으로 진출하여 국내 상인들을 위협하였다.
(2) 방곡령의 실시
① 일본 상인들이 무분별하게 쌀을 수입하여 국내의 쌀값이 크게 오르자 방곡령을 내렸다.
② 일본이 문제를 제기하여 조선은 방곡령을 철회하고 배상금을 물었다.

2. 교조 신원 운동 : 동학의 교조인 최제우의 억울한 죽음의 누명을 풀어주고, 자신들에게 동학을 포교할 수 있는 자유를 달라고 전개한 운동이다.

3. 동학 농민 운동의 전개(1894)
(1) 고부 농민 봉기 : 고부 군수인 조병갑이 만석보를 다시 쌓아 물세를 거두는 등 악행을 일삼자 농민들이 전봉준을 중심으로 봉기하여 고부 관아를 습격하였다.
(2) 1차 농민 봉기
① 고부 농민 봉기자를 탄압하자 전봉준을 중심으로 백산에서 봉기하여 보국안민과 제폭구민의 구호를 외쳤다.
② 이후 황토현·황룡촌 전투에서 잇달아 승리하였고, 전주성을 점령하였다.
(3) 전주 화약 체결
① 정부가 청에 도움을 요청하여 청과 일본의 군대가 국내에 들어오자, 정부와 농민군은 전주 화약을 체결하였고 농민군은 해산하였다.
② 농민군은 전라도 일대에서 집강소를 설치하여 개혁을 추진하였다.

> **동학 농민군의 개혁안**
> 2. 탐관오리를 조사하여 엄하게 징벌한다.
> 5. 노비 문서를 소각한다.
> 6. 천인과 백정들의 차별을 없앤다.
> 7. 젊은 과부의 재혼을 허용한다.
> 10. 왜와 통하는 자는 엄하게 징벌한다.
> 12. 토지는 균등히 나누어 경작한다.
> – 오지영, "동학사" –
>
> ▶ 동학 농민군이 요구한 개혁 내용에는 탐관오리에 대한 처벌과 노비 문서 소각을 비롯한 신분제의 폐지, 외세의 침략에 대한 반대, 토지 제도에 대한 개혁이 담겨 있습니다.

(4) 2차 농민 봉기 : 일본이 경복궁을 점령한 후 내정을 간섭하자 농민군이 다시 봉기하였으나 우금치 전투에서 패배하였고, 전봉준 등 지도부가 체포되었다.

4. 동학 농민 운동의 성격과 의의
(1) 성격 : 부패한 정치의 개혁을 요구한 반봉건, 외세의 침략을 막기 위한 반외세 운동이었다.
(2) 의의 : 농민군의 개혁 요구 중 일부가 갑오개혁에 반영되었고, 농민군의 잔여 세력은 항일 의병 운동에 가담하였다.

방곡령
식량이 부족할 때 일시적으로 쌀의 수출을 막을 수 있게 한 것이다. 그러나 일본은 한 달 전에 미리 알려주지 않았음을 문제 제기하여 배상금을 요구하였다.

사발통문
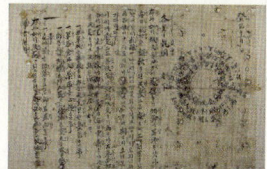
고부 농민 봉기 당시 사용된 것으로, 봉기의 주도자가 누구인지 알지 못하도록 사발을 엎어 놓은 것처럼 참여자들의 이름을 둥글게 쓴 것이 특징이다.

전봉준
동학 농민 운동을 이끈 지도자 중 한 명으로, '녹두장군'이라는 별명이 있었다. '새야 새야 파랑새야'라는 노래와 관련이 있다는 설이 있다.

교조(敎祖) : 한 종파나 종교를 처음 세운 사람
보국안민(輔國安民) : 나라를 지키고, 백성을 편안하게 함
제폭구민(除暴救民) : 폭정을 제거하고, 백성을 구함

Ⅳ. 국제 질서의 변동과 근대 국가 수립 운동

제4장 근대적 개혁의 추진

1 갑오개혁과 을미개혁

1. 제1차 갑오개혁

(1) 배경
  ① 일본이 무력으로 경복궁을 점령한 후 개혁을 강요하였다.
  ② 김홍집을 중심으로 한 내각을 구성하고, 군국기무처를 설치하였다.

(2) 내용

정치	궁내부 설치, 과거제 폐지 등
경제	재정 담당 기관의 일원화, 도량형 통일 등
사회	신분제 폐지, 과부의 재가 허용, 조혼 금지 등

2. 제2차 갑오개혁

(1) 배경 : 청·일 전쟁에서 일본이 우위를 점하였다.

(2) 내용
  ① 군국기무처를 폐지하였고, 개혁의 기본 방향인 홍범 14조를 반포하였다.
  ② 재판소를 설치하여 지방관의 사법권을 폐지하였다.

> **홍범 14조**
> 1. 청에 의존하는 생각을 버리고 자주독립의 기초를 세운다.
> 3. 임금은 각 대신과 의논하여 정사를 행한다.
> 4. 왕실 사무와 국정 사무를 나누어 서로 혼동하지 않는다.
> 6. 납세는 법으로 정하고 함부로 세금을 징수하지 아니한다.
> 7. 조세의 징수와 경비 지출은 모두 탁지아문의 관할에 속한다.
> 14. 문벌을 가리지 않고 인재 등용의 길을 넓힌다.
>
> ➤ 갑오개혁의 기본 개혁 방향을 보여 주는 강령으로, 조선의 자주독립과 행정 사무, 국가 재정에 대한 내용 등을 담고 있습니다. 제2차 갑오개혁 때 발표되었습니다.

3. 을미사변과 을미개혁

(1) 배경 : 조선은 청·일 전쟁에서 일본이 승리하며 영향력이 커지자, 러시아를 이용해 일본을 견제하고자 하였다.

(2) 을미사변(1895) : 러시아의 영향력이 확대되는 것을 경계한 일본이 명성 황후를 시해하였다.

(3) 을미개혁(1895)
  ① 배경 : 을미사변 이후 친일적 성격의 내각이 등장하였다.
  ② 내용 : 단발령을 시행하였고, 태양력을 사용하였다.
  ③ 영향 : 의병이 봉기하였고, 고종은 러시아 공사관으로 처소를 옮겼다(아관 파천).

4. 갑오·을미개혁의 의의와 한계

(1) 의의 : 갑신정변과 동학 농민 운동의 요구가 일부 수용되었고, 근대적 개혁을 추진하였다.
(2) 한계 : 일본의 간섭으로 이루어졌고, 토지 개혁이 이루어지지 못하였다.

일본의 경복궁 점령
일본은 조선 정부의 철군 요청을 거절하고, 군대를 동원하여 경복궁을 무력으로 점령한 후 조선에 내정 개혁을 강요하였다.

군국기무처

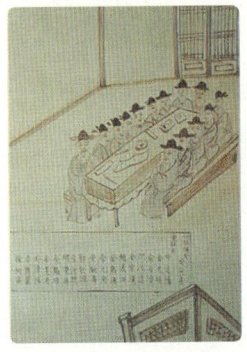

군국기무처는 갑오개혁 당시 설치한 개혁 추진 기구였다.

아관 파천(1896)
고종은 을미사변 이후 일본으로부터 신변의 위협을 느껴, 자신의 처소를 러시아 공사관으로 옮겼다.

아관 파천(俄館播遷) : '러시아 관청으로 옮겨 갔다'라는 뜻
조혼(早婚) : 이른 결혼이라는 뜻으로, 어린 나이에 하는 결혼
시해(弑害) : 죽여서 해침

2 독립 협회

1. 창립 배경 : 아관 파천 이후 러시아를 비롯한 서양 열강의 이권 침탈이 심화되었다.

2. 창립
(1) 독립신문 창간
  ① 미국에서 귀국한 서재필이 정부의 지원을 받아 독립신문을 창간하였다.
  ② 국내외 소식을 순한글과 영문판으로 간행한 우리나라 최초의 민간 신문이었다.
(2) 설립 : 서재필과 국내 개화파 지식인들을 중심으로 설립되었다.

3. 활동과 해산
(1) 활동 내용
  ① 토론회와 연설회를 개최하고, 독립문을 건립하였다.
  ② 만민 공동회를 개최하여 정치·사회 문제를 이야기하고, 정부 관리가 참여하는 관민 공동회를 개최하여 근대적인 의회 설립을 건의하였다(헌의 6조).

> **헌의 6조**
> 1. 외국인에게 의지하지 말고, 관민이 협력해 전제 황권을 견고하게 할 것.
> 2. 외국과의 이권에 관한 것은 대신과 중추원 의장이 함께 서명할 것.
> 3. 국가 재정은 탁지부에서 담당하고, 예산과 결산을 국민에게 공표할 것.
> – '독립신문' –

➤ 관민 공동회에서 결의된 6개의 사항으로 민권 보장과 중추원 의회를 통한 국정 개혁을 담고 있습니다. 그러나 보수파 관료들의 반발로 실행되지는 못하였습니다.

(2) 해산 : 보수파 관료들이 독립 협회가 공화정을 추구한다고 모함하여 강제로 해산되었다.

3 대한 제국과 광무개혁

1. 대한 제국
(1) 배경 : 고종이 돌아오기를 바라는 여론이 고조되었고, 자주독립 국가를 수립할 필요성을 자각하였다.
(2) 수립
  ① 고종이 경운궁(덕수궁)으로 돌아온 후, 환구단에서 황제로 즉위하였다.
  ② 국호를 '대한 제국', 연호를 '광무'로 하여 대한 제국을 수립하였다(1897).
(3) 대한국 국제 반포(1899)

> **대한국 국제**
> 제1조 대한국은 세계 만국이 공인한 자주독립 제국이다.
> 제2조 대한국의 정치는 만세불변의 전제 정치이다.
> 제3조 대한국 대황제는 무한한 군주권을 누린다.
> 제5조 대한국 대황제는 육·해군을 통솔한다.

➤ 대한국 국제는 군사·외교 등의 모든 권한을 황제에게 부여하였습니다.

2. 광무개혁
(1) 원칙 : 구본신참의 원칙에 따라 개혁을 단행하였다.
(2) 내용 : 근대적 공장과 회사, 근대적 학교를 설립하였다.
(3) 한계 : 지배층의 보수성과 열강의 간섭으로 인하여 개혁에 한계가 있었다.

독립문

독립 협회는 국민들의 성금을 모아 본래 청에 대한 사대를 상징하던 영은문의 자리에 자주독립의 의지를 담은 독립문을 건립하였다.

▲ 서양식 제복을 입은 고종

▲ 황궁우과 환구단

용어풀이

구본신참(舊本新參) : 옛 것을 근본으로 하여 새것을 참고함

환궁(還宮) : 궁으로 돌아옴

만세불변(萬世不變) : 수많은 세상 동안 변치 않음

복권(復權) : 권리를 회복한다라는 뜻으로, 형벌 등으로 인해 잃어버린 권리나 자격 등을 회복하는 것

Ⅳ. 국제 질서의 변동과 근대 국가 수립 운동

제5장 일제의 국권 침탈 과정

1 일제의 국권 침탈

1. 러·일 전쟁의 발발(1904) : 러·일 전쟁에서 승리한 일본은 한반도에서 러시아 세력을 몰아내고 침략 정책에 더욱 속도를 내었다.

2. 을사늑약의 체결(1905)

(1) 내용
① 일제는 고종 황제와 일부 대신들의 반대를 누르고 을사늑약을 체결하였다.
② 을사늑약으로 외교권을 빼앗긴 조선은 일본 정부를 거치지 않고 다른 나라와 조약이나 약속을 할 수 없게 되었다.
③ 통감부가 설치되어 우리나라의 내정 전반에 대해 간섭하였다.

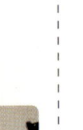
▲ 고종의 서명이 없는 을사늑약 문서

> **을사늑약의 내용**
> • 일본 정부는 한국의 외교에 관한 모든 사무를 지휘하고 감독한다.
> • 한국 정부는 일본 정부를 통하지 않고는 외국과 조약을 맺지 못한다.

▶ 일제는 통감부를 설치하여 내정을 간섭하였고, 대한 제국의 외교권을 빼앗았습니다.

헤이그 특사

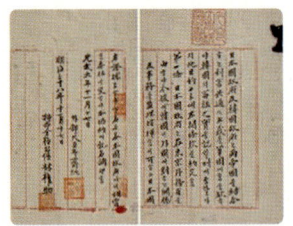
왼쪽부터 이준, 이상설, 이위종이다.

(2) 을사늑약 체결이 불법인 이유
① 을사늑약은 국가 간의 합의에 따라 맺어진 조약이 아니라 강제로 맺어진 조약이다.
② 조약의 이름이 없으며, 고종의 허가를 받지 못한 외무대신이 조약을 체결하였다.
③ 조약의 최종 단계에서도 옥새가 찍혀 있지 않았다.

3. 을사늑약에 대한 우리 민족의 저항

(1) 을사늑약에 대한 반대 운동
① 장지연은 황성신문에 '시일야방성대곡(이 날에 목놓아 통곡하노라)'이라는 논설을 실어 일제의 침략성을 규탄하였다.
② 민영환, 최익현 등은 조약의 파기와 매국노의 처단을 요구하며 강경하게 상소하였다.
③ 민영환 등은 조약의 부당성을 알리고 스스로 목숨을 끊었다.
④ 상점들은 문을 닫았으며, 학생들은 휴학을 하면서 반대 시위를 벌였다.

을사늑약 (1905)	외교권을 빼앗음
한·일 신협약 (1907)	행정권을 빼앗음 군대를 해산함
기유각서 (1909. 7.)	사법권을 빼앗음
한·일 합병 조약 (1910. 8)	국권을 빼앗음

▲ 일제의 국권 피탈 과정

(2) 헤이그 특사 파견(1907)

배경	고종 황제는 을사늑약이 무효임을 국제 사회에 알리고자 하였음
전개	네덜란드 헤이그에서 열린 만국 평화 회의에 이준, 이상설, 이위종을 특사로 파견하여 일제의 침략을 세계 여러 나라에 알리고자 하였으나 일본의 방해로 실패함
결과	일제는 헤이그 특사 파견을 구실로 고종 황제를 강제 퇴위시키고 대한 제국의 군대를 해산시켰음

(3) 의병 활동 : 유학자인 최익현과 신돌석과 같은 평민이 국권 회복을 위해 의병을 일으켰다.
(4) 의거 활동 : 의병장으로 활약했던 안중근 의사는 을사늑약을 주도한 이토 히로부미를 만주 하얼빈 역에서 사살하였다.

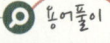

용어풀이
을사늑약(乙巳勒約) : 조약의 공식 명칭 없이 강제로 체결되었기 때문에 을사늑약이라고 부름
옥새(玉璽) : 국권의 상징으로, 국가적 문서에 사용하던 임금의 도장

4. 국권의 상실(1910) : 을사늑약 체결 이후 일제는 사법권과 경찰권마저 빼앗고, 친일 내각을 앞세워 우리의 국권을 강제로 빼앗았다(경술국치, 1910).

Ⅳ. 국제 질서의 변동과 근대 국가 수립 운동

제6장 항일 의병 운동과 애국 계몽 운동

1 항일 의병 운동

1. 의병 항쟁

(1) 을미의병
① 원인 : 을미사변이 일어나고, 을미개혁 때 단발령이 내려졌다.
② 주요 인물 : 유인석, 이소응 등 유생 지도자가 중심이 되었다.
③ 특징 : 단발령이 철회된 후 고종의 명령에 따라 해산하였다.

(2) 을사의병
① 원인 : 을사늑약이 체결되었다.
② 주요 인물 : 최익현, 신돌석 등이 활약하였다.
③ 특징 : 신돌석과 같은 평민 의병장이 등장하였다.

(3) 정미의병
① 원인 : 고종 황제가 강제 퇴위되었고, 군대가 강제로 해산되었다.
② 주요 인물 : 이인영, 허위 등이 활약하였다.
③ 특징 : 해산 군인의 합류로 전투력이 강화되었으며, 의병 연합 부대가 결성되어 서울 진공 작전을 전개하였다.

(4) 호남 의병 : 이후 호남 의병이 활약하였으나, 일제의 남한 대토벌 작전으로 위축되었다.

(5) 영향 : 일제 강점기 항일 무장 독립 투쟁의 기반이 되었다.

▲ 의병의 활동

최익현의 격문

아, 지난 10월 20일의 변은 전 세계 고금에 일찍이 없었던 것이다. 우리에게 이웃 나라가 있어도 스스로 외교 관계를 맺지 못하고 타인을 시켜 외교 관계를 맺으니 이것은 나라가 없는 것이요, 우리에게 토지와 백성이 있어도 스스로 주장하지 못하고 타인을 시켜 대신 감독하게 하니, 이것은 임금이 없는 것이다. 나라가 없고 임금이 없으니 우리 삼천리 백성은 모두 노예일 뿐이다.
– 최익현, "면암집" –

▶ 을사늑약 체결 이후 최익현이 쓴 격문으로, '스스로 외교 관계를 맺지 못하고'라는 부분을 통해 을사늑약 이후의 상황임을 알 수 있습니다.

2. 의거 활동

인물	활동
전명운·장인환	미국에서 친일 미국인 스티븐스 사살
안중근	만주 하얼빈 역에서 이토 히로부미 사살
이재명	이완용 공격
자신회	을사 오적 처단 시도

신돌석

신돌석은 을사의병 당시의 평민 의병장으로, 울진과 평해 지역에서 일본군에 맞서 항일 의병 운동을 전개하였다.

고종 황제 강제 퇴위

을사늑약 체결 이후 고종 황제는 네덜란드 헤이그에서 열리는 만국 평화 회의에 특사를 보내 조약 체결의 부당성을 알리고자 하였다. 그러나 일본은 이를 구실로 하여 고종 황제를 강제 퇴위시켰다.

안중근

배에 일곱 개의 점이 있어 '안응칠'이라는 이름으로 불렸으며, 천주교 세례명은 토마스(도마)라서 도마 안중근이라고 부른다. 대한 제국 항일 의병장으로 활동하던 중 1909년 하얼빈 역에서 이토 히로부미를 처단하였다. 이후 1910년 3월 26일 뤼순(여순) 감옥에서 순국하였다.

용어풀이

유생(儒生) : 유학을 공부하는 선비
퇴위(退位) : 임금의 자리에서 물러남
고금(古今) : 옛날과 지금

제6장 항일 의병 운동과 애국 계몽 운동

2 애국 계몽 운동

1. 애국 계몽 운동
(1) 의미 : 을사늑약 체결 전후 일부 개화파 지식인과 단체를 중심으로 실력을 키워 나라를 지키자는 운동이 전개되었다.
(2) 활동 방향 : 여러 학회와 단체를 조직하고, 언론·출판 활동, 학교 설립 등의 교육 활동, 상공업 진흥 등을 전개하였다.

2. 애국 계몽 단체의 활동
(1) 주요 단체
  ① 보안회 : 일본의 황무지 개간권 요구 반대 운동을 전개하였다.
  ② 헌정 연구회 : 헌법에 입각한 입헌 군주제에 따른 정치 개혁을 추구하였다.
  ③ 대한 자강회 : 헌정 연구회를 계승하였으며, 고종 황제 강제 퇴위 반대 운동을 전개하였다.
(2) 교육 활동 전개 : 서북 학회, 기호 흥학회 등이 조직되었다.
(3) 국채 보상 운동(1907)
  ① 일본에게 진 빚을 갚아서 국권을 지키자는 운동으로, 대구에서 시작되었다.
  ② 대한매일신보 등의 지원을 받아 전국으로 확산되었다.

> **국채 보상 운동**
>
> 국채 1,300만 원은 우리 대한의 존망에 관계가 있는 것이다. 갚아 버리면 나라가 존재하고 갚지 못하면 나라가 망하는 것은 대세가 반드시 그렇게 이르는 것이다. 현재 국고에서는 이 국채를 갚아 버리기 어려운즉 장차 삼천리 강토는 우리나라와 백성의 것이 아닌 것으로 될 위험이 있다. …… 2천 만 인이 3개월을 한정하여 담배의 흡연을 폐지하고 그 대금으로 매 1인마다 20전씩 징수하면 1,300만 원이 될 수 있다. 우리 2천만 동포 중에 애국 사상을 가진 이는 기어이 이를 실시해서 삼천리 강토를 유지하게 되기를 간절히 바라는 바이다.
> – '대한매일신보', 1907 –
>
> ▶ 국채 보상 운동은 일본이 강제로 빌려 준 차관을 통해 경제적으로 정부를 속박하려 하자 이에 맞선 운동입니다. 대구에서 시작되어 대한매일신보 등의 지원으로 전국으로 확산되었으나 일제의 방해로 실패하였습니다.

3. 신민회(1907)
(1) 결성 : 국권 회복과 공화정 국가 수립을 목표로 비밀 단체인 신민회가 조직되었다.
(2) 주요 인물 : 안창호, 이승훈, 양기탁 등이 활동하였다.
(3) 주요 활동
  ① 강연회와 학회 활동을 통해 대중 계몽 활동을 전개하였고, 대성 학교와 오산 학교를 설립하여 민족 교육을 실시하였다.
  ② 태극 서관과 자기 회사를 운영하여 민족 산업을 육성하고자 하였다.
  ③ 남만주의 삼원보에 독립운동 기지를 건설하고, 신흥 무관 학교를 설립하여 독립군을 양성하였다.
(4) 해산 : 일제가 조작한 105인 사건으로 해체되었다(1911).

4. 의의와 한계
(1) 의의 : 국민의 애국심을 고취시키고, 실력을 키워 나라를 지키고자 하였다.
(2) 한계 : 강대국의 약소국 지배를 인정하였고, 의병 투쟁을 비판하였다.

국채 보상 운동

국채 보상 운동이 전국적으로 확산되면서 농민, 상인, 부녀자 등 여러 계층이 모금 운동에 참여하였다. 이들은 금주, 금연 외에도 비녀와 반지 등을 성금으로 모아 국채를 갚고자 노력하였다.

대성 학교

대성 학교는 1908년 신민회의 회원이었던 안창호가 평양에 설립한 학교이다. 대성 학교는 이후 서북 지역의 민족 운동에 큰 바탕이 되었다.

105인 사건

일제가 초대 통감인 데라우치 총독의 암살 미수 사건을 조작하여 애국지사들을 검거하고 그중 105명에게 유죄 판결을 내린 사건이다. 이 사건으로 신민회가 해체되었다.

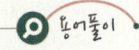

국채(國債) : 나라의 빚
공화정(共和政) : 함께 화합하여 이루는 정치

IV. 국제 질서의 변동과 근대 국가 수립 운동

제7장 개항기 사람들은 어떻게 살았을까?

1 근대 문물의 수용

1. 새로운 문물의 수용

(1) 근대 문물의 수용 노력 : 정부는 서구에 유학생을 파견하고, 기기창과 박문국 등을 설립하였다.

(2) 근대 시설의 도입

구분	내용
교통	최초의 철도인 경인선 가설(1899), 경부선과 경의선 설치, 전차 개통
통신	전화 설치, 우편 업무 시작, 전보총국 설립
전기	경복궁에 전등 가설, 가로등 제작
의료	최초의 서양식 병원인 광혜원(제중원) 설치(알렌 설립)

(3) 의의와 한계
① 의의 : 백성들의 생활이 편리해졌고 사회·경제적 생활이 개선되었다.
② 한계 : 새로운 문물은 외세의 침략과 수탈의 수단이 되기도 하였다.

▲ 전차

▲ 전화 교환수

▲ 광혜원

2. 의식주 생활의 변화

구분	내용
의생활	양복과 양장의 도입, 조끼와 마고자 등장, 장옷과 쓰개치마가 사라짐
식생활	커피와 케이크 유행, 남여를 가리지 않고 함께 식사하는 풍습(겸상)
주생활	서양식 건축물 설립 예) 독립문, 명동 성당, 덕수궁 석조전 등

▲ 양장을 한 엄비

▲ 장옷을 입은 여인

▲ 덕수궁 석조전

철도의 가설
우리나라 최초의 철도인 경인선은 노량진에서 제물포 사이를 운행하던 철도이다. 또한 서울과 부산을 오가는 경부선과 서울과 신의주를 오가는 경의선은 러·일전쟁 중 일제가 가설하였다.

광혜원(제중원)
우리나라 최초의 서양식 병원인 광혜원은 갑신정변 당시 미국인 의사 알렌이 다친 사람을 치료하는 것을 계기로 설치되었다. 본래 이름은 광혜원이었으나, 곧 제중원으로 바꾸었다.

서양식 문물의 명칭
양복, 양장, 양식 등의 명칭은 서양식 문물이 유입되면서 등장한 명칭이다. 각 단어들마다 앞에 붙은 '양-'이라는 것은 서구식이라는 뜻이다. 서구식 옷이라는 의미로 양복, 양장, 서구식 음식이라는 의미로 양식이라는 명칭이 붙었다. 이외에도 양옥, 양말, 양잿물 등이 있다.

서구(西歐) : 유럽과 아메리카 주(洲)를 아울러 이르는 말

제7장 개항기 사람들은 어떻게 살았을까?

개항기의 사립 학교
개항기에는 우리나라에 들어온 개신교 선교사들과 애국 계몽 운동가들에 의해 많은 사립 학교들이 세워졌다. 이 당시 세워진 개신교 계열의 학교로는 배재 학당, 이화 학당 등이 유명하고, 애국 계몽 운동가들이 세운 학교로는 오산 학교, 대성 학교 등이 유명하다.

한성순보
한성순보는 박문국에서 발행한 우리나라 최초의 근대 신문으로, 10일에 한 번씩 발간하였다. 순한문으로 발행되었으며, 갑신정변으로 박문국이 불에 타 1년만에 종간되었다.

주시경

주시경은 우리나라를 대표하는 국어 학자로, 독립신문의 발간에 참여하였고, 국문 연구소의 연구 위원으로 국문법을 연구하였다.

용어풀이
- **순보(旬報)** : 열흘마다 한 번씩 내는 신문이나 잡지
- **포교(布敎)** : 가르침을 퍼트림
- **게재(揭載)** : 글이나 그림 따위를 신문이나 잡지에 실음
- **정간(停刊)** : 신문, 잡지 등의 발행을 멈춤

2 개항 이후 사회·문화의 변화

1. **사회의 변화** : 신분제와 과거제가 폐지되었고, 과부의 재혼을 허용하였다.

2. **교육**
   (1) 원산 학사(1883) : 최초의 근대식 사립 학교로, 덕원부 주민과 관리가 힘을 모아 설립하였다.
   (2) 동문학·육영 공원 : 정부가 설립한 근대식 관립 학교이다.
   (3) 사립 학교 : 선교사와 민족 운동가들에 의해 사립 학교들이 세워졌다.

3. **언론**
   (1) 한성순보 : 박문국에서 발행한 우리나라 최초의 근대 신문이다.
   (2) 독립신문 : 우리나라 최초의 민간 신문으로 순한글과 영문으로 발행되었다.
   (3) 황성신문 : 장지연의 '시일야방성대곡'이라는 논설을 게재하였다.
   (4) 제국신문 : 서민과 부녀자를 대상으로 한 순한글 신문이었다.
   (5) 대한매일신보 : 영국인 베델이 발행인으로, 국채 보상 운동을 홍보하였으며 항일 논조의 기사를 게재하였다.

   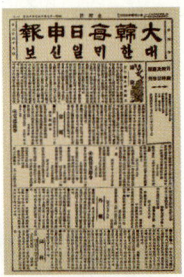

▲ 한성순보 ▲ 황성신문 ▲ 독립신문 ▲ 대한매일신보

> **장지연의 '시일야방성대곡'**
>
> 천만 뜻밖에 5조약은 어디서부터 나왔는가? 아, 저 개돼지만도 못한 우리 정부의 대신이란 자들이 영달과 이득을 노리고 위협에 겁을 먹고, 벌벌 떨면서 나라를 파는 도적이 되어, 4천 년의 강토와 5백 년의 종묘사직을 남에게 바치고, 2천 만 생령으로 하여금 모두 다른 사람의 노예 노릇을 하게 하였으니 아, 분하고 원통하도다. 우리 2천 만 동포여, 살았는가, 죽었는가.
> - '황성신문', 1905. 11. 20. -

➤ 을사늑약이 체결된 후 황성신문에 게재된 '시일야방성대곡'은 '이 날, 목 놓아 통곡하노라'라는 뜻으로, 을사늑약의 부당함을 역설한 사설로 유명합니다. 이 사설로 인해 황성신문은 무기한 정간을 당하였습니다.

4. **국학 운동**
   (1) 국어 : 국문 연구소가 설립되었고, 주시경, 지석영 등이 활동하였다.
   (2) 역사 : 신채호가 을지문덕전, 이순신전 등의 위인전을 간행하였다.

5. **문예** : 새로운 형태의 시인 신체시와 "자유종", "금수회의록" 등의 신소설 등이 발표되었고, 외국 문학 작품을 번역한 작품과 서양의 노래에 맞춘 창가가 유행하였다.

6. **종교**
   (1) 천주교 : 포교가 허용되고 고아원 등의 사회 사업을 벌였다.
   (2) 개신교 : 병원과 학교를 설립하고 포교 활동을 하였다.
   (3) 천도교 : 동학의 3대 교주인 손병희는 동학을 천도교로 바꾸었다.
   (4) 대종교 : 나철과 오기호는 단군 신앙을 기반으로 대종교를 창시하였다.

일제의 강점과 민족 운동의 전개

01 일제의 시기별 통치 방식은 어떻게 변했을까?
02 일제 강점기 국내 독립운동
03 일제 강점기 국외 독립운동
04 일제 강점기 사람들은 어떻게 살았을까?

V. 일제의 강점과 민족 운동의 전개

제1장 일제의 시기별 통치 방식은 어떻게 변했을까?

1 일제의 식민 통치

1. 무단 통치(1910년대, 헌병 경찰 통치)

(1) 실시 : 일제는 조선 총독부를 설치하고, 헌병 경찰을 앞세운 강압적인 무단 통치를 하였다.

(2) 내용
① 헌병 경찰은 한국인의 생활을 규제하며 사소한 범죄 행위의 경우 즉결 심판의 권한으로 태형(매로 볼기를 치는 형벌)을 집행하였다.
② 조선 총독부는 한민족을 위협하고 굴복시키기 위하여 일반 관리는 물론 교원들에게도 제복을 입게 하고 칼을 차도록 하였다.

2. 문화 통치(1920년대, 민족 분열 통치)

(1) 배경
① 3·1 운동을 계기로 일제는 식민지 통치 방식을 이른바 문화 통치로 바꾸었다.
② 한국인의 문화와 관습을 존중한다고 한 문화 통치는 우리 민족을 달래기 위한 속임수로 한국인의 분열을 꾀하였다.

(2) 내용
① 일제는 헌병 경찰을 보통 경찰로 바꾸었지만 경찰 인원이 3배 이상 늘어났다.
② 일제는 우리 민족에게 신문과 잡지의 발행을 허용하였으나 신문의 내용을 미리 검사하여 자신들을 비판하는 내용을 삭제하게 하였다.
③ 일제는 친일파 양성에도 힘을 써 우리 민족을 서로 갈라 놓으려고 하였다.

3. 민족 말살 통치(1930년대 이후)

(1) 배경 : 일제는 물적·인적 자원을 약탈하고 우리 민족과 민족 문화를 말살하려는 정책을 실시하였다.

(2) 내용
① 일본식 성명 강요 : 창씨개명을 통해 한국인의 성명을 바꾸어 일본식 성과 이름을 사용하도록 강요하였다.
② 신사 참배 실시 : 각지에 일본 신사를 세워 참배하도록 강요하였다.
③ 황국 신민 서사 암송 : 어린 학생들까지도 황국 신민 서사를 외우도록 강요하였다.
④ 민족 교육 금지 : 한국어의 사용을 금하고 일본어를 사용하도록 강요하였으며, 학교에서 한국 역사에 대한 교육을 금지하였다.

조선 총독부

조선 총독부는 일제 강점기 식민 통치의 중심 기구가 되었다.

칼을 찬 교사들

1910년대에는 보통 학교(오늘날 초등 학교)의 교사들도 제복을 입고 칼을 찬 채 수업에 들어가 우리 민족을 위협하였다.

내선일체(內鮮一體)

'일본과 한국은 하나다'라는 뜻으로, 한국인을 일본인으로 만들어 한민족을 없애 버리려고 하였다.

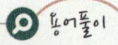

말살(抹殺) : 뭉개어 없애 버림
신사(神社) : 일본에서 왕실의 조상이나 고유의 신앙 대상인 신 또는 국가에 공로가 큰 사람을 신으로 모신 사당
황국신민(皇國臣民) : 천황이 다스리는 나라의 신하된 백성

▲ 황국 신민 서사를 외우는 학생들

▲ 신사 참배

▲ 창씨개명 신고식

2 일제의 경제 수탈

1. 1910년대 식민지 경제 수탈
(1) 토지 조사 사업 실시(1910~1918)

목적	• 표면적: 토지 소유 관계의 근대적 정리 • 실제적: 토지의 합법적 약탈 → 식민 통치에 필요한 안정적인 재정 확보가 주목적임
내용	• 토지 소유권 확인, 토지 가격 확정, 토지의 모양과 형태 조사 • 토지를 정해진 날까지 신고하게 한 뒤, 신고된 내용을 조사하여 토지세를 철저하게 매겼음
결과	• 신고하지 않은 토지는 국유지로 정한 후 동양 척식 주식회사에 넘겨 일본인에게 헐값으로 팔았음 • 우리나라로 건너온 일본인들이 많은 토지를 가질 수 있게 되었음

(2) 회사령 실시(1910)
 ① 회사 설립은 조선 총독부의 허가를 받도록 하였다.
 ② 조선인의 회사 설립과 기업 활동을 억제하고, 일본인의 회사 설립을 쉽게 하기 위한 조치였다.

2. 1920년대 식민지 경제 수탈
(1) 산미 증식 계획 실시(1920~1934)

목적	일본의 급속한 공업화와 인구 증가 → 식량 부족 → 조선에서 쌀의 생산을 늘려 일본으로 가져가고자 함
내용	• 일제의 명령으로 농민들은 저수지와 물길을 만들고 새로운 품종을 심었으며, 많은 비료를 사용함 • 한반도에서 쌀 생산을 늘려 일본의 식량 문제를 해결하였음
결과	• 일제는 늘어난 생산량보다 많은 양의 쌀을 일본으로 가져가 우리나라에는 쌀이 부족하게 되었음 • 한국인들은 식량 부족으로 굶주림에 시달렸고, 일부는 새로운 삶의 터전을 찾아 만주나 연해주 등 국외로 떠나기도 함

(2) 회사령의 변화: 회사령을 바꾸어 한국인들의 회사 설립을 허용하였지만, 실제로는 일본의 기업들이 쉽게 조선으로 진출하도록 하는 정책이었다.

3. 1930년대 이후 식민지 경제 수탈
(1) 일제의 침략 전쟁 확대
 ① 일제는 중·일 전쟁을 일으키고(1937), 본격적으로 중국 대륙을 침략하였다.
 ② 일제는 전쟁을 더욱 확대시켜 미국의 진주만을 기습 공격함으로써 태평양 전쟁을 일으켰다(1941).
(2) 일제의 병참 기지화 정책
 ① 일제는 젊은 남성들을 징병을 통해 전쟁터로, 징용을 통해 광산과 공장으로 끌고 갔다.
 ② 공출이라는 이름으로 식량과 각종 물자를 약탈하고, 고철이나 놋그릇, 수저 등 무기를 만들 수 있는 재료를 빼앗아갔다.
 ③ 젊은 여성들은 일본군 '위안부'로 끌려가 일본군에게 고통을 당하였다.

▲ 일본군 '위안부'로 끌려간 소녀들

▲ 전쟁터로 나가는 아들과 이별하는 어머니

▲ 강제 징용된 일본 홋카이도 탄광의 한국인 노동자

토지 조사 사업

조선 총독부는 1910년 임시 토지 조사국을 설치하고, 1912년 토지 조사령을 공포한 이후 대대적인 토지 조사 사업을 실시하였다.

동양 척식 주식회사

1908년 식민지 농업 경영과 일본인 이민 사업을 수행하기 위해 설립된 회사이다. 토지 수탈의 중심 기구이자 조선 최대의 지주였다.

▲ 일본으로 실려갈 쌀이 쌓여 있는 군산항

김순덕 할머니가 그린 '끌려가는 날'

일본군 '위안부'로 끌려가 고생을 겪었던 김순덕 할머니의 그림이다.

용어풀이

징병(徵兵): 병역 의무자를 강제로 불러 모아 일정 기간 병역에 복무시키는 것
징용(徵用): 국가의 권력으로 국민을 강제로 일정한 업무에 종사시키는 것
병참(兵站): 군사 작전에 필요한 인원과 물자를 관리, 보급, 지원하는 일

V. 일제의 강점과 민족 운동의 전개

제2장 일제 강점기 국내 독립운동

민족 자결주의
각 민족 집단이 스스로의 의지에 따라 정치 조직과 정치적 운명을 결정하고, 타 민족이나 타 국가의 간섭을 인정하지 않는다는 사상이다. 그러나 제1차 세계 대전에서 독일 등 패전국의 식민지에만 적용되었다.

유관순

천안 아우내 장터에서 만세 시위를 이끌다가 체포되어 서대문 형무소에 수감되었다. 가혹한 고문으로 19세의 나이에 순국하였다.

폐허가 된 제암리 교회

1919년 4월 15일 일본군은 제암리(경기 화성)에서 주민을 교회에 모이게 한 후, 불을 지르고 총을 쏘아 23명의 주민을 학살하였다.

▲ 대한민국 임시 정부 청사 (중국 상하이)

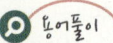
제창(提唱) : 어떤 일이나 의견을 맨 처음 내놓아 주장함
창설(創設) : 기구, 단체 조직 등을 처음으로 설립함

---

1 1910년대 국내 민족 운동과 3·1 운동의 전개

1. 1910년대 항일 비밀 결사

독립 의군부	• 임병찬이 고종의 비밀 지시로 의병장과 유생을 모아 조직함 • 대한 제국의 회복을 추구함 • 조선 총독 및 일본 주요 관리들에게 국권 반환 요구서를 보냄
대한 광복회	• 의병 운동 계열과 애국 계몽 운동 계열의 통합 단체 • 공화정체의 국민 국가 수립이 목표, 독립군 양성을 위한 자금을 모금함

2. 3·1 운동

(1) 3·1 운동의 전개

배경	• 민족 자결주의 : 파리 강화 회의에서 미국 대통령 윌슨이 제창함 • 해외 독립 선언 : 일본의 한국 유학생들이 2·8 독립 선언서를 발표함 • 고종 황제의 죽음 : 고종 황제의 독살설이 널리 퍼지게 됨
전개 과정	민족 대표의 독립 선언서 발표 → 수많은 학생과 시민들이 탑골 공원에서 만세 시위를 펼침 → 만세 시위가 전국으로 퍼짐 → 간도와 연해주, 하와이 등 한민족이 살고 있는 해외에서도 만세 시위가 일어남
의의와 영향	• 일제가 식민지 지배 방식을 무단 통치에서 문화 통치로 바꿈 • 효과적인 독립운동을 위하여 상하이에 대한민국 임시 정부를 세우게 됨 • 인도와 중국 등 비슷한 처지에 있던 다른 나라에 용기를 줌

(2) 일제의 탄압
① 천안에서는 만세 시위를 주도하던 유관순이 구속되어 옥중에서 순국하였다.
② 화성 제암리 주민들이 교회에 갇힌 채 일제에 의해 잔인하게 희생되었다.

3. 대한민국 임시 정부의 수립과 활동

(1) 대한민국 임시 정부의 수립(1919)
① 3·1 운동을 계기로 국내외에서 활동하던 민족 지도자들은 독립운동을 보다 효과적으로 펴 나가기 위해 우리의 정부가 필요하다는 점을 깨닫게 되었다.
② 중국 상하이에 임시 정부를 세우고 나라의 이름을 '대한민국'이라 하였으며, 이승만을 대통령으로 선출하였다.
③ 임시 정부는 나라 안팎의 독립운동 단체를 통합하여 독립운동의 기반을 마련하고 방향을 제시하였다.

(2) 대한민국 임시 정부의 활동

연통제 실시	• 국내의 각 지방에 조직을 두어 정부의 문서와 명령을 전달하고 정보를 수집하였음 • 독립운동 자금을 모으는 일 등 중요한 역할을 하였음
외교 활동	한국의 독립 문제를 국제 사회에 알리는 노력을 하였음
군사 활동	1940년대 충칭으로 이동한 임시 정부는 무장 독립군을 양성하여 한국광복군을 창설하였음
문화 활동	국내외의 동포에게 독립운동의 소식을 알리고 독립 정신을 북돋우기 위해 '독립신문'을 발간하였음

2 국내 민족 항일 투쟁과 의열 투쟁

1. 6·10 만세 운동과 광주 학생 항일 운동

(1) 6·10 만세 운동(1926)

배경	순종의 죽음을 계기로 준비한 대규모 시위에서 학생들이 독립 만세를 외침
경과	일제에 의해 사전에 발각되어 전국적으로 확산되지 못함
의의	3·1 운동 이후 침체된 국내의 민족 운동에 활력을 불러일으킴

▲ 6·10 만세 운동 당시의 시위 모습

광주 학생 항일 운동

광주 학생 항일 운동은 194개교, 5만 4천여 명이 참가하였으며, 582명이 퇴학, 2,330명이 무기정학을 당하였다.

(2) 광주 학생 항일 운동(1929)

배경	전남 광주에서 한·일 학생 사이에 일어난 충돌(일본인 학생들이 한국인 여학생 희롱)이 계기가 되어 발생함
경과	• 3·1 운동 이후 최대 규모의 민족 운동 • 학생 운동이 동맹 휴교의 형태에서 벗어나 학생들의 시위로 발전
의의	3·1 운동 이후 최대의 항일 민족 운동

소년 운동 - 잘 살려면 어린이를 위하라!

2. 신간회 결성과 농민·노동 운동

(1) 신간회 활동(1927)

① 1927년 민족주의자들과 사회주의자들이 힘을 합쳐 조직하였다.
② 우리말 교육의 실시를 주장하였고, 일제와의 타협을 반대하고 완전한 독립을 위해 민족을 단결시켰다.
③ 광주 학생 항일 운동 당시 학생들의 독립운동을 지원하였다.

(2) 농민·노동 운동

① 농민들은 토지 조사 사업과 산미 증식 계획으로 많은 피해를 입었다.
② 노동자들은 일본 기업의 이익을 위해 저임금과 장시간 노동 등 열악한 환경에 시달렸다.
③ 농민과 노동자들은 생존을 위해 소작 쟁의와 노동 쟁의를 전개하였다.

▲ 어린이날 포스터

방정환은 아이들을 인격적으로 대우하라는 뜻에서 '어린이'라는 용어를 처음 사용하였다. 매년 5월 1일을 어린이날로 정하여 여러 행사를 벌였다. 광복 이후에는 5월 5일로 바뀌었다.

3. 의열 투쟁의 전개

(1) 의열단의 활동(1919)

① 김원봉의 주도로 만주에서 조직된 단체였다.
② 조선 총독부의 고위 관리나 친일파 등을 처단하고, 일제의 식민지 착취 기관을 파괴하려는 목표를 세우고 활동하였다.
③ 김익상·김상옥·김지섭·나석주 등이 조선 총독부, 종로 경찰서, 일본 왕궁, 동양 척식 주식회사 등에 폭탄을 던지는 의열 투쟁을 전개하였다.

(2) 한인 애국단의 활동(1931)

① 1923년경부터 임시 정부는 독립운동 방법을 둘러싼 갈등과 경제적 어려움으로 활동이 침체되었다.
② 임시 정부의 살길을 찾기 위해 중국 상하이에서 김구가 조직하였다(1931).
③ 이봉창과 윤봉길의 의거(1932)

인물	활동 내용
이봉창 (1932.1.)	일본 도쿄에서 일본 국왕의 마차에 폭탄을 던졌으나 실패
윤봉길 (1932.4.)	• 중국 상하이의 훙커우 공원에서 물통 모양의 폭탄을 던져 많은 일본인 장성과 고관들 살상 • 중국 국민당 정부(장제스)가 대한민국 임시 정부를 적극적으로 지원하는 계기 마련

▲ 한인 애국단 입단 직후 태극기 앞에 선 윤봉길

의열(義烈): 의기가 장렬함
쟁의(爭議): 서로 자기의 의견을 주장하여 다툼
소작(小作): 농토를 갖지 못한 농민이 일정한 소작료를 지급하며 다른 사람의 농지를 빌려 농사를 짓는 일

V. 일제의 강점과 민족 운동의 전개 93

제2장 일제 강점기 국내 독립 운동

물산 장려 운동

보아라, 우리가 먹고 입고 쓰는 것이 거의 다 우리의 손으로 만든 것이 아니었다. 이것이 세상에 제일 무섭고 위태한 일인 줄 오늘에야 우리가 깨달았다. 피가 있고, 눈물이 있는 형제자매들아! 우리가 서로 붙잡고 서로 의지하여 살고서 볼 일이다. 입어라! 조선 사람이 만든 것을. 써라! 조선 사람이 지은 것을.
― 조선 물산 장려회 취지서 ―

3·1 운동 이후 민족 자본을 육성하여 경제적으로 자립하기 위해 물산 장려 운동을 전개하였다. '우리가 만든 것 우리가 쓰자' 등의 구호를 내걸고 국산품을 애용하자고 주장하였다.

브나로드 운동 포스터

'브나로드'란 러시아 어로 '민중 속으로'라는 의미이다. 동아일보는 브나로드 운동을 전개하면서 '힘써 배우자, 아는 것이 힘이다.' 등의 구호를 내걸었다.

▲ 한글원본

용어풀이
물산(物産) : 그 지방에서 생산되는 물품
문맹(文盲) : 글을 읽거나 쓸 줄 모름

3 실력 양성 운동

1. 물산 장려 운동

배경	• 회사령 철폐로 인한 일본의 대기업 진출 → 한국인 기업의 위기의식 발생 • 일본과 한국 사이의 무역에서 관세 철폐 움직임이 일어남
주도 단체	조선 물산 장려회 발기인 대회(평양, 조만식), 조선 물산 장려회(1923, 서울), 자작회(1922, 학생 중심), 토산 애용 부인회(1923, 여성계 중심)
활동 내용	• '내 살림 내 것으로', '조선 사람 조선 것으로', '우리는 우리 것으로 살자' 등의 구호 → 일본 상품 배격 운동, 국산품 애용 주장 • 근검저축, 생활 개선, 금주·단연 운동 → 민족 자본 육성 추구
의의	전국적 규모의 경제적 민족 운동으로 발전

▲ 물산 장려회 포스터 ▲ 국산품 애용 선전 광고 ▲ 경성 방직 회사의 광고

2. 민립 대학 설립 운동
(1) 배경 : 3·1 운동 이후 교육열이 고조되었고, 제2차 조선 교육령(1922)으로 대학의 설치가 규정되었다.
(2) 전개 : 한규설, 이상재 등이 조직한 조선 교육회가 주도하였다.
(3) 내용 : '한민족 1000만이 한 사람 1원씩'의 구호 아래 조선 민립 대학 모금 운동이 전개되었으며, 미국 하와이 등지에서도 모금 운동을 전개하였다.
(4) 결과 : 일제의 방해로 실패하였으며, 일제는 경성 제국 대학을 설립(1924, 일제의 무마책)하였다.

3. 문맹 퇴치 운동
(1) 배경 : 일제의 식민지 차별 교육 정책과 조선 총독부의 탄압으로 사립 학교 설립이 어려웠다.
(2) 전개

야학 설립	민족 교육 강화, 노동자와 농민을 대상으로 문맹 퇴치 및 사회생활에 필요한 능력 함양에 이바지, 우리말 교재로 한국의 역사·지리·한글 교육 실시
문자 보급 운동	조선일보 주도(1929) → '아는 것이 힘, 배워야 산다.'라는 표어, "한글원본" 등의 교재 사용
브나로드 운동	동아일보 주관, 학생들을 통한 농촌 계몽 운동 전개(1931) → 각 지방의 마을마다 야학 개설, 농민에게 한글 교육 등 계몽 활동 전개
조선어 학회	문자 보급 운동에 사용될 교재 제작, 한글 강습회 개최

(3) 영향 : 이광수의 '흙', 심훈의 '상록수' 등의 문학 작품이 발표되었다.
(4) 결과 : 점차 민족적 성격을 띠었으나 일제의 탄압으로 1930년대 중반 이후 대부분 중단되었다.

4. 실력 양성 운동의 의의와 한계
(1) 의의 : 우리 사회의 근대적 발전을 추구하고 민족 독립의 토대가 마련되었다.
(2) 한계 : 일제가 허용하는 범위 안에서 전개되었으며, 일제의 탄압에 의해 쉽게 무너졌다.

4 민족 문화를 지키기 위한 노력

1. 일제의 식민 사관
(1) 목적 : 조선사 편수회가 주도하여 일제의 식민지 지배를 합리화하고 한국사의 자율성을 부정하려 하였다.
(2) 내용 : 단군 조선을 부정하고 패배적인 역사 인식을 주입시키려는 내용이 주를 이루었다.

2. 한글과 우리 역사 연구
(1) 조선어 학회(1931)
 ① 목적 : 민족정신을 계승하고 민족 문화의 전통을 수호하기 위하여 한글을 연구하였다.
 ② 활동 : 한글 맞춤법 통일안을 발표하고 표준어를 제정하였으며, "우리말 큰사전" 편찬 사업을 추진하였다.
(2) 우리 역사 연구
 ① 역사학자들은 일제의 역사 왜곡과 식민 사관에 맞서 우리 역사가 주체적으로 발전하였음을 밝히고, 일제의 침략 과정과 우리나라 역사에 관한 책을 써서 우리 민족에게 독립에 대한 의지를 심어 주고자 하였다.
 ② 신채호는 을지문덕, 이순신 등의 영웅전과 고조선과 고구려 등에 관한 역사책을 써서 우리 민족의 우수성을 알리고 우리 역사의 주인이 우리 민족임을 강조하였다.
 ③ 박은식은 '혼'을 지키기 위해 우리의 역사를 가르쳐야 한다고 주장하였다.

우리 역사 연구
일제의 식민 사관에 맞서 우리 역사의 주체적 발전과 민족의 우수성을 강조하는 학자들이 등장하였습니다.

박은식
나라는 없어질 수 있으나, 역사는 없어질 수 없다. 나라는 형체이고, 역사는 정신이기 때문이다.
- "한국통사" -

신채호
역사란 나와 나에 맞서는 상대와의 투쟁의 기록이니, 조선사라 하면 조선 민족의 그리되어 온 상태의 기록이다.
- "조선상고사" -

정인보
일제가 날조한 역사 대신 우리의 역사 속에 흐르는 '얼'을 강조하는 '얼사상'을 주장했다.
- "조선사연구" -

3. 문학 · 예술 · 체육
(1) 문학 : 3·1 운동 이후 한용운, 심훈 등은 민족의식을 고취하거나 민족에 대한 사랑을 표현하는 문학 작품을 많이 썼다.
(2) 영화 : 나운규는 '아리랑' 등의 영화를 통해 민족의 울분과 애환을 그렸다.
(3) 체육 : 베를린 올림픽에 참가한 손기정 선수가 마라톤에서 우승하자, 동아일보는 손기정 선수의 가슴에 붙은 일장기를 삭제한 사진을 보도하였다.
(4) 문화재 수호 : 전형필은 일제의 문화재 약탈에 맞서 우리 민족의 문화재 수집과 보존에 노력하였다.

타율성론	한국사는 외세의 간섭에 의해 타율적으로 전개 → 임나일본부설, 반도성론
정체성론	한국 사회는 사회·경제 구조에서 내재적 발전 없이 고대 사회 단계에 머물러 있음
당파성론	한국 사회의 오랜 당파(붕당) 싸움은 분열성이 강한 민족성에서 기인한다고 봄

▲ 일제의 식민 사관

조선어 연구회(1921)
주시경의 국문 연구소의 전통을 계승하여 창립된 조선어 연구회는 잡지 '한글'을 간행하고, '가갸날(한글날)'을 제정하였으며, 조선어 학회로 확대·개편되었다.

우리말 큰사전

조선어 학회를 독립운동 단체로 여긴 일제의 탄압으로 광복 이후에 편찬되었다.

영화 '아리랑'

1926년 10월 1일, 당시 단성사에서 개봉된 '아리랑'은 당시로는 상상도 할 수 없는 항일 민족 정신을 주제로 하였기 때문에 민중들로부터 큰 호응을 얻었다.

▲ 손기정 선수의 일장기 삭제 사진

주입(注入) : 어떤 사상이나 지식 등을 일방적으로 불어 넣음
애환(哀歡) : 슬픔과 기쁨

V. 일제의 강점과 민족 운동의 전개

제3장 일제 강점기 국외 독립운동

1 1920년대 무장 독립 전쟁

1. 봉오동 전투와 청산리 대첩

봉오동 전투 (1920)	• 부대 : 대한 독립군(홍범도 장군) 중심의 독립군 연합 부대 • 전개 : 독립군의 국내 진입 작전 → 일본군이 두만강 이북의 독립군 추격 → 일본군을 봉오동으로 유인하여 승리 • 의의 : 독립군 세력이 더욱 커지는 계기가 됨
청산리 대첩 (1920)	• 부대 : 김좌진 장군이 이끄는 북로 군정서군과 대한 독립군 등의 연합 부대 • 전개 : 청산리 일대에서 독립군이 6일 동안 10여 차례의 전투 끝에 승리 • 의의 : 우리 민족의 독립 전쟁 중 가장 큰 승리를 거둠

▲ 홍범도 장군

▲ 봉오동 전투와 청산리 대첩

2. 독립군의 시련

(1) 간도 참변
① 일제의 만행 : 봉오동 전투와 청산리 대첩에서 패배한 일본군이 간도의 한인촌을 습격하여 막대한 피해가 발생하였다.
② 대한 독립군단(1920) : 간도 참변 이후 독립군 주력 부대가 밀산부로 이동하여 서일을 총재로 대한 독립군단을 조직하였고, 러시아의 자유시로 이동하였다.

(2) 자유시 참변(1921) : 자유시의 독립군 통합 과정에서 지휘권 분쟁이 발생하자 러시아 적군은 지휘권 양도를 거부하는 한인 부대를 공격하였고 수많은 독립군이 희생되었다.

간도 참변
1920년 10월부터 11월까지 두 달 사이에 일본군에 의해 약 3,600여 명이 학살되고, 수천 개의 가옥·학교·교회 등이 불에 타는 등 한인들이 큰 피해를 입었다.

2 1930년대 무장 독립 전쟁

1. 만주의 항일 무장 투쟁

(1) 배경 : 만주 사변(1931)으로 중국 내 반일 감정이 커지면서 한국인과 중국인의 항일 연합 전선이 형성되었다.

(2) 한·중 연합 작전

한국 독립군 (지청천 지휘)	중국 호로군과 연합 작전 전개, 쌍성보 전투·사도하자 전투·대전자령 전투 등에서 일본군 격파
조선 혁명군 (양세봉 지휘)	중국 의용군과 연합 작전 전개, 영릉가 전투·흥경성 전투 등에서 일본군 격파

2. 중국 관내의 항일 무장 투쟁

(1) 민족 혁명당(1935) : 김원봉의 주도로 의열단, 한국 독립당, 조선 혁명당 등이 모여 결성하였다.
(2) 한국 국민당(1935) : 김구 등 대한민국 임시 정부 중심의 민족주의 세력이 조직하였다.
(3) 조선 의용대(1938)
① 김원봉 등이 중국 정부의 지원을 받아 중국 우한에서 결성하였다.
② 화북으로 이동(조선 의용대 화북 지대)한 뒤 조선 의용군으로 개편되었고(1942), 일부는 한국광복군에 합류하였다(1942).
③ 대한민국 임시 정부의 산하 부대인 한국광복군의 군사력이 강화되는 배경이 되었다.

▲ 1930년대 만주와 연해주의 독립군 부대

3 1940년대 무장 독립 전쟁

1. 대한민국 임시 정부의 재정비

(1) 이동 : 중국 국민당 정부를 따라 이동하다가 충칭에 정착하였다(1940).

(2) 한국 독립당 결성(1940) : 민족주의 계열의 한국 국민당(김구), 한국 독립당(조소앙), 조선 혁명당(지청천)을 통합하여 결성하였으며, 대한민국 임시 정부의 집권당 역할을 하였다.

(3) 주석제 개헌 : 주석 중심의 단일 지도 체제를 마련하여 김구를 주석으로 선출하였다(1940).

(4) 한국광복군 창설(1940) : 지청천을 총사령관으로 창설되었다.

대일 선전 포고(1941)	태평양 전쟁 발발 직후 대일 선전 포고 → 연합군의 일원으로 참여
영국군과 연합 작전(1943)	영국의 요청에 따라 인도·미얀마 전선에 공작대 파견
국내 진공 작전 추진 (1945)	중국 주둔 미군 전략 정보국(OSS)와 협력하여 국내 정진군의 특수 훈련 실시 → 국내 진공 작전 계획 → 일제의 항복으로 무산됨

(5) 건국 강령 공포(1941) : 보통 선거를 통한 민주 공화국 수립과 삼균주의를 규정하였다.

한국광복군의 활약

대한민국 임시 정부는 한국광복군을 창설하여 영국, 미국, 중국 등의 연합군과 독립 전쟁을 전개하였고, 인도·미얀마 전선에 파견되어 대일 전투에 참여하였습니다. 또한 미군과 국내 진공 작전을 계획하였으나 실행하지 못하였습니다.

▲ 인도·버마(미얀마) 전선에 파견된 한국광복군 대원

▲ 한국광복군 총사령부

▲ 한국광복군 창설 기념회

대한민국 임시 정부의 건국 강령(1941)

제3장 건국
2. 삼균제도를 골자로 한 헌법을 실행하여 정치와 경제와 교육의 민주적 실시로 실제상 균형을 도모하며, 전국의 토지와 대생산 기관의 국유화가 완성되고 전국 학령 아동의 전수가 고급 교육의 무상 교육이 완성되고 보통 선거 제도가 구속 없이 완전히 실시되어 …… 극빈 계급의 물질과 정신상 생활 정도와 문화 수준이 최고 보장되는 과정을 건국의 제2기라 함.

해설 ▶ 1919년 중국 상하이에서 수립된 대한민국 임시 정부는 1932년부터 이동을 시작하였으며, 1937년 중·일 전쟁이 발발하자 중국 내륙으로 거듭 이동하였습니다. 이후 충칭에 정착한 대한민국 임시 정부는 삼균주의에 바탕을 둔 건국 강령을 공포하는 등 광복과 건국을 위한 준비에 매진하였습니다.

2. 조선 독립 동맹

결성	중국 옌안에서 사회주의 계열 독립운동가들이 결성(1942), 김두봉 주도
강령	보통 선거에 의한 민주 공화국 수립 등
군사 조직	조선 의용군을 산하에 둠

한국 광복군	대한민국 임시 정부의 산하 부대 → 대일 선전 포고, 영국군과 연합 작전, 국내 진공 작전 추진
조선 의용군	조선 독립 동맹의 산하 부대

▲ 1940년대 무장 투쟁

삼균주의
조소앙이 주장한 이념으로 정치·경제·교육 각 분야에서 국민의 균등한 권리를 강조하였다.

대한민국 임시 정부의 이동과 건국 준비 활동

1940년대에 국외에서는 충칭의 대한민국 임시 정부와 옌안의 조선 독립 동맹이, 국내에서는 조선 건국 동맹 등이 건국 준비를 하고 있었다.

용어풀이

진공(進攻) : 나아가 공격함
산하(傘下) : 어떤 인물이나 조직의 통제나 보호 아래

V. 일제의 강점과 민족 운동의 전개

제4장 일제 강점기 사람들은 어떻게 살았을까?

1 일제 강점기 사람들의 생활 모습

1. 일제 강점기 도시의 발전
(1) 도시로 발전한 곳 : 쌀과 면화를 수출하는 항구와 교통의 중심지, 일본군이 주둔하는 곳, 공장이 세워진 곳 등을 중심으로 도시가 발전하였다.
(2) 시설 확충 : 일본인이 많이 사는 곳을 도시로 지정하여 상하수도를 정비하고 의료 시설을 확충하였다.
(3) 철도 개통
① 전국을 연결하는 철도는 생활을 크게 변화시켰는데, 사람들은 철도를 이용하여 먼 거리를 빠르게 오갈 수 있어 생활권이 넓어졌다.
② 일제가 한국의 자원과 노동력을 더욱 효율적으로 수탈하고, 나아가 식민 지배를 더욱 강화하기 위한 수단으로 이용되었다.

▲ 1920년대 충무로

▲ 1920년대 청계천 목조 건물

도시 변두리의 토막집

가난한 사람들은 다리 밑, 제방 등에 거적을 두른 토막집을 짓고 살았다.

2. 일제 강점기 사람들의 생활 모습
(1) 도시 중심가의 생활 모습(일본인 및 친일 한국인의 생활)
① 일본인 및 친일 한국인들의 거주 지역을 중심으로 상가가 조성되었다.
② 건물 내에 화장실과 목욕탕을 갖춘 신식 주택에서 거주하였다.
③ 도심에는 백화점이나 영화관, 양복점, 음식점 등이 들어섰다.
④ 일본인 및 친일 한국인 자녀들은 서양식 교복을 입고 새로 지어진 학교에서 공부하였다.
⑤ 새로운 문물의 혜택은 대부분 일본인과 친일 한국인만 누렸다.

(2) 도시 변두리의 생활 모습(한국인의 생활)
① 중심부에 살던 우리나라 사람들은 변두리로 쫓겨났고, 도시 발전의 혜택을 누리지 못하였다.
② 대부분의 한국인은 가난한 사람들이 많아 도시 변두리나 하천변의 토막집에서 어렵게 살아갔으며, 한국의 도시는 식민 도시로서의 전형적인 모습을 갖추고 있었다.
③ 일본인이 경영하는 공장이나 회사의 열악한 환경 속에서 적은 임금을 받으며 하루 12시간이 넘는 고된 일을 하였다.
④ 일자리를 구할 수 없어 날품을 팔거나 구걸로 먹고 살았다.
⑤ 농민들은 만주에서 들어온 질 낮은 잡곡을 먹고, 보릿고개가 되면 풀뿌리나 나무껍질 등으로 힘겹게 살아갔다.

일제 강점기 의복

일제 강점기에는 일상생활의 모습에도 큰 변화가 나타났다. 먼저 옷차림에서 양복이 점차 보급되었다. 또한 한복과 양복을 조화시킨 조끼를 입거나 한복에 모자나 구두를 착용하는 사람도 많아졌다. 그리고 단발머리에 양장을 한 신여성도 등장하였다. 전시 체제에서는 남성들은 국민복을, 여성들은 '몸뻬'라는 바지를 입도록 강요당하였다.

▲ 몸뻬를 입은 여성

2 국외 이주 동포의 생활

1. 만주
(1) 형성 배경
① 만주에는 1860년대 이래 한국인들이 많이 이주하여 한인 사회가 형성되었는데, 초기에는 경제적 어려움 때문에 이주한 농민들이 대부분으로, 황무지를 개간하여 벼농사를 지었다.
② 국권을 상실한 후에는 무장 투쟁론을 지지한 사람들 대부분이 만주로 넘어와서 독립군 기지 건설에 주력하였으며, 토지 조사 사업으로 땅을 잃은 농민들도 대거 이주하였다.

🔍 **용어풀이**
이주(移住) : 거주지를 다른 곳으로 옮겨서 삶

(2) 시련
① 1920년대부터 만주가 독립군 활동의 주요 지역이 되면서 일제의 탄압이 본격화되었다.
② 간도 참변(1920), 미쓰야 협정(1925), 만보산 사건(1931) 등을 겪으면서 한국인의 활동이 크게 위축되었다.
③ 만주 사변 이후 일제가 만주 개발을 위해 우리 농민들의 대규모 이주를 추진하면서 만주의 한국인 수가 크게 증가하는 모습을 보였다.

2. 연해주
(1) 형성 배경
① 러시아 정부가 연해주 지역 개척을 위해 한국인의 이주를 허용하고 장려함으로써 19세기 후반부터 연해주를 중심으로 한인 집단촌(신한촌)이 형성되었다.
② 한인 사회를 기반으로 1911년에 자치 단체이자 독립운동 단체인 권업회가 조직되었고, 더 나아가 대한 광복군 정부, 대한 국민 의회 등의 정부가 수립되기도 하였다.

(2) 시련
① 1921년 소련 적군 등이 자유시에 모인 독립군을 학살한 자유시 참변으로 독립운동이 크게 약화되었다.
② 중·일 전쟁을 계기로 소련과 일본과의 전쟁 분위기가 높아졌다.
③ 스탈린은 일본과 전쟁이 일어나면 한국인들이 일본을 지원할 것이라고 판단하고, 1937년에 연해주 지역의 한국인들을 중앙아시아로 강제 이주시켰다.
④ 당시 이주된 한국인은 17만 명에 달하였고, 이 가운데 1만 명은 중간에 목숨을 잃었다.

3. 일본
(1) 형성 배경
① 초기에는 서구와 일본의 문물을 배우기 위해 유학생의 이주가 두드러졌는데, 1910년 이후 일본 기업에 취직하기 위해 넘어온 산업 노동자의 수가 크게 늘어났다.
② 일본의 동포들은 국내의 독립운동 세력들과 연대하여 민족 운동을 전개하였으며, 특히 도쿄 유학생들을 중심으로 2·8 독립 선언서가 발표되기도 하였다.

(2) 시련
① 1923년 관동 대지진이 일어나자 일본 정부는 한국인들이 집을 방화하였다거나 우물에 독을 넣었다는 낭설을 퍼뜨려 사회 불안의 원인을 한국인의 탓으로 돌렸다.
② 이에 많은 한국인들이 일본 군대와 경찰, 민간인에게 학살당하였다(관동 대학살).

4. 미주 지역
(1) 형성 배경
① 미주로의 이주는 1902년부터 1905년까지 약 7천 명의 한국인이 하와이 사탕수수 농장에서 일하기 위해 떠난 것으로 시작되었다.
② 1905년에는 멕시코 지역으로 1천여 명의 노동자가 떠났으며, 이들은 저임금과 고된 노동에 시달려야 했다
③ 사진 결혼을 통한 여성 이민도 증가하였다.
(2) 생활 : 미주 지역의 한인들은 재정적으로 독립운동을 지원하거나 구미 위원부를 중심으로 하는 외교 활동을 통해 일제 식민 지배의 부당성을 폭로하였다.

간도 참변(1920)
3·1 운동을 계기로 만주 지방에서 활발하게 전개된 독립군 운동을 억누르기 위해 1920년 만주에서 죄 없는 한국인을 대량으로 학살한 사건이다.

미쓰야 협정(1925)
1925년 일본의 미쓰야 미야마쓰와 중화민국 둥베이(만주)의 군벌 장쭤린 사이에 비밀리에 체결된 협약이다. 이 협약으로 만주 내 우리 민족의 항일 독립운동이 크게 위축되었다.

만보산 사건
일본이 이간질하여 한국인과 중국 농민들 사이에 충돌이 일어난 사건이다.

▲ 소련에 의한 한국인의 중앙아시아 강제 이주

사진 결혼
하와이에 이주한 청년의 사진만 보고 한국 여성들이 건너가 결혼하던 풍속이다.

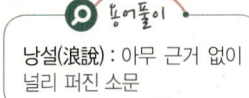
낭설(浪說) : 아무 근거 없이 널리 퍼진 소문

VI

대한민국의 발전과 현대 세계의 변화

---

01 8·15 광복과 국토의 분단
02 6·25 전쟁과 전후 복구 사업
03 민주주의의 시련과 발전
04 북한 정권의 성립과 현재
05 통일을 위한 노력
06 광복 이후 우리 삶의 변화

VI. 대한민국의 발전과 현대 세계의 변화

제1장 8·15 광복과 국토의 분단

카이로 회담(1943. 11.)
연합국인 미국, 영국, 중국의 대표가 이집트 카이로에 모여 적당한 시기에 한국을 독립시킬 것을 약속하였다.

포츠담 회의(1945. 7.)
미국, 영국, 중국, 소련의 4개국 지도자들이 독일의 포츠담에 모여 우리나라의 독립을 재확인하였다.

▲ 광복의 기쁨

▲ 38도선

▲ 대한민국 임시 정부 요인의 귀국 기념사진(1945.12.3.)

1 8·15 광복

1. 8·15 광복과 한반도의 상황

(1) 8·15 광복과 미·소의 한반도 분할 점령
  ① 국제 사회에서 카이로 회담과 포츠담 회의를 통해 한국의 독립을 약속하였다.
  ② 제2차 세계 대전에서 연합국이 승리하고 일본이 패망함에 따라 우리나라는 광복을 맞이하였다.
  ③ 미국은 소련의 한반도 단독 점령을 막기 위해 38도선을 경계로 한반도를 각각 분할 점령할 것을 제의하였고, 소련은 이를 수용하였다.
  ④ 38도선을 기준으로 남쪽에는 미군이, 북쪽에는 소련군이 주둔하여 한반도는 남과 북으로 갈라지게 되었다.

(2) 미·소군정의 실시
  ① 미국과 소련은 각각 군정을 실시하며 자기 나라에 우호적인 정부를 수립하려고 노력하였다.
  ② 1945년 9월 미군은 조선 총독부로부터 통치권을 넘겨받고, 3년 동안 38도선 이남 지역을 직접 통치하였다.
  ③ 소련군은 38도선 이북 지역을 장악하고, 공산주의 세력을 적극 후원하였다.

(3) 조선 건국 준비 위원회의 활동
  ① 광복 이후 국내외의 여러 정치 세력들은 새로운 정부를 수립하기 위해 노력하였다.
  ② 여운형은 일본이 항복하기 직전 조선 총독부와의 협상을 통해 일부 행정권의 이양을 약속받고, 조선 건국 준비 위원회를 결성하여 활동하였다.

> **여운형이 조선 총독에게 요구한 5개 조항**
> 1. 전국적으로 정치범, 경제범을 즉시 석방할 것 : 독립운동가 석방
> 2. 서울의 3개월분 식량을 확보할 것 : 시민들의 생활 보장
> 3. 치안 유지와 건국 운동을 위한 정치 운동에 대하여 절대로 간섭하지 말 것.
> 4. 학생과 청년을 조직, 훈련하는 데 대하여 간섭하지 말 것.
> 5. 노동자와 농민을 건국 사업에 동원하는 데 절대로 간섭하지 말 것.
>
> ▶ 여운형은 해방 뒤의 혼란한 정국을 예상하고 빠르게 제대로 된 독립 국가를 이루기 위해 조선 총독에게 위와 같은 요구를 제시하였습니다.

  ③ 한국 민주당은 대한민국 임시 정부를 지지하며 미군정과 긴밀한 관계를 유지하였다.
  ④ 미국에서 귀국한 이승만은 독립 촉성 중앙 협의회를 조직하였고, 김구는 한국 독립당을 중심으로 활동하였다.

2 대한민국 정부의 수립

1. 통일 정부 수립을 위한 노력

(1) 모스크바 3국 외상 회의와 신탁 통치 문제
  ① 1945년 12월 미국, 영국, 소련의 외무장관은 모스크바에 모여 제2차 세계 대전의 전후 처리 문제를 논의하면서, 한국의 독립 문제도 협의하였다.

용어풀이
군정(軍政) : 군이 나라를 임시로 다스리는 것
이양(移讓) : 양보하고 넘겨줌
신탁(信託) : 믿고 맡김

② 한국의 임시 민주 정부 수립과 이를 돕기 위한 미·소 공동 위원회의 개최, 최고 5년 간의 신탁 통치 실시 등이 결정되었다.

모스크바 3국 외상 회의의 주요 결정 내용

1. 한국 민주 임시 정부를 수립한다.
2. 한국 민주 임시 정부의 수립을 위해 미·소 점령군 사령부의 대표들로 구성되는 공동위원회를 설치한다. 이 위원회는 한국의 민주주의 정당 및 사회단체와 협의한다.
3. 공동위원회의 제안은 한국 임시 정부와의 협의 아래 미·영·중·소 4개국의 최대 5년간에 걸친 한국 신탁 통치안을 작성하여 4개국의 공동심의에 회부한다.
4. 미·소 점령군 사령부의 대표로 구성되는 회의를 2주 안에 개최한다.

▶ 모스크바 3국 외상 회의에서 신탁 통치가 결정되었고, 신탁 통치에 대한 입장 차이로 좌익 세력 간의 이념 대립이 극심해졌습니다.

③ 김구, 이승만, 한국 민주당 등 우익 세력은 즉시 신탁 통치 반대 운동을 전개하였다.
④ 조선 공산당 등 좌익 세력도 초기에는 신탁 통치에 반대하였으나 이후 찬성 입장으로 바꾸었다.
⑤ 우익 세력과 좌익 세력 간의 대립과 충돌이 점차 심해졌다.

신탁 통치 반대 국민 총동원 위원회 성명서(1946. 1. 12.)

카이로·포츠담 선언과 국제 헌장으로 세계에 공약한 한국의 독립은 이번에 모스크바에서 열린 3국 외상 회의의 신탁 관리 결의로써 수포로 돌아갔으니, 다시 우리 3000만은 영예로운 피로써 자주독립을 이루지 않으면 안 될 단계에 들어섰다. 동포여! …… 3000만의 모든 힘을 발휘하여 신탁 관리제를 배격하는 국민 운동을 전개하자. 그리고 완전한 자주독립국을 이루는 날까지 3000만 전 민족은 최후의 피한방울이 다하도록 항쟁할 것을 선언한다.

▶ 신탁 통치 반대 국민 총동원 위원회는 1945년 임시 정부 진영 주도로 신탁 통치 반대를 표방하여 결성된 대중 단체였고, 조직적인 신탁 통치 반대 운동을 펼쳤습니다.

(2) **미·소 공동 위원회**
① 1946년 3월 서울에서 열린 제1차 미·소 공동 위원회에서 임시 정부 수립 문제에 대해 논의하였는데, 임시 정부 구성 논의에 참여할 정당과 사회 단체의 자격 문제를 놓고 대립하였다.
② 소련은 모스크바 3국 외상 회의의 결정을 반대하는 세력의 참여를 반대하였고, 미국은 참여를 원하는 모든 단체를 협의의 대상으로 해야 한다고 주장하였다.
③ 결국 제1차 미·소 공동 위원회는 결렬되었다.

(3) **좌우 합작 운동**
① 남한에서 이승만을 중심으로 단독 정부 수립을 주장하였다.
② 여운형과 김규식을 비롯한 중도 세력들은 통일 정부를 수립하기 위해 좌우 합작 운동을 전개하였다.
③ 좌·우익이 대립하는 가운데 여운형이 암살되자 좌우 합작 운동은 막을 내렸다.

(4) **국제 연합의 한반도 문제 논의**
① 1947년에 열린 제2차 미·소 공동 위원회에서도 뚜렷한 결실을 맺지 못하자 한반도 문제를 국제 연합에서 논의하기로 하였다.
② 국제 연합에서는 남북한 총선거를 통해 한국에 통일 정부를 수립하도록 결정하였다.
③ 북한과 소련은 국제 연합의 결정에 반발하였고, 결국 선거가 가능한 지역에서라도 총선거를 실시하도록 결정하였다.

(5) **남북 협상의 추진**
① 이승만과 한국 민주당은 남한만의 총선거 실시 결정을 환영하였다.

▲ 신탁 통치 반대 집회

▲ 모스크바 3국 외상 회의 결정 지지 집회

제1차 미·소 공동 위원회
1946년 1월 16일에 예비 회담을 가진 후, 3월 20일 서울 덕수궁에서 회의를 개최하였다.

용어풀이
우익(右翼): 보수주의적이거나 온건주의적 경향을 지님
좌익(左翼): 급진적이거나 사회주의적·공산주의적 경향을 지님

제1장 8·15 광복과 국토의 분단

② 남북이 분단될 위기에 처하자 김구와 김규식 등은 북한과의 협상을 통해 통일 정부를 수립하기 위해 노력하였다.
③ 냉전이 심화되고 김구가 암살되면서 남북 협상은 결국 실패하였다.

> **김구 '삼천만 동포에게 읍고함'(1948. 2. 10.)**
>
> 나는 통일된 조국을 건설하려다가 38선을 베고 쓰러질지언정 일신의 구차한 안일을 취하여 단독 정부를 세우는 데는 협력하지 아니하겠다. 나는 내 생전에 38선 이북에 가고 싶다. 그쪽 동포들도 제 집을 찾아가는 것을 보고서 죽고 싶다.

▶ 이승만과 한국 민주당 세력 등에 의해 단독 정부 수립의 가능성이 높아지자, 이에 저항하는 의미로 남북 회담을 제안하며 김구가 발표하였습니다.

2. 대한민국 정부의 수립

(1) 단독 정부 수립을 둘러싼 남한 사회의 갈등
 ① 남과 북에 이념이 다른 서로 적대적인 두 개의 정부가 수립될 상황에서 국민들은 분노와 좌절을 하게 되었다.
 ② 단독 정부 수립을 위한 총선거가 5월 10일로 확정되자, 이에 반대하는 세력들이 무장 봉기를 하였다.
 ③ 대표적인 무장 봉기로 제주 4·3 사건과 여수·순천 10·19 사건이 있었다.

(2) 5·10 총선거와 대한민국 정부의 수립
 ① 전국 각지에서 발생한 단독 정부 수립 반대 운동에도 불구하고 1948년 5월 10일 남한만의 단독 정부를 수립하기 위한 총선거가 실시되었다.
 ② 5·10 총선거를 통해 구성된 제헌 국회에서는 헌법을 만들었다.
 ③ 이승만이 대통령으로 선출되고, 1948년 8월 15일 대한민국 정부가 수립되었다.

> **제헌 헌법(1948. 7. 17.)**
>
> 유구한 역사와 전통에 빛나는 우리들 대한 국민은 기미 삼일 운동으로 대한민국을 건립하여 세계에 선포한 위대한 독립 정신을 계승하여 …… 정당 또 자유로이 선거된 대표로서 구성된 국회에서 단기 4281년 7월 12일 이 헌법을 제정한다.
>
> 제1조 대한민국은 민주 공화국이다.
> 제53조 대통령과 부통령은 국회에서 무기명 투표로써 각각 선거한다.
> 제55조 대통령과 부통령의 임기는 4년으로 한다. 단, 재선에 의하여 1차 중임할 수 있다.

▶ 광복 이후 미군정 시기를 거쳐 1948년 5월 31일 198명의 국회의원으로 역사적인 제헌 국회가 구성되었습니다. 제헌 국회는 헌법 초안을 작성하였고, 7월 17일 서명·공포되어 그날로 발효되었습니다. 이날이 제헌절입니다.

(3) 친일파 청산을 위한 노력과 좌절
 ① 제헌 국회는 반민족 행위 특별 조사 위원회(반민 특위)를 설치하여 일제 강점기에 반민족 행위를 하였던 사람들을 조사하고 체포하였다.
 ② 이승만 정부는 반공을 더 중요하게 여겨 반민족 행위자 처벌이 제대로 이루어지지 못하였다.

(4) 농지 개혁의 실시
 ① 광복 이후 한국 경제의 가장 큰 문제이자 해결해야 할 과제는 토지 문제였다.
 ② 광복 당시 남한 주민의 대다수가 소작료로 어려움을 겪던 소작농이었기 때문이었다.
 ③ 정부는 1949년 6월 농지 개혁법을 제정하고 시행하였다.
 ④ 농지 개혁으로 지주 중심의 토지 소유가 폐지되고 농민 중심의 토지 소유가 실현되었다.

▲ 남북 협상을 위해 38도선을 넘는 김구

▲ 대한민국 정부의 수립

제주 4·3 사건
1948년 4월 3일 제주도의 좌익 세력이 무장 봉기를 하였다. 서로 간의 충돌로 인해 수만 명의 무고한 제주도민이 희생되었다.

여수·순천 10·19 사건
이승만 정부는 제주도에 대한 토벌을 강화하기 위해 여수·순천에 있는 군부대를 제주도로 파견하고자 하였다. 그러나 군부대 내의 일부 세력이 반란을 일으켰다.

농지 개혁법
한 가구당 3정보를 소유 상한으로 하고 그 이상의 토지는 국가가 유상 매입하여 소작농에게 유상 분배하는 방식을 말한다.

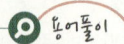

반공(反共) : 공산주의에 반대함
유상(有償) : 어떤 행위에 대하여 보상이 있음

Ⅵ. 대한민국의 발전과 현대 세계의 변화

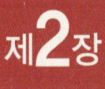

제2장 6·25 전쟁과 전후 복구 사업

1 6·25 전쟁의 전개

1. 6·25 전쟁의 배경

(1) 남북한의 상황
① 대한민국 정부 수립 이후 미군은 대부분의 병력을 남한에서 철수하였다.
② 북한은 조선 인민군을 창설한 이래 군사력을 지속적으로 강화하였고, 소련, 중국과 비밀 협정을 맺어 군사적 지원을 받았다.
③ 남한은 민주주의, 북한은 공산주의 이념을 가지고 있었기 때문에 서로 간의 불신과 갈등이 깊어 갔다.
④ 북한은 철저하게 전쟁을 준비하고 있었고, 소련과 중국의 지원을 받아 남한을 무력으로 공산화시키기 위해 전쟁을 일으켰다.

(2) 애치슨 선언 : 1950년 1월 한반도와 타이완을 미국의 태평양 방위선에서 제외한다는 내용이 담긴 애치슨 선언이 발표되었다.

애치슨 라인

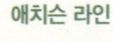

미국의 국무장관 애치슨은 태평양에서의 미국의 방위선을 '알류산 열도–일본–오키나와–필리핀'을 연결하는 선으로 정한다고 선언하였다. 방위선에는 한국이 빠져있다.

2. 6·25 전쟁의 전개 과정

날짜	전개 과정
1950년 6월 25일	선전 포고도 없이 북한은 갑자기 남침을 강행하였음, 국군은 3일 만에 서울을 빼앗기고 낙동강 유역까지 후퇴하였음
1950년 7월 1일	미국을 비롯한 16개국의 연합군이 참전하였음
1950년 9월 15일	국군과 국제 연합군이 인천 상륙 작전을 실시함
1950년 9월 28일	서울을 되찾고, 계속 북진하여 38도선을 돌파(10.1.)하고 압록강 유역까지 진출하였음
1950년 10월 25일	북한을 지원하는 중국군이 참전하였음
1951년 1월 4일	압록강까지 올라갔던 국군과 국제 연합군은 중국군의 공세에 밀려 결국 서울에서 철수하였음(1·4 후퇴)
1951년~1953년	그 후 서울은 되찾았으나 38도선 부근에서 치열한 전투가 지속되었음
1953년 7월 27일	국제 연합군과 중국군 및 북한군 간의 휴전 협정이 체결되었음

구분	한국군	북한군
병력	105,752명	198,380명
탱크	0대	242대
야포	91문	728문
함정	71척	110척
비행기	22대	211대

▲ 6·25 전쟁 직전 남북한의 군사력

①
▲ 북한군 남침

②
▲ 서울 수복

③
▲ 인천 상륙 작전

④
▲ 중국군 개입

⑤
▲ 1·4 후퇴

⑥
▲ 휴전 협정 체결

▲ 6·25 전쟁의 전개 과정

제2장 6·25 전쟁과 전후 복구 사업

피란민에 대한 종군 기자의 기록

새벽부터 대구 역전 광장에는 노인, 여자, 아이, 또 상이군인 등이 초라하게 무리를 지어 다음 열차를 기다리고 있다. 그런데 아무도 열차가 언제 도착할지, 또 열차편이 있기나 한지 장담하지 못한다. 내 눈은 이미 이 거대한 궁지에서 매일 되풀이되는 구경거리에 무뎌졌다. 하지만 감당하기 어려운 피란으로 바짝 마른 아이들의 얼굴, 포기한 군중을 플랫폼에 남기고 만원 열차가 떠난 뒤, 이제 곧 다시 길을 걷다 탈진해 버릴지 모르는 말없는 가족들을 보면 가슴이 미어진다.

— 세르주 브롱베르제 엮음, "한국 전쟁 통신" —

▶ "한국 전쟁 통신"은 전쟁 발발 당일에서부터 중국군 개입과 1·4 후퇴, 그리고 1951년 3월 서울을 재탈환하기까지 네 명의 프랑스 종군기자들이 야전에서 발로 뛰며 작성한 기사들을 한데 묶은 책입니다. 위의 기록에서 전쟁 당시 피란민들의 고통이 그대로 전해지고 있습니다.

2 6·25 전쟁의 영향과 전후 복구

1. 6·25 전쟁의 결과 [중요]

(1) 전쟁의 피해와 상처
① 수백만 명의 군인, 민간인 사상자를 비롯해 수많은 전쟁고아와 이산가족이 생겼다.
② 국토가 거의 초토화되어 수많은 주택, 농지, 학교, 공장, 발전 시설 등이 파괴되었다.

(2) 전쟁의 영향
① 농업 생산량과 공업 생산량이 크게 줄어들어 식량과 생필품 부족에 시달리게 되었다.
② 남북한 간의 적대감이 커져 무력 통일을 주장하면서 대립을 하였다.
③ 미국의 경제·군사 원조와 더불어 서양의 대중문화가 들어왔으며, 우리의 전통적인 가치 규범이 무너지는 현상이 나타났다.

(3) 전후 복구 사업
① 전쟁 이후 남한 정부는 미국과의 동맹 관계를 강화하여 한·미 상호 방위 조약을 체결하였다(1953).
② 1950년대 미국의 경제 원조를 통해 식량 부족 문제가 완화되고 전후 복구와 경제 성장의 원동력이 되었으나, 농촌의 실업률이 높아지고 이농을 촉진하는 주요 원인이 되기도 하였다.

▲ 폐허가 된 중앙청 앞

통일 조선 신문 발표 인명 피해 현황

민간인	남한	990,995명
	북한	2,680,000원
군인	남한군	988,403명
	북한군	611,206명
	국제 연합군	157,827명
	중국군	921,836명

통일 조선 신문은 일본에서 동포들을 대상으로 발행된 신문이다.

학도병의 편지

1950년 8월 10일 목요일 쾌청

어머니 나는 사람을 죽였습니다. 수류탄이라는 무서운 폭발 무기를 던져 일순간에 죽이고 말았습니다. 수류탄의 폭음은 나의 고막을 찢어 버렸습니다. 지금 이 글을 쓰고 있는 순간에도 귓속에는 무서운 굉음으로 가득 차 있습니다. 아무리 적이지만 그들도 사람이라고 생각하니, 더욱이 같은 언어와 같은 피를 나눈 동족이라고 생각하니 가슴이 답답하고 무겁습니다. 지금 내 옆에서는 수많은 학우들이 죽음을 기다리는 듯 적이 덤벼들 것을 기다리며 뜨거운 햇빛 아래 엎드려 있습니다. 적은 침묵을 지키고 있습니다. 언제 다시 덤벼들지 모릅니다. 적병은 너무나 많습니다. 우리는 겨우 71명입니다. 이제 어떻게 될 것인가를 생각하면 무섭습니다. 어머니, 어쩌면 제가 오늘 죽을지도 모릅니다. 저 많은 적들이 그냥 물러갈 것 같지는 않으니까 말입니다. 어머니, 죽음이 무서운 게 아니라, 어머님도 형제들도 못 만난다고 생각하니 무서워지는 것입니다.

하지만 저는 살아가겠습니다. 꼭 살아서 가겠습니다. 어머니, 이제 겨우 마음이 안정이 되는군요. 어머니, 저는 꼭 살아서 다시 어머님 곁으로 가겠습니다. 상추쌈이 먹고 싶습니다. 찬 옹달샘에서 이가 시리도록 차가운 냉수를 한없이 들이켜고 싶습니다. 아! 놈들이 다가오고 있습니다. 다시 또 쓰겠습니다. 어머니 안녕! 안녕! 아, 안녕은 아닙니다.

다시 쓸 테니까요… 그럼.

— 서울 동성중학교 3학년 학도병 이우근 —

▶ 제3사단 소속 이우근 학도병은 1950년 8월 10일 전투에서 숨지고 맙니다. 그리고 그의 군복 주머니에서 한 통의 편지가 발견되었습니다. 이우근 학도병이 전투가 잠시 소강 상태에 들었을 때 급히 써내려 간 편지입니다. 다시 어머니께 편지를 쓰겠다고 했던 이우근 학도병이 쓴 처음이자 마지막 편지입니다.

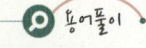

야전(野戰): 산이나 들 등 야외에서 벌이는 전투
이농(離農): 농민이 농사일을 그만두고 농촌을 떠남

VI. 대한민국의 발전과 현대 세계의 변화

제3장 민주주의의 시련과 발전

1 4·19 혁명(1960)

1. 배경

(1) 이승만 정권의 독재 : 이승만 정부는 권위주의적인 통치 방식과 고위 관직자들의 부정부패로 인하여 국민들의 지지를 잃었다.

(2) 3·15 부정 선거
 ① 1960년 3월 15일 대통령 및 부통령 선거가 실시되었고, 여당인 자유당의 부통령 후보였던 이기붕을 당선시키기 위해 대대적인 부정 선거를 저질렀다.
 ② 국민들은 마산, 광주, 서울 등에서 부정 선거 무효 시위를 하였고, 정부에 대한 반감은 더욱 커졌다.

▲ 3·15 부정 선거에 항의하는 학생들

2. 전개와 결과

(1) 전개 과정

날짜	전개 과정
4월 11일	마산에서 3·15 부정 선거 시위에 참여했다가 실종된 김주열의 시신이 발견되자 시민들의 분노가 폭발하였음
4월 19일	전국에서 시민과 학생들은 대대적인 시위를 전개하였음
4월 25일	서울 시내의 대학 교수들도 시위에 참여하였음
4월 26일	국민들의 요구에 따라 이승만 대통령이 자리에서 물러났고, 얼마 뒤 미국 하와이로 망명함

▲ 4·19 혁명에 참여한 대학 교수들

> **이승만 대통령 하야 발표(1960. 4. 26.)**
>
> 나는 해방 후 본국에 돌아와서 우리 여러 애국 애족하는 동포들과 더불어 잘 지내왔으니 이제는 세상을 떠나도 한이 없으나, 나는 무엇이든지 국민이 원하는 것만이 있다면 민의를 따라서 하고자 하는 것이며 또 그렇게 하기를 원했던 것이다. 보고를 들으면 우리 사랑하는 청소년 학도들을 위시해 우리 애국 애족하는 동포들이 내게 몇 가지 결심을 요구하고 있다 하니 …… 국민이 원하는 대통령직을 사임하겠다.
>
> ▶ 1948년 건국 이래 12년 동안 장기 집권한 이승만 대통령은 결국 하야 성명을 발표하고 다음날 대통령 사직서를 국회에 제출하였으며 사흘 후 극비리에 하와이로 망명을 떠났습니다.

(2) 결과 : 이승만 대통령이 물러나고 자유당 정권이 무너졌으며, 7월 29일 총선거를 통해 대통령에 윤보선, 국무총리에 장면을 선출하였고, 제2공화국이 수립되었다.

(3) 의의 : 학생이 주도하고 시민이 적극 참여하여 독재 정권을 타도한 민주주의 혁명으로, 이후 우리나라 민주주의 발전에 중요한 토대가 되었다.

2 5·16 군사 정변과 박정희 정부

1. 5·16 군사 정변

(1) 배경
 ① 민주당이 분열되고 4·19 혁명의 이념이 제대로 실현되지 못하자 장면 정권의 개혁에 대해 국민들의 불만이 커졌다.

5·16 군사 정변의 주역들

가운데 있는 인물이 박정희 육군 소장이다.

용어풀이

독재(獨裁) : 모든 권력을 차지하여 모든 일을 독단으로 처리함

하야(下野) : 관직이나 정계에서 물러남

제3장 민주주의의 시련과 발전

② 장면 정부가 경제 개발 자금을 마련하기 위해 군대를 축소하려 하자 일부 군인 세력이 불만을 가졌다.

(2) 전개 과정
① 1961년 5월 16일 새벽 박정희를 중심으로 정부의 무능과 사회 혼란을 구실로 군사 정변을 일으켜 정권을 장악하였다.
② 박정희를 의장으로 한 국가 재건 최고 회의를 구성하여 군정을 실시하였다.

2. 박정희 정부

(1) 박정희 정부의 정책
① 1963년 12월 17일 제3공화국의 대통령으로 취임하였다.
② 경제 개발 자금을 마련하기 위해 한·일 협정을 체결하였다(1965).
③ 미국이 베트남전에 파병을 요청하자 1964년부터 1973년까지 베트남에 우리 군대를 파병하였다.
④ 베트남 파병의 대가로 미국으로부터의 받은 경제적 지원은 한국 경제가 고속 성장할 수 있는 발판을 마련하였으나, 많은 병사들이 죽거나 다쳤다.

▲ 한·일 회담 반대 시위

통일 주체 국민 회의

유신 헌법에 따라 구성된 간접 민주주의 기관이다. 국회의원의 1/3을 임명할 수 있는 권한이 주어졌다.

(2) 10월 유신과 반독재 투쟁
① 박정희 정부는 장기 독재 체제를 구축하기 위해 1972년 10월 비상계엄을 선포하고, 유신 헌법을 만들었다(10월 유신).
② 박정희 정부 시기에는 경제 발전을 위해 힘썼으나, 민주주의는 크게 발전하지 못하였다.
③ 1979년 10월 부산과 마산에서 유신 체제에 저항하는 시위가 발생하였고(부·마 항쟁), 시민이 동참하면서 시위가 확산되었다.
④ 이 사건의 처리 과정에서 권력자들 간의 갈등이 생겼고, 1979년 10월 박정희 대통령이 김재규가 쏜 총에 사망하였다(10·26 사태).

> **유신 헌법(1972. 12. 27.)**
>
> 제39조 대통령은 통일 주체 국민 회의에서 토론없이 무기명으로 선거한다.
> 제53조 대통령은 …… 신속한 조치를 할 필요가 있다고 판단할 때에는 내정, 외교, 국방, 경제, 재정, 사법 등 국정 전반에 걸쳐 필요한 긴급 조치를 할 수 있다.
> 제59조 대통령은 국회를 해산할 수 있다.
>
> ▶ 유신 헌법은 사실상 박정희 대통령의 장기 집권을 위한 개헌이었고, 국민의 기본권 침해, 권력 구조상에 있어 대통령의 권한이 커져 독재를 가능하게 한 헌법이었습니다.

3 민주화의 진전

1. 5·18 민주화 운동

(1) 배경
① 10·26 사태 이후 국무총리였던 최규하가 대통령에 취임하였으나 중앙 정치를 장악하지 못하였다.
② 1979년 12월 전두환, 노태우 등 신군부 세력이 쿠데타를 일으켜 군사권을 장악하였다 (12·12 사태).
③ 학생과 시민들은 신군부 퇴진, 유신 헌법 폐지 등을 요구하며 민주화 운동을 벌였다.
④ 신군부는 5월 17일 모든 정치 활동을 금지하였고, 계엄령을 전국으로 확대하였다.

(2) 전개 과정
① 1980년 5월 18일 전라남도 광주에서는 비상계엄 확대와 휴교령에 반대하는 시위가 일어났다.

▲ 5·18 민주화 운동

용어풀이

유신 헌법(維新憲法) : 대통령에게 입법, 사법, 행정권을 집중시킨 비민주적인 헌법

계엄(戒嚴) : 전쟁 등 국가의 비상 사태에 질서를 유지하기 위해 군대를 동원하는 것

② 정부는 시위를 막기 위해 군대를 투입하였고, 계엄군은 시민들을 무차별적으로 폭행하였다.
③ 시민들은 스스로 무장하고 시민군을 조직하여 이에 맞섰지만, 5월 27일 새벽 탱크와 헬기를 동원한 계엄군에 의해 진압당하였다.

> **광주 시민 궐기문(1980. 5. 25.)**
>
> 우리는 왜 총을 들 수밖에 없었는가? 그 대답은 너무나 간단합니다. 너무나 무자비한 만행을 더 이상 보고 있을 수만 없어서 너도나도 총을 들고 나섰던 것입니다. …… 아! 이럴 수가 있단 말입니까? 계엄 당국은 18일 오후부터 공수부대를 대량 투입하여 시내 곳곳에서 학생, 젊은이들에게 무차별 살상을 감행하였으니! …… 시민 여러분! 우리 시민군은 온갖 방해에도 불구하고 여러분의 안전을 끝까지 지킬 것입니다. 또한 협상이 올바른 방향으로 진행되면 우리는 즉각 총을 놓겠습니다. 민주 시민 여러분! 우리 시민군을 절대 믿어주시고 적극 협조해주시기 바랍니다. 감사합니다.
> – '신동아', 1990년 1월호 별책부록 –

▶ 광주에 투입된 계엄군은 무자비하게 시민들을 폭행하였고, 이에 시민들은 시민군을 조직하여 총을 들고 맞섰습니다. 그러나 시민군은 전력의 열세를 극복하지 못하고 결국 계엄군에 의해 진압당하였습니다.

(3) 의의
① 신군부의 집권에 저항한 5·18 민주화 운동은 이후 전개된 민주화 운동의 밑거름이 되었으며, 필리핀, 타이완 등 아시아 여러 나라의 민주화 운동에도 영향을 주었다.
② 5·18 민주화 운동 기록물은 2011년 유네스코 세계 기록 유산으로 등재되었다.

▲ 국립 5·18 민주 묘지

2. 6월 민주 항쟁 (중요)

(1) 배경
① 12·12 사태로 정권을 장악한 전두환은 '정의 사회 구현'과 '복지 사회 건설'을 목표로 내세웠으나, 국가 권력을 동원하여 국민들을 억압하는 강압적인 통치를 하였다.
② 1980년대 중반을 지나면서 민주주의를 희망하는 국민들의 열기가 높아졌고, 학생들은 5·18 민주화 운동 진압의 진상 규명과 책임자 처벌을 주장하였다.
③ 민주화를 요구하는 시위가 확산되는 가운데 박종철 고문치사 사건 등이 일어났고, 분노한 국민들은 더욱 거세게 민주화를 요구하였다.
④ 정부는 대통령 직선제 개헌을 하지 않겠다는 4·13 호헌 조치를 발표하였다.

(2) 전개 과정
① 박종철 고문치사 사건을 규탄하고 민주주의를 지키기 위한 시위가 벌어지고, 도중 대학생 이한열이 최루탄에 맞아 쓰러지는 사건이 발생하였다.
② 이러한 상황에 분노한 수십만 명의 시민은 6월 10일 전국 주요 도시에 모여 독재 타도를 외쳤다(6월 민주 항쟁).
③ 시위는 계속되었고, 결국 전두환 정부는 국민의 민주화 요구에 굴복하여 직선제 개헌을 수용한다는 특별 선언을 발표하였다(6·29 민주화 선언).

(3) 의의 : 5년 단임의 대통령 직선제를 골자로 하는 헌법 개정이 이루어졌고, 국민이 직접 대통령을 선출하게 되었다.

> **6·29 민주화 선언(1987)**
>
> 첫째, 여야 합의하에 조속히 대통령 직선제 개헌을 하고 새 헌법에 의한 대통령 선거로 88년 2월 평화적 정부 이양을 실현토록 하겠습니다. ……국민은 나라의 주인이며, 국민의 뜻은 모든 것에 우선하는 것입니다.
> 둘째, 최대한의 공명정대한 선거 관리가 이루어져야 합니다.
> 셋째, 극소수를 제외한 모든 시국 관련 사범들은 석방되어야 합니다.

▶ 6·29 민주화 선언은 대한민국 역사상 최초로 집권층이 공개적으로 민주화 선언을 한 것입니다.

박종철 고문치사 사건
1987년 1월 민주화 추진 위원회 소속 수배자를 뒤쫓던 치안본부 대공수사단 경찰관이 참고인으로 연행한 서울대학교 학생 박종철을 고문으로 죽게 하고 단순 치사 사건으로 위장하려 했던 사건이다.

▲ 6월 민주 항쟁

▲ 6·29 민주화 선언에 기뻐하는 시민들

용어풀이
치사(致死) : 죽음에 이름. 죽게 함
직선제(直選制) : 일반 국민이 직접 선거에 참여해서 투표를 하는 제도
단임(單任) : 정해진 임기를 마친 후 다시 그 직위에 임용하지 않음

VI. 대한민국의 발전과 현대 세계의 변화

제4장 북한 정권의 성립과 현재

1 북한 정권의 성립과 오늘날의 실상

1. 북한 정부의 수립

(1) 공산주의 정책의 추진
① 광복 직후 북한으로 귀국한 김일성은 세력 기반을 마련하였다.
② 1946년 2월 소련군의 지원 아래 북조선 임시 인민 위원회를 조직하고 위원장으로 선출되어 공산주의 정책을 추진하였다.
③ 북조선 임시 인민 위원회는 친일파를 축출하고, 무상 몰수·무상 분배 방식의 토지 개혁을 실시하였다.
④ 북한의 급속한 사회주의 정책은 자유와 민주를 요구하는 국민들의 저항에 직면하기도 했지만, 김일성을 중심으로 한 공산주의 세력은 정권의 기반을 탄탄히 하였다.

(2) 조선 민주주의 인민 공화국의 수립
① 1947년 헌법 초안을 작성하였으며, 1948년 초 군대를 창설하여 단독 정부를 수립할 준비를 마쳤다.
② 북한은 표면상 남한의 단독 정부 수립론을 비판하며 남북 협상에 참여하였으나, 남한에 대한민국 정부가 세워지자 곧바로 정부 수립에 돌입하였다.
③ 1948년 9월 9일 조선 민주주의 인민 공화국의 수립을 선포하였다.

2. 북한의 권력 세습 체제 확립

(1) 김일성 독재 체제 확립
① 김일성은 6·25 전쟁을 거치면서 반대 세력을 축출하고 독재 체제를 확립하였다.
② 북한은 중국과 소련 사이에서 중립을 유지하며 독자적인 노선을 모색하였고, 이러한 과정에서 주체사상을 수립하였다.
③ 주체사상은 김일성 독재 체제의 사상적 밑받침이 되었고, 김일성에 대한 개인숭배가 강화되었다.
④ 1972년 '사회주의 헌법'이 제정되면서 독재 체제가 강화되었고, 국가 주석제를 도입하여 주석에게 권력이 집중되도록 하였다.

(2) 김정일의 통치와 권력 세습
① 김정일은 1960년대 중반부터 정치 활동을 시작하였으며, 주요 부처에서 경험을 쌓으며 아버지 김일성의 통치 방식을 배웠다.
② 김정일은 1994년 김일성이 사망한 뒤 유훈 통치를 전개하며 김정일 체제를 구축하였고, 선군 사상을 앞세워 북한을 통치하였다.
③ 김정일은 1998년에는 헌법을 개정하여 주석직을 폐지하고 국방위원장의 권한을 강화한 후 북한의 최고 권력자가 되었다.
④ 2010년 김정은 후계 체제가 공식화되었으며, 2011년 김정일이 사망하면서 그의 권력은 아들 김정은에게 계승되어 북한에 3대 권력 세습 체제가 들어섰다.

(3) 북한 경제의 고립과 침체
① 사회주의 체제를 확립한 북한은 경제 개발을 위해 제1차 7개년 계획(1961~1967)을 추진하였으나 순조롭게 마무리되지 못하였다.

무상 몰수·무상 분배
조선 총독부 및 일본인의 소유지, 친일 민족 반역자와 지주 소유의 토지를 몰수하여 농민에게 무상으로 분배하였다.

주체사상
주체사상은 사상에서의 주체, 경제에서의 자립, 정치에서의 자주, 국방에서의 자위를 표방하며 이론적으로 체계화되었다.

▲ 김일성과 김정일 동상

유훈 통치
김정일은 김일성이 생전에 남긴 각종 지시 사항에 따라 북한을 통치하였다(김일성 사망 후 3년간 지속).

선군 사상
김일성 사망 이후 김정일이 주체사상과 함께 강조한 통치 이념이다. 정치, 경제, 문화 등 모든 분야에서 군의 선도적인 역할을 강조하였다.

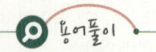
무상(無償): 아무런 대가나 보상이 없음
직면(直面): 사물을 직접 접함

② 이후 추진된 6개년 계획(1971~1976)으로 공업 생산력과 국민 소득이 약 2배 정도 늘어나는 성과가 있었다.
③ 지나친 자립 경제를 강조하며 추진된 제2차 7개년 계획(1978~1984), 제3차 7개년 계획(1987~1993)을 거치면서 경제 교류가 감소하고 경제 성장이 둔화되었다.
④ 군사력 증강을 위해 중공업 육성에 힘을 쏟으면서 경공업과 농업, 사회 간접 자본까지 낙후되었다.
⑤ 공산 국가와 교류하는 폐쇄적인 경제 정책으로 기술과 자본이 부족해졌다.

(4) 경제 위기 극복을 위한 노력
① 북한은 1980년대 이후 경제 위기를 극복하고, 사회주의 국가의 붕괴에 따른 교역국 감소 문제를 해결하기 위해 부분적인 개방 정책을 추진하였다.
② 김대중 정부 때에는 대북 화해 협력 정책에 힘입어 금강산 관광 사업이 시작되고 개성 공단이 건설되면서 남한과의 경제 교류가 확대되기도 하였다.
③ 북한은 핵개발 등으로 인해 국제 사회로부터 각종 제재를 받는 가운에 경제적 어려움을 겪고 있으며, 연이은 자연재해로 식량난을 겪고 있다.
④ 북한에서는 공개 처형, 정치범 수용소 운영 등의 인권 침해가 지속되고 있으며, 이에 대한 국제 사회의 비판의 목소리가 높은 가운데, 북한을 이탈하는 주민이 증가하고 있다.

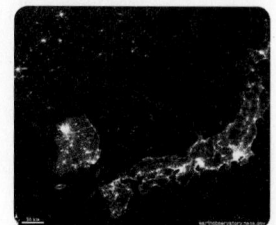
▲ 북한의 전력난이 심각함을 알려주는 위성사진

탈북에 대한 가슴아픈 이야기를 그린 영화 '크로싱' 131일 간절한 약속, 8천km 잔인한 엇갈림.. 그들의 나라는 없다!

2007년, 북한 함경도 탄광마을의 세 가족 아버지 용수, 어머니 용화 그리고 열 한 살 아들 준이는 넉넉하지 못한 삶이지만 함께 있어 늘 행복하다. 어느 날, 엄마가 쓰러지고 폐결핵이란 사실을 알게 되자, 간단한 감기약조차 구할 수 없는 북한의 형편에, 아버지 용수는 중국 행을 결심한다. 생사를 넘나드는 고비 끝에 중국에 도착한 용수는 벌목장에서 일을 하며 돈을 모으지만, 불법 현장이 발각되면서 모든 돈을 잃고 경찰에 쫓기는 신세가 된다. 그러던 어느 날, 간단한 인터뷰만 해주면 돈을 받을 수 있다는 얘기에, 아무것도 모른 채 용수는 인터뷰에 응하기로 한다. 그러나, 그것이 가족과 완전히 헤어지는 길이 될 줄은 모른 채 …

한편 용수가 떠난 뒤, 2달여가 지나자 용화의 병세는 점점 더 악화되고, 마침내 용화는 세상을 떠난다. 이제, 세상에 홀로 남겨진 열 한 살 준이, 무작정 아버지를 찾아 떠난다. 그리고, 한국에 도착한 용수는 브로커를 통해 준이의 행방을 알게 되고, 다시금 헤어졌던 준이와 용수의 불가능해 보였던 만남이 시도된다! 하지만, 아버지 용수와 아들 준이, 그들의 간절한 약속은 안타까운 엇갈림으로 보는 이의 마음을 아프게 한다.

북한이 적극적인 개혁·개방의 길로 나서지 않는 이유는 무엇일까?

첫째, 북한은 체제를 유지하는 데 방해되거나 나아가 체제의 붕괴 가능성을 초래할 수 있는 그 어떤 대안이나 정책도 거부하고 있다. 오히려 현재의 체제를 더욱 강화하는 것만이 북한이 직면하고 있는 문제들을 해결할 수 있다고 믿고 있는 것이다.

둘째, 북한 개혁·개방을 추진할 수 있는 환경이 조성되더라도 체제 위협 요소에 대해 커다란 우려를 갖고 있다. 김정일은 "나에게서 그 어떤 변화를 바라지 말라.", "우리는 절대로 개혁 바람에 기웃거려서는 안 된다."라고 하는 등 개혁·개방에 대한 강한 거부감을 표시했다. 김정은 체제에서도 권력의 공고화와 체제 유지를 가장 우선시하면서 개혁·개방에 부정적 태도를 보이고 있다.

셋째, 북한은 핵개발을 통해 경제난을 극복하고 체제 공고화를 도모할 수 있다고 인식하고 있다. 그러나 북한의 핵실험에 대해 유엔과 국제 사회는 실질적이고 효과적인 대북제재 조치를 결의하고 실행함으로 오히려 경제난이 심화되고 있다.

– 통일부 통일교육원 (2016), '2016 북한이해' –

Ⅵ. 대한민국의 발전과 현대 세계의 변화

제5장 통일을 위한 노력

▲ 7·4 남북 공동 성명을 발표하는 중앙정보부장 이후락 (1972)

▲ 이산가족 상봉(1985)

▲ 남북 기본 합의서를 채택한 제5차 남북 고위급 회담 (1991)

▲ 6·15 남북 공동 선언을 발표하는 김대중 대통령과 김정일 국방위원장(2000)

▲ 10·4 남북 공동 선언을 발표하는 노무현 대통령과 김정일 국방위원장(2007)

1 남북의 대립과 화해

1. 6·25 전쟁 이후 남북한의 대립

(1) 이승만 정부
① 북한과의 대화와 타협을 시도하지 않고 북진 통일론을 내세웠다.
② 남북 협상에 의한 평화 통일을 주장하는 진보당을 탄압했다.

(2) 박정희 정부
① '선 건설·후 통일'을 주장하며, 경제 발전에 주력하였으며, 강력한 반공 정책을 추진하였다.
② 북한은 무장공비의 청와대 습격 사건, 판문점 도끼 만행 사건 등을 일으켜 남북 간의 긴장 상황을 고조시켰다.

2. 7·4 남북 공동 성명과 남북 대화의 전개

(1) 7·4 남북 공동 선언(1972)
① 1970년대 들어 냉전이 완화되고, 평화 공존의 분위기가 조성되었다.
② 1971년 이산가족 재회를 위한 남북한 적십자 회담이 열렸다.
③ 1972년에는 7·4 남북 공동 성명이 발표되어 자주·평화·민족 대단결의 통일 원칙이 제시되었는데, 이는 남북한 정부가 최초로 합의한 통일 방안이라는 데 의의가 있다.

> **7·4 남북 공동 성명(1972)**
> 첫째, 통일은 외세에 의존하거나 외세의 간섭을 받음이 없이 자주적으로 해결하여야 한다.
> 둘째, 통일은 상대방을 반대하는 무력행사에 의거하지 않고 평화적 방법으로 실현하여야 한다.
> 셋째, 사상과 이념, 제도의 차이를 초월하여 우선 하나의 민족으로서 민족적 대단결을 도모하여야 한다.

▶ 7·4 남북 공동 선언은 기존의 외세 의존적이며, 군사적·이념적 대결을 적대시했던 통일 노선을 전면적으로 거부하고 조국 통일의 올바른 원칙을 제시하였다는 점에서 의의가 큽니다.

(2) 민족 화합 민주 통일 방안(1982)
① 전두환 정부는 민족 화합 민주 통일 방안을 내세웠다.
② 1985년에는 이산가족 고향 방문과 예술 공연단의 교환이 이루어졌다.

3. 국제 정세의 변화와 남북 교류의 진전

(1) 남북 기본 합의서(1991)
① 1980년대 후반 국제적으로 냉전 체제가 붕괴되었고, 이러한 상황 속에서 노태우 정부는 공산권 국가와 수교하는 북방 정책을 추진하였다.
② 남북한은 1990년부터 여러 차례 회담을 개최하고, 1991년에는 남북한 유엔 동시 가입을 실현시켰다.
③ 남북 사이의 화해와 불가침 및 교류·협력에 관한 합의서, 즉 남북 기본 합의서를 채택하고 한반도 비핵화 공동 선언을 이끌어 냈다.

④ 남북한 정부 당사자 간 최초의 공식 합의서로, 서로의 체제를 인정하고 상호 불가침에 합의했다는 데 의의가 있다.

남북 기본 합의서(1991)

제1조 남과 북은 서로 상대방의 체제를 인정하고 존중한다.
제4조 남과 북은 상대방을 파괴·전복하려는 일체 행위를 하지 아니한다.
제15조 남과 북은 민족 경제의 통일적이며 균형적인 발전과 민족 전체의 복리 향상을 도모하기 위하여 자원의 공동 개발, 민족 내부 교류로서의 물자 교류, 합작 투자 등 경제 교류와 협력을 실시한다.

➡ 25개 조항으로 이루어진 본문은 남북 화해, 남북 불가침, 남북 교류 협력의 3개 범주로 구성되어 있습니다.

(2) 민족 공동체 통일 방안(1994)
① 북한의 핵 개발 의혹이 문제가 되면서 남북 관계는 다시 냉각되었다.
② 김영삼 정부는 화해와 협력, 남북 연합, 통일 국가 완성으로 이어지는 한민족 공동체 건설을 위한 3단계 통일 방안을 제시하였다.

(3) 6·15 남북 공동 선언(2000) *중요*
① 김대중 정부는 대북 화해 협력 정책(햇볕 정책)을 추진하였다.
② 2000년 평양에서 남북 정상 회담이 개최되고, 회담 결과 발표된 6·15 남북 공동 선언에 따라 이산가족 방문과 개성 공단 건설 등의 협력 및 교류가 전개되었다.

6·15 남북 공동 선언(2000)

1. 남과 북은 나라의 통일 문제를 그 주인인 우리 민족끼리 서로 힘을 합쳐 자주적으로 해결해 나가기로 하였다.
2. 남과 북은 나라의 통일을 위한 남측의 연합제 안과 북측의 낮은 단계의 연방제 안이 서로 공통성이 있다고 인정하고 앞으로 이 방향에서 통일을 지향시켜 나가기로 하였다.
3. 남과 북은 올해 8·15 즈음하여 흩어진 가족, 친척 방문단을 교환하며, 비전향 장기수 문제를 해결하는 등 인도적 문제를 조속히 풀어 나가기로 하였다.
4. 남과 북은 경제 협력을 통하여 민족 경제를 균형적으로 발전시키고, 사회, 문화, 체육, 보건, 환경 등 제반 분야의 협력과 교류를 활성화하여 서로의 신뢰를 다져 나가기로 하였다.

➡ 조국의 평화적 통일을 염원하는 온 겨레의 숭고한 뜻에 따라 김대중 대통령과 김정일 국방위원장은 2000년 6월 13일부터 15일까지 평양에서 역사적인 상봉을 하였고, 정상 회담을 가졌습니다. 남북 정상은 분단 이래 최초로 열린 정상 간 상봉은 회담이 남북 화해 및 평화 통일을 앞당기는 데 큰 의의를 갖는다고 하면서 선언문을 채택하였습니다.

(4) 10·4 남북 공동 선언(2007)
① 노무현 정부 때도 햇볕 정책이 이어지며 2007년 평양에서 남북 정상 회담이 개최되고, 10·4 남북 공동 선언이 발표되었다.
② 최근 북한의 미사일 실험과 핵실험 등과 같은 군사 도발로 인해 남북 관계가 다시 어려워졌다.

남북한 여자 탁구 대표 단일팀의 진한 감동 스토리를 담은 영화 '코리아'

1991년 대한민국에 탁구 열풍을 몰고 온 최고의 탁구 스타 '현정화'(하지원). 번번히 중국에 밀려 아쉬운 은메달에 머물고 말았던 그녀에게 41회 세계선수권대회를 앞두고 남북 단일팀 결성 소식이 들려옵니다. 금메달에 목마른 정화에겐 청천벽력 같은 결정! 선수와 코치진의 극렬한 반대에도 불구하고 강행된 초유의 남북 단일팀이 결성됩니다.
순식간에 '코리아'라는 이름의 한 팀이 된 남북의 선수들. 연습 방식, 생활 방식, 말투까지 달라도 너무 다른 남북 선수단은 사사건건 부딪히기 시작하고, 양 팀을 대표하는 라이벌 정화와 북한의 '리분희'(배두나)의 신경전도 날이 갈수록 심각해집니다. 대회는 점점 다가오지만 한 팀으로서의 호흡은 커녕 오히려 갈등만 깊어지고, 출전팀 선발은 예상치 못한 정국으로 흘러 가는데…

개성 공단

2000년 6·15 공동 선언 이후 남북 교류 협력의 하나로 2000년 8월 9일 남쪽의 현대 아산과 북쪽의 아태, 민경련 간 '개성 공업 지구 건설 운영에 관한 합의서'를 체결하여 공단 조성에 계기가 되었다. 그 이후 북측이 2002년 11월 27일 개성 공업 지구법을 공포함으로써 구체화되었다. 개성 공단 조성은 남측의 자본과 기술, 북측의 토지와 인력이 결합하여 통일로 가는 길목에서 남북 교류 협력의 새로운 장을 마련한 역사적인 사업이다. 그런데 북한의 핵실험과 미사일 발사로 인해 정부에서는 이전과는 다른 대북 조치의 필요성을 느꼈고, 결국 2016년 2월 11일 개성 공단은 폐쇄되었다.

용어풀이

냉각(冷却) : 식어서 차게 됨
도발(挑發) : 남을 집적거려 일이 일어나게 함

Ⅵ. 대한민국의 발전과 현대 세계의 변화

제6장 광복 이후 우리 삶의 변화

1 광복 이후 경제 발전

1. 경제 개발 5개년 계획 중요

(1) 내용
① 5·16 군사 정변으로 집권한 박정희 정부는 본격적으로 국가 주도의 경제 개발을 추진하였다.
② 재정 확보를 위해 반발을 무릅쓰고 한·일 회담, 베트남 파병 등을 통해 외국 자본을 유치하였고, 서독에 광부와 간호사를 파견하여 외화를 벌어들였다.

구분	내용
제1차 (1962~1966)	• 목표 : 공업화와 자립 경제 달성을 위한 기반 구축 • 전력, 석탄 등 에너지원 확보, 기간 산업 및 사회 간접 자본 확충 • 경공업 제품의 수출 증가
제2차 (1967~1971)	• 목표 : 산업 구조의 근대화와 자립 경제의 확립 • 경부고속국도 건설, 경공업 및 비료·시멘트·정유 산업 육성 • 베트남 특수에 힘입어 고도성장
제3차 (1972~1976)	• 농어촌 경제의 개발, 수출 증가에 역점 • 수출 주도형 중화학 공업화를 추진하여 철강, 화학, 금속, 기계, 조선, 전자 등을 전략 업종으로 선정하여 집중 육성
제4차 (1977~1981)	• 중화학 공업의 육성 정책 실천 • 사회 간접 자본의 지속적인 확충, 국제 경쟁력 강화를 위한 능률 향상과 기술 개발 등에 역점

(2) 결과
① 고도 성장을 통한 국민 소득이 증대되었고, 신흥 공업국으로 부상하였다.
② 소득 분배의 불균형에 따른 빈부 격차가 심화되고, 다른 나라에 대한 경제 의존도가 높아졌다.

2. 1980년대 이후의 경제

(1) 1980년대의 경제 상황
① 중화학 공업의 중복·과잉 투자와 정치 불안정 등으로 경제 위기가 찾아왔고, 경제 안정화 정책을 전개하였다.
② 1980년대 중반에는 저금리·저유가·저달러의 상태를 유지하는 가운데 무역 흑자를 기록하고 기술 집약형 산업이 성장하였다.

(2) 외환 위기의 극복과 오늘날의 경제 중요
① 1996년에는 선진국들의 모임인 경제 협력 개발 기구(OECD)에 가입하였다.
② 무역 적자가 증가하고 대기업의 부도 사태가 벌어지면서 1997년 말 외화 부족으로 심각한 경제 위기를 맞게 되었다.
③ 국제 통화 기금(IMF)의 긴급 지원을 받아 국가 부도 위기를 모면하였지만, 실업률과 비정규직이 증가하는 등 많은 문제가 발생하였다.
④ 2001년 구조조정 정책과 금 모으기 운동 등 전 국민적인 노력 끝에 경제 위기를 극복할 수 있었다.

기간 산업
한 나라 산업의 기초가 되는 산업으로 주로 중요 생산재를 생산하는 산업을 말하는데, 전력·철강·가스·석유 산업 등이 이에 해당한다.

사회 간접 자본
운수, 전력 같은 동력 및 공중위생 등 산업 발전의 기반이 되는 여러 가지 공공시설을 말한다.

▲ 경부고속국도(1970년 완공)

▲ 포항 제철소(1973)

구조조정
기업의 효율을 높이기 위해 수익성이 낮은 부분을 정리하거나 인원을 줄이는 것을 말한다.

금 모으기 운동

1998년 초에 약 두 달 동안 이루어졌는데, 이 운동에는 351만 명이 참가하여 약 21억 3천 달러어치의 금을 모았습니다.

2 광복 이후 사회와 문화의 변화

1. 사회 변화
(1) 사회 구조의 변화
① 산업화로 농업의 비중이 줄어들고 제조업과 서비스 산업의 비중이 커지면서, 농촌보다 도시에 일자리가 늘어나 도시의 인구가 증가하였다.
② 도시에서는 주택 부족, 빈곤과 실업 문제 등 다양한 문제가 생겼다.
③ 핵가족이 늘어나고, 평균 수명이 늘어나면서 노인 인구의 비율이 증가하였다.
④ 최근에는 저출산, 고령화의 문제가 심각해지고 있다.

(2) 농촌의 변화
① 경제 개발이 시작되면서 농촌은 빈곤에서 벗어나게 되었으나 도시와 농촌 간의 소득 격차가 벌어지고, 농촌 인구가 감소하였다.
② 1970년대에는 새마을 운동을 전개하였는데, 근면·자조·협동의 정신을 바탕으로 농촌 환경 개선에 중점을 두어 성과를 거두기도 하였다.
③ 새마을 운동은 유신 체제의 정당화에 이용되기도 하였다.

▲ 새마을 운동

(3) 시민 운동과 사회 보장 제도
① 1980년대 후반 민주화가 진전되고 1990년대 지방 자치 제도 실시, 세계화 등의 사회 변화에 따라 시민 운동이 확대되었다.
② 국민들의 복지를 위해 국민 연금 제도, 최저 임금 제도, 국민 의료 보험 제도 등의 사회 보장 제도를 실시하였다.

(4) 교육의 변화
① 광복 이후 교육의 양적·질적 성장은 경제 성장의 밑바탕이 되었다.
② 과도한 교육열은 입시 경쟁, 사교육비 증가 등의 문제가 발생하였다.
③ 최근에는 정보화·세계화 등 급변하는 사회 구조에 능동적으로 대처하기 위해 사고력과 창의력 신장 교육, 정보화 교육 등이 이루어지고 있다.

2. 문화의 변화
(1) 대중문화의 발달
① 경제가 성장하고 신문, TV, 라디오 등 대중 매체가 보급되면서 다양한 대중문화가 발달하였다.
② 영화, 음악, 예능 등이 성장하고 다른 나라와의 교류도 활발해졌다.

▲ 2002년 한·일 월드컵 대회

(2) 1980년대 이후 스포츠 발달
① 1986년 서울 아시안 게임, 1988년 서울 올림픽 대회, 2002년 한·일 월드컵 대회를 성공적으로 개최하였다.
② 2018년 평창 동계 올림픽 대회를 유치하였다.

한국 스포츠의 발전

한국은 올림픽, 월드컵, 육상대회를 비롯한 각종 국제 스포츠 대회를 개최하여 국제 사회에서 위상을 크게 높였습니다. 또한 각 종목에서 우수한 스포츠 선수들이 해외에 진출하고 있습니다. 축구의 박지성, 골프의 박인비, 피겨스케이팅의 김연아, 수영의 박태환, 야구의 류현진, 추신수, 강정호와 같은 선수들은 세계적인 인지도를 얻기도 하였습니다.
더불어 우리나라 운동선수들은 각종 국제 대회에서도 좋은 성적을 거두었습니다. 2002년 한일 월드컵 4위, 2010년 밴쿠버 동계 올림픽 5위, 2012년 런던 올림픽 5위의 성적을 거두었으며, 다양한 국제 대회에서 스포츠 강국의 면모를 보이고 있습니다.

용어풀이
자조(自助): 자기의 발전을 위하여 스스로 애씀
급변(急變): 갑자기 달라짐

한국사능력검정시험
초 급

문제편

I 우리 역사의 형성과 고대 국가의 발전

초급 29회 1번 상황 인식

1. (가)에 들어갈 내용으로 옳은 것은? [2점]

① 토기에 식량을 저장하였다.
② 주로 동굴과 막집에서 살았다.
③ 가락바퀴를 이용하여 실을 뽑았다.
④ 갈돌과 갈판을 이용하여 곡식을 갈았다.

> **해설**
> 제시된 자료는 구석기 시대에 대한 것이다. 구석기인들은 뗀석기를 이용하여 사냥을 하거나, 과일 등을 따는 채집, 물고기를 잡는 어로 생활을 하였다. ② 구석기인들은 식량을 찾아서 이동 생활을 하며 동굴이나 막집에서 생활하였다.
>
> **오답피하기**
> ① 신석기 시대부터 토기에 식량을 저장하였다.
> ③ 신석기인들은 가락바퀴를 이용하여 실을 뽑았다.
> ④ 신석기인들은 갈돌과 갈판을 이용해 곡식의 껍질을 벗기거나 거친 곡식을 갈아 먹었다.
>
> [정답 : ②]

> **참고 구석기 시대**
> (1) 시기 : 약 70만 년 전부터 시작
> (2) 가장 오래된 구석기 시대의 유적지 : 단양 금굴
> (3) 뗀석기의 종류
>
> | 도구 | 용도 |
> |---|---|
> | 주먹 도끼 | 다용도 석기, 구석기 시대의 대표적인 석기 |
> | 긁개 | 동물의 가죽을 벗길 때 칼처럼 사용 |
> | 찍개 | 나무껍질을 다듬거나 짐승의 뼈를 찍는 데 사용 |
> | 밀개 | 나무껍질을 벗기거나 짐승의 뼈를 깎는 데 사용 |
> | 찌르개 | 주먹 도끼보다 작고, 끝부분이 뾰족(화살촉 용도) |

초급 27회 1번 상황 인식

2. 다음 축제에서 체험할 수 있는 활동으로 적절하지 <u>않은</u> 것은? [3점]

① 가락바퀴로 실 뽑기
② 돌보습으로 밭 갈기
③ 고인돌의 덮개돌 끌기
④ 갈판과 갈돌로 곡식 갈기

> **해설**
> 제시된 자료는 신석기 시대 문화에 대한 것이다. ③ 고인돌은 청동기 시대 부족장의 무덤이다.
>
> **오답피하기**
> ① 신석기인들은 가락바퀴를 이용해 실을 뽑아 옷을 지어 입었다.
> ② 신석기 시대에는 수렵·채집·고기잡이와 함께 조·피·수수와 같은 잡곡류를 경작하였다. 밭을 갈고 이삭을 거두기 위해 돌을 갈아서 돌괭이·돌보습 등의 농기구를 만들었다.
> ④ 신석기인들은 수확한 곡식을 갈돌과 갈판으로 갈아서 먹었다.
>
> [정답 : ③]

> **참고 신석기 시대**
> (1) 시기 : 기원전 8000년경부터 시작
> (2) 대표 유물 : 간석기, 빗살무늬 토기
> (3) 유적지 : 서울 암사동, 부산 동삼동 등 주로 강가나 해안가
> (4) 농경 시작 : 조, 피, 수수 등 잡곡류 경작
> (5) 주거지 : 움집, 정착 생활

keyword
구석기 시대, 주먹 도끼, 슴베찌르개, 경기 연천 전곡리, 사냥과 채집, 이동 생활, 신석기 시대, 빗살무늬 토기, 간석기, 가락바퀴, 갈판, 갈돌, 농사, 움집, 동삼동, 암사동

3. (가)에 들어갈 내용으로 가장 적절한 것은? [2점]

① 실을 뽑을 때 사용했지.
② 곡식을 수확할 때 사용했어.
③ 물고기를 잡을 때 사용했지.
④ 자루를 달아 창처럼 사용했어.

4. (가) 국가에 대한 설명으로 옳은 것은? [2점]

① 화백 회의가 있었다.
② 우리나라 최초의 국가였다.
③ 칠지도를 왜왕에게 하사하였다.
④ 서옥제라는 혼인 풍습이 있었다.

해설
제시된 도구는 반달돌칼이다. ② 반달돌칼은 청동기 시대에 곡식을 수확할 때 사용하던 도구이다. 반달돌칼의 발견으로 신석기 시대보다 청동기 시대에 농사가 더 발달하였음을 알 수 있다.

오답피하기
① 가락바퀴는 실을 뽑을 때 사용하던 석기이다.
③ 그물추는 물고기를 잡을 때 사용하던 석기이다.
④ 슴베찌르개는 자루를 달아 창처럼 사용하던 석기이다.

[정답 : ②]

참고 · 청동기 시대
(1) 시기 : 기원전 2000년경~기원전 1500년경
(2) 대표 유물 : 청동 검(비파형 동검), 청동 방울, 청동 거울, 돌로 만든 농기구(반달돌칼, 돌낫 등)
(3) 토기 : 민무늬 토기, 미송리식 토기
(4) 무덤 양식 : 고인돌(전국 분포, 유네스코 세계 문화유산)
(5) 생활 : 산간이나 구릉지에 집단적으로 생활(움집)
(6) 최초의 국가 등장 : 청동기 문화를 바탕으로 고조선 등장

해설
제시된 자료의 (가) 국가는 고조선이다. ② 우리나라 최초의 국가인 고조선에 대한 첫 기록은 "삼국유사"에 전한다. 단군왕검은 '널리 인간을 이롭게 한다.'라는 홍익인간의 건국 이념으로 고조선을 건국하였다.

오답피하기
① 신라의 귀족 회의인 화백 회의는 만장일치의 방식으로 운영되었다.
③ 칠지도는 7개의 가지가 있는 칼로, 백제 근초고왕이 왜왕에게 하사한 것이다.
④ 서옥제는 고구려의 혼인 풍속으로, 혼인을 하기로 정한 뒤에 신랑이 신부집의 뒤켠에 조그만 집을 짓고 거기서 아내와 같이 자식을 낳고 살다가 자식이 장성하면 아내를 데리고 신랑집으로 가는 것이다.

[정답 : ②]

참고 · 고조선
(1) 위치 : 랴오닝 지방과 한반도 북부
(2) 건국 : 기원전 2333년("삼국유사") 단군왕검이 청동기 문화를 바탕으로 건국
(3) 위만 조선 : 철기 문화 수용, 중국과 진 사이에서 중계 무역
(4) 멸망 : 한 무제에 의해 멸망(한사군 설치)
(5) 법률 : 8조법(개인의 생명 및 노동력 중시, 농경 사회, 사유 재산 인정, 계급 사회)

---

keyword
청동기, 벼농사, 제정일치, 청동 검, 청동 방울, 민무늬 토기, 고조선, 단군왕검, 홍익인간, 비파형 동검, 고인돌, 미송리식 토기, 8조법

Ⅰ. 우리 역사의 형성과 고대 국가의 발전

5. 다음 문화유산을 만든 나라에 대한 학생의 설명으로 옳은 것은? [3점]

불상 뒷면에 '연가 7년'이라는 한자가 새겨져 있어요.

금동 연가 7년명 여래 입상

① : 진대법을 실시하였어요.
② : 대가야를 정복하였어요.
③ : 화랑도를 조직하였어요.
④ : 사비를 도읍지로 삼았어요.

해설
제시된 불상은 고구려의 금동 연가 7년명 여래 입상(국보 119호)이다. 불상의 뒷면에 '연가 7년'이라는 글자가 새겨져 있어서 고구려의 문화재임을 알 수 있다. ① 진대법은 고구려 고국천왕이 국상 을파소의 건의를 받아들여 실시한 빈민 구제 정책이다. 진대법은 흉년이 들거나 봄에 식량이 부족해지면 백성들에게 곡식을 빌려주고, 가을에 추수를 하면 곡식을 되갚게 하는 제도이다.

오답피하기
② 대가야를 정복한 왕은 신라의 진흥왕이다.
③ 화랑도를 조직한 왕은 신라의 진흥왕이다.
④ 백제 성왕은 웅진(공주)에서 사비(부여)로 도읍지를 옮겼다.

[정답 : ①]

6. 다음 문화유산을 만든 국가에 대한 설명으로 옳은 것은? [3점]

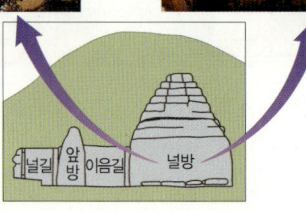

① 지방에 22담로를 두고 왕족을 파견하였다.
② 골품제라는 엄격한 신분 제도를 운영하였다.
③ 김수로가 김해 지역을 중심으로 건국하였다.
④ 빈민을 구제하기 위하여 진대법을 실시하였다.

해설
제시된 자료는 고구려 고분 벽화이다. 왼쪽부터 차례로 수렵도와 무용도이고, 이 벽화가 그려진 무덤 양식은 굴식 돌방무덤이다. ④ 진대법은 고구려의 고국천왕이 을파소의 건의를 받아들여 실시한 빈민 구제 정책이다.

오답피하기
① 백제의 성왕은 지방에 22담로를 두고 왕족을 파견하였다.
② 신라는 골품에 따라 정치적 지위뿐만 아니라 사회 생활(집 크기, 결혼 등)까지 제약하는 골품제라는 엄격한 신분 제도를 운영하였다.
③ 가야는 김수로가 김해 지역을 중심으로 건국한 국가이다.

[정답 : ④]

참고 고분 양식의 변화
(1) 청동기 시대 : 고인돌, 돌널무덤, 돌무지무덤
(2) 철기 시대 : 널무덤, 독무덤
(3) 고구려 : 돌무지무덤, 굴식 돌방무덤(벽화가 많이 발견)
(4) 백제 : 돌무지무덤, 굴식 돌방무덤, 전축분(무령왕릉)
(5) 신라 : 돌무지덧널무덤(벽화 없음)

keyword
고구려, 문화유산, 금동 연가 7년명 여래 입상, 고국천왕, 진대법, 수렵도, 고분 벽화, 굴식 돌방무덤, 주몽, 부여

7. 다음 연극 대본을 통해 알 수 있는 나라에 대한 설명으로 옳은 것은? [2점]

> **구지봉에서 나라를 열다**
> - 때: 1세기 어느 날
> - 장소: 김해 지역의 구지봉
> - 등장 인물: 여섯 명의 아이들, 아홉 촌장, 마을 사람들
> - 소품: 금빛 상자, 여섯 개의 알 등
>
> #1
> (아홉 촌장이 구지봉에 모여서 나무 막대기로 땅을 두드리며 노래를 부르고 있다.)
> 아홉 촌장 : 거북아 거북아 머리를 내놓아라.
> 　　　　　　 만약 내놓지 않으면 구워 먹으리.

① 낙랑과 왜에 철을 수출하였다.
② 영고라는 제천 행사가 있었다.
③ 화랑도라는 청소년 단체가 있었다.
④ 빈민 구제 제도인 진대법이 있었다.

8. (가)에 들어갈 왕으로 옳은 것은? [2점]

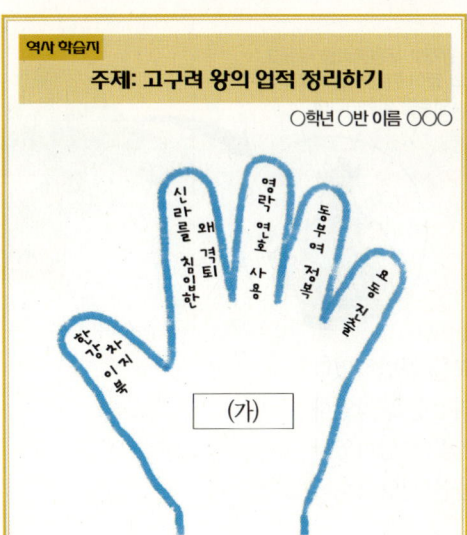

① 장수왕
② 진흥왕
③ 소수림왕
④ 광개토 대왕

해설
제시된 연극 대본은 가야의 건국 신화를 기초로 하고 있다. 구지가는 아홉 촌장이 부른 노래이고, 하늘에서 내린 빛이 황금빛 알 6개를 비추니 그 알에서 나온 아이들이 6가야국의 왕이 되었다는 내용이다. ① 가야는 철이 풍부하여 낙랑과 왜에 철을 수출하였다.

오답피하기
② 영고는 부여에서 12월에 행하던 제천 행사이다.
③ 화랑도는 신라 진흥왕이 인재를 양성하기 위해 조직한 청소년 단체이다.
④ 진대법은 고구려 고국천왕이 을파소의 건의를 받아들여 실시한 빈민 구제 제도이다.

[정답 : ①]

참고　가야의 건국과 성장
(1) 성립 : 낙동강 하류의 변한 지역에서 성립
(2) 6가야 연맹 : 전기(김해의 금관가야 주도), 후기(고령의 대가야 주도)
(3) 정치 : 강력한 중앙 집권 국가로 성장하지 못함
(4) 주요 문화 유적 : 고령 지산동 고분, 부산 복천동 고분
(5) 경제 : 농경 발달, 철이 풍부하여 낙랑과 왜에 철 수출
(6) 멸망 : 금관가야는 신라 법흥왕에게, 대가야는 신라 진흥왕에게 멸망
(7) 영향 : 가야 토기는 왜의 스에키에 영향을 줌

해설
제시된 자료의 (가)에 들어갈 왕은 고구려 '광개토 대왕'이다. ④ 광개토 대왕은 활발한 대외 전쟁을 통해 영토를 크게 확장하였다. 동부여를 점령하고 요동으로 진출하였으며, 백제를 공격하여 한강 이북 지역을 차지하였다. 또한 신라의 요청으로 신라에 침입한 왜를 격퇴하여 가야까지 위협하였다. 광개토 대왕은 강력한 국력을 바탕으로 중국의 연호가 아닌 '영락'이라는 독자적인 연호를 사용하였다.

오답피하기
① 광개토 대왕의 아들인 장수왕은 평양으로 천도하고 백제를 공격하여 백제의 수도인 한성을 함락시켰다. 장수왕에 대한 기록은 충주 고구려비에 잘 나타나 있다.
② 신라 진흥왕은 삼국 통일 전 신라의 최대 영토를 확보하였다.
③ 소수림왕은 율령 반포, 불교 수용, 태학 설립 등 고구려를 중앙 집권적 고대 국가로 완성하였다.

[정답 : ④]

참고　광개토 대왕의 업적
(1) 영토 확장 : 북으로 동부여 정복, 요동과 만주 지방 확보, 남으로 백제를 공격하여 한강 이북까지 진출
(2) 왜 격퇴 : 신라의 요청을 받아들여 신라를 침입한 왜 격퇴, 낙동강 하류까지 진출하여 금관가야의 세력이 약화됨
(3) 연호 사용 : 독자적인 연호인 '영락' 사용

---

keyword
구지가, 구지봉, 낙랑, 왜, 철, 가야, 김해 대성동, 고령 지산동, 변한, 광개토 대왕, 광개토 대왕릉비, 영락 연호, 동부여 정복, 요동 진출, 왜 격퇴

9. 다음 인물의 업적으로 옳은 것은? [3점]

나는 광개토 대왕릉비를 세웠고, 지도와 같이 한강 이남 지역까지 영토를 넓혔습니다.

① 불교를 공인하였다.
② 천리장성을 쌓았다.
③ 태학을 설립하였다.
④ 도읍을 평양으로 옮겼다.

10. 밑줄 그은 '왕'으로 옳은 것은? [2점]

왕은 북쪽의 평양성을 공격하여 고구려 왕을 전사시키고 황해도 지역까지 영토를 넓혔습니다.

① 성왕 ② 의자왕
③ 진흥왕 ④ 근초고왕

해설
제시된 자료의 인물은 장수왕이다. ④ 장수왕은 아버지 광개토 대왕의 업적을 이어받아 고구려의 영토를 크게 확장하였다. 수도를 국내성에서 평양으로 옮겼으며, 백제의 수도를 함락시키고 한강 유역 전체를 차지하였다.

오답피하기
① 고구려는 소수림왕 때 불교를 수용하였다.
② 천리장성은 고구려 영류왕이 당의 침입에 대비하여 쌓은 성으로, 부여성에서 비사성까지 천 리에 이르는 성이다.
③ 태학은 고구려 소수림왕이 건립한 교육 기관이다.

[정답 : ④]

참고 장수왕의 업적
(1) 남하 정책 : 국내성에서 평양으로 천도, 고구려의 남하 정책으로 신라와 백제의 동맹 체결
(2) 북위와 우호 관계 : 중국의 북위와 우호 관계 유지
(3) 백제 공격 : 백제를 공격하여 수도를 함락시킴, 백제 개로왕 전사
(4) 영토 확장 : 한강 전 지역과 죽령 및 남양만 일대 장악

해설
제시된 자료의 밑줄 그은 '왕'은 근초고왕이다. ④ 근초고왕은 고구려의 평양성을 공격하고 고국원왕을 전사시켰으며, 황해도 지역까지 영토를 확장하였다.

오답피하기
① 백제의 성왕은 웅진(공주)에서 사비(부여)로 수도를 옮겼으며, 신라와 연합하여 일시적으로 한강 하류 지역을 점령하였다.
② 백제의 마지막 왕인 의자왕은 신라의 대야성을 정복하는 등 활발하게 활동하였으나, 정치를 소홀히 하여 신라와 당의 연합군에 멸망당하였다.
③ 신라의 진흥왕은 삼국 통일 전 신라의 최대 영토를 확보하였다.

[정답 : ④]

참고 근초고왕의 업적
(1) 영토 확장 : 낙동강 유역까지 진출하여 가야 압박, 마한을 정복하여 영토가 전라도 남해안에 이름, 고구려 평양성을 공격하여 고국원왕 전사시킴, 경기, 충청, 전라와 낙동강 일부, 강원, 황해도 일부를 포함한 넓은 영토 차지
(2) 중국 남조와 교류 : 중국 남조의 동진과 외교 관계 수립
(3) 왜와 교류 : 왜에 아직기 파견, 칠지도 하사

---

keyword
한강 유역 차지, 장수왕, 국내성, 평양 천도, 충주 고구려비, 남진 정책, 근초고왕, 고구려 평양성 공격, 고국원왕, 칠지도, 마한 지역 정복

11. 학생들이 공통으로 이야기하고 있는 문화유산으로 옳은 것은? [2점]

- 이 무덤은 중국 남조의 무덤 양식에서 영향을 받았어.
- 백제의 수준 높은 금은 세공품이 출토되었다.
- 맞아! 도굴되지 않아 껴묻거리가 온전히 남아있었대.

① 무령왕릉
② 황남 대총
③ 정효 공주 묘
④ 석촌동 2호분

12. 다음 왕의 업적으로 옳은 것은? [3점]

신라와 힘을 합쳐 고구려로부터 한강 유역을 되찾은 게 불과 2년 전인데, 신라의 배신으로 다시 빼앗기다니 참으로 원통하도다!

① 5소경을 설치하였다.
② 고구려 왕을 전사시켰다.
③ 관리의 공복을 제정하였다.
④ 도읍을 웅진에서 사비로 옮겼다.

해설
학생들이 공통으로 이야기하고 있는 문화유산은 무령왕릉이다. ① 무령왕릉은 중국 남조의 영향을 받아 만들어진 벽돌무덤이다. 무덤 안에서 금으로 만든 왕관 장식과 은팔찌 등이 발굴되었는데, 당시의 수준 높은 금은 세공 기술을 엿볼 수 있다. 무령왕릉은 우리나라에서 발굴된 백제 무덤 중에서 껴묻거리가 온전하게 남아 있는 유일한 무덤이다.

오답피하기
② 황남 대총은 경주 황남동에 위치한 신라의 고분이다.
③ 정효 공주 묘는 발해의 벽돌무덤으로, 당과 고구려 양식이 혼합되어 있다.
④ 돌무지무덤 양식의 석촌동 2호분은 백제의 무덤으로, 압록강 유역의 고구려 무덤 양식과 유사하다.

[정답 : ①]

해설
제시된 자료의 왕은 백제의 성왕이다. 성왕은 신라와 힘을 합쳐 고구려를 공격하고 한강 유역을 되찾았다. 그러나 신라의 배신으로 한강 유역을 신라에게 빼앗겼으며, 빼앗긴 지역을 되찾기 위해 신라를 공격하였다. ④ 성왕은 도읍을 웅진(공주)에서 사비(부여)로 옮겼다.

오답피하기
① 5소경은 삼국 통일 후 신라의 신문왕이 설치하였다.
② 백제의 근초고왕은 고구려를 공격하여 고국원왕을 전사시켰다.
③ 백제의 고이왕은 관리의 공복을 제정하였다. 공복은 관리들이 조정에서 입는 옷으로, 등급에 따라 색깔이 달랐다.

[정답 : ④]

참고 | 성왕의 업적
(1) 천도 : 수도를 웅진(공주)에서 사비(부여)로 옮김
(2) 국호 변경 : 나라 이름을 남부여로 변경
(3) 왜에 불교 전파 : 노리사치계를 통해 왜에 불교 전파
(4) 활동 : 일시적으로 한강 하류 지역을 차지하였으나 이후 한강 유역을 신라 진흥왕에게 다시 빼앗김, 신라를 공격하다가 관산성 전투에서 전사(554)

---

keyword
문화유산, 백제, 무령왕릉, 벽돌무덤, 중국 남조의 영향, 껴묻거리, 성왕, 웅진, 사비, 진흥왕, 관산성

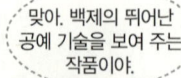

13. 학생들이 공통으로 이야기하고 있는 문화유산으로 옳은 것은? [2점]

당시의 사상을 이해하는 데 도움이 되는 문화유산이지.

맞아. 백제의 뛰어난 공예 기술을 보여 주는 작품이야.

①

②

③

④

14. 밑줄 그은 '이 탑'으로 옳은 것은? [2점]

○○○○년 ○○월 ○○일
천년의 도읍, 경주를 가다

나는 가족과 함께 신라의 도읍지였던 경주의 문화유산을 살펴 보았다. 오늘 본 것 중 가장 기억에 남는 것은 돌을 벽돌 모양으로 다듬어 쌓아 올린 탑이었다. 이 탑은 현재 남아 있는 신라 석탑 중 가장 오래된 것이라고 한다. 나는 이 탑을 통해 신라의 숨결을 느낄 수 있었다.

①
불국사 다보탑

② 분황사 모전 석탑

③
정림사지 오층 석탑

④
월정사 팔각 구층 석탑

해설
학생들이 이야기하고 있는 백제의 문화유산은 백제 금동 대향로이다. ① 백제 금동 대향로는 부여읍 능산리 절터에서 발견된 것으로, 향로의 장식 등을 통해 도교·불교 등의 사상을 엿볼 수 있다. 백제 금동 대향로의 맨 위에는 봉황이 있고, 아래에는 용이 받침대 역할을 하고 있다. 향로는 종교적·국가적 의례가 있을 때 향을 피우는 도구인데, 백제 금동 대향로에는 불로장생의 신선, 산·바위·폭포 등과 같은 자연, 호랑이·멧돼지·사슴 등과 같은 동물 등이 실감나게 조각되어 있다.

오답피하기
② 연가 7년명 금동 여래 입상은 광배 뒷면에 새겨진 '연가 7년'이라는 글자를 통해 고구려의 불상임이 밝혀졌다.
③ 수레 모양 토기는 가야의 토기이다.
④ 성덕 대왕 신종은 신라 경덕왕 때 만들기 시작하여 혜공왕 때 완성되었다. 성덕 대왕 신종은 봉덕사 종, 에밀레종으로도 불리는데, 우리나라 범종 중에서 가장 크고, 아름다운 것으로 꼽힌다.

[정답 : ①]

해설
제시된 자료의 밑줄 그은 '이 탑'은 분황사 모전 석탑이다. ② 신라 선덕 여왕 때 세워진 분황사 모전 석탑은 신라의 탑 중에서 가장 오래 된 것으로, 돌을 벽돌처럼 깎아서 만든 석탑이다.

오답피하기
① 불국사 다보탑은 신라 경덕왕 때 경주 불국사에 불국사 삼층 석탑과 함께 세워진 탑이다.
③ 정림사지 오층 석탑은 목탑 양식의 백제 탑으로, 부여 정림사지에 있다. 탑신에는 나·당 연합군이 백제를 멸망시킨 후 백제 정복을 기념하는 당나라의 장수 소정방의 글귀가 새겨져 있다.
④ 월정사 팔각 구층 석탑은 강원도 평창군에 있는 고려 시대의 탑이다. 통일 신라 시기에 사각형의 삼층 석탑이 유행하다가 고려 시대로 넘어가면서 다각형의 다층 석탑이 등장하였다. 월정사 팔각 구층 석탑은 고려 시대 석탑이 변해 가는 과정에서 만들어진 것이다.

[정답 : ②]

keyword
도교, 부여 능산리, 백제 금동 대향로, 경주, 불국사 다보탑, 분황사 모전 석탑, 정림사지 오층 석탑

15. 다음 학생이 생각하고 있는 왕이 세운 비석으로 옳지 않은 것은? [3점]

① 단양 적성비
② 창녕 척경비
③ 사택지적비
④ 북한산 순수비

> **해설**
> 제시된 자료의 '한강 유역 차지', '대가야 정복'을 통해 신라 진흥왕에 대한 것임을 알 수 있다. 신라 진흥왕은 화랑도를 개편하고 대가야를 정복하였으며, 정복 전쟁을 통하여 최대 영토를 확보한 후 확대된 영토에 비석을 세웠다. ③ 사택지 적비는 백제 의자왕 때 사택지적이라는 사람이 남긴 비석이 다. 늙어 가는 것을 탄식하며 불교를 믿고 절을 세웠다는 내용을 담고 있다.

> **오답피하기**
> ① 단양 적성비, ② 창녕 척경비, ④ 북한산 순수비는 모두 신라 진흥왕이 세운 비석이다.
>
> [정답 : ③]

> **참고** 진흥왕의 업적
> (1) 화랑도의 개편 : 화랑도를 개편하여 인재 양성
> (2) 황룡사 건립 : 불교를 장려하여 황룡사 건립
> (3) 자주성 표현 : '개국'이라는 연호 사용, 왕을 '태왕'으로 자신을 '짐'으로 표현
> (4) 진흥왕 관련 비석 : 영토 확장을 기념하며 마운령비, 황초령비(함흥평야 진출), 단양 적성비(한강 상류 지역 차지), 창녕 척경비(대가야 정복), 북한산 순수비(한강 하류 지역 차지) 세움

16. (가)~(다)의 사건을 일어난 순서대로 옳게 나열한 것은? [3점]

신라의 삼국 통일 과정

① (가)-(나)-(다)
② (나)-(가)-(다)
③ (다)-(가)-(나)
④ (다)-(나)-(가)

> **해설**
> 신라의 삼국 통일은 (나) 사비성 함락(660)으로 백제가 멸망하고, (가) 평양성 함락(668)으로 고구려가 멸망한 후 (다) 당과의 기벌포 전투(676)에서 승리함으로써 이루어졌다.
>
> [정답 : ②]

> **참고** 신라의 삼국 통일 과정
> 백제의 성장(의자왕의 대야성 공격) → 김춘추가 고구려와 왜에 가서 도움을 요청하였으나 실패 → 김춘추가 당에 가서 신라와 당의 연합 체결(648) → 나·당 연합군이 백제를 공격하여 사비성 함락(660) → 나·당 연합군이 고구려를 공격하여 평양성 함락(668) → 당이 백제·신라·고구려에 정치 기구를 설치하여 한반도 지배 야욕을 드러냄 → 신라가 백제·고구려 유민들과 연합하여 매소성 전투·기벌포 전투에서 당군을 물리침(676) → 신라의 영토가 대동강과 원산만을 잇는 지역으로 확대

keyword
신라, 진흥왕 순수비, 단양 적성비, 창녕 척경비, 북한산 순수비, 삼국 통일, 당, 사비성 함락, 평양성 함락, 기벌포 전투

17. (가)에 해당하는 문화유산으로 옳은 것은? [2점]

역사 신문
제△△호   1966년 ○○월 ○○일

국보 안에서 국보급 문화재 발견!

무구정광대다라니경

올 가을 안타깝게도 도굴꾼에 의해 국보인 (가) 이 손상되었다. 이에 정부는 보수 작업에 들어가기로 결정하였고, 탑을 해체 수리하는 과정에서 무구정광대다리니경이 발견되었다.

①
감은사지 삼층 석탑

②
미륵사지 석탑

③
진전사지 삼층 석탑

④
불국사 삼층 석탑

해설
제시된 자료의 (가) 문화유산은 불국사 삼층 석탑이다. ④ 무구정광대다라니경은 불국사 삼층 석탑을 해체·복원하는 과정에서 발견되었다.

오답피하기
① 감은사지 삼층 석탑은 신문왕이 아버지 문무왕을 위해 지은 감은사에 세운 탑이다. 감은사는 현재 터만 남아 있다.
② 미륵사지 석탑은 백제 무왕이 사비(부여)에서 익산으로 천도하기 위해 지은 미륵사에 세운 탑이다. 미륵사는 현재 터만 남아 있다.
③ 진전사지 삼층 석탑은 강원도 양양에 있는 것으로, 신라 말 지방 호족 세력의 문화 능력을 표현하고 있다.

[정답 : ④]

18. 밑줄 그은 '불상'으로 옳은 것은? [2점]

○○○○년 ○월 ○○일

여름 방학을 맞이하여 가족과 함께 신라의 도읍지였던 경주에 왔다. 오늘 본 문화유산 중 가장 기억에 남는 것은 토함산 중턱에 위치한 석굴 사원이었다. 이 사원은 불국사와 함께 유네스코 세계 유산으로 지정되었다고 한다. 그 안에는 크고 아름다운 <u>불상</u>이 있었다.

①

②

③

④

해설
제시된 자료의 '토함산 중턱에 위치한 석굴 사원', '유네스코 세계 유산'을 통해 밑줄 그은 '불상'이 석굴암임을 알 수 있다. ① 석굴암은 불국사와 함께 유네스코 세계 문화유산으로 지정되어 있으며, 그 안에는 석굴암 본존 불상이 있다.

오답피하기
② 충남 서산에 있는 서산 마애 삼존 불상은 백제의 미소로 잘 알려져 있다.
③ 충남 논산에 있는 관촉사 석조 미륵보살 입상은 고려 광종 때 만들어진 불상으로, 몸통에 비해 머리가 매우 크다. 지방적 성격을 드러낸다.
④ 경기도 파주에 있는 파주 용미리 석불 입상은 거대한 천연 바위에 불상의 몸통을 새기고 머리를 따로 만들어 올린 2구의 마애 석불로, 고려 시대에 제작되었다.

[정답 : ①]

---

keyword
문화유산, 무구정광대다라니경, 불국사 삼층 석탑, 감은사지 삼층 석탑, 불국사 다보탑, 토함산, 석굴암 본존 불상, 서산 마애 삼존 불상, 유네스코 세계 문화유산

19. (가)에 들어갈 내용으로 옳은 것은? [3점]

```
조사 보고서
                              △△ 모둠
1. 주제: 해동성국이라고 불린 ○○
2. 방법: 문헌 조사, 인터넷 검색, 박물관 탐방
3. 내용
   •          (가)
   ……
4. 문화유산
```

① 무천이라는 제천 행사가 있었다.
② 전국에 9주 5소경을 설치하였다.
③ 대조영이 동모산에서 건국하였다.
④ 화백 회의에서 중요한 일을 결정하였다.

20. 다음 인물들이 활동했던 국가에서 만들어진 탑으로 옳은 것은? [2점]

국왕에게 시무책 10여 조를 올렸으나 진골 귀족의 반대로 받아들여지지 않았습니다.

청해진을 중심으로 당, 일본과의 해상 무역을 주도하였습니다.

①
불국사 다보탑

②
미륵사지 석탑

③
정림사지 오층 석탑

④
월정사 팔각 구층 석탑

해설
제시된 자료에서 국왕에게 시무책 10여 조를 올렸으나 채택되지 않은 인물은 신라 6두품 출신의 최치원이며, 청해진을 중심으로 당·일본과 해상 무역을 주도한 인물은 장보고이다. 최치원과 장보고는 모두 통일 신라 시대에 활약한 인물이다. ① 불국사 다보탑은 통일 신라 시대의 문화재이다.

오답피하기
② 미륵사지 석탑은 백제 무왕 때 세워진 탑이다.
③ 부여 정림사지 오층 석탑은 백제의 탑이다.
④ 월정사 팔각 구층 석탑은 강원도 평창에 있는 고려 시대의 탑이다.

[정답 : ①]

참고 통일 신라의 주요 인물

(1) 최치원 : 신라 6두품으로 당나라 빈공과에 합격, 신라에 돌아와서는 6두품이라는 신분의 한계로 높은 관직에 오르지 못함, 혼란한 사회를 개혁하기 위해 진성 여왕에게 시무책 10여 조를 올렸으나 채택되지 않음
(2) 장보고 : 신라 흥덕왕 때 완도에 청해진을 설치하여 해적 소탕, 당과 일본의 해상 무역 주도

해설
제시된 조사 보고서의 '해동성국으로 불린'을 통해 (가)에 들어갈 알맞은 내용은 발해에 대한 것임을 알 수 있다. ③ 대조영이 동모산에서 건국한 발해는 소수의 고구려 지배층과 다수의 말갈인 피지배층으로 구성된 국가이다. 발해의 유물로는 수막새, 이불병좌상, 정혜 공주 묘 등이 있다.

오답피하기
① 무천은 동예의 제천 행사이다.
② 신라의 신문왕은 전국에 9주 5소경을 설치하였다.
④ 화백 회의는 신라의 귀족 회의로, 만장일치제로 운영되었다.

[정답 : ③]

keyword
발해, 해동성국, 고구려 계승, 대조영, 돌사자상, 이불병좌상, 발해 석등, 최치원, 시무책 10여조, 장보고, 청해진, 불국사 삼층 석탑

II. 고려 귀족 사회의 형성과 변천

초급 27회 13번 사실알기

1. (가)에 들어갈 내용으로 옳은 것은? [3점]

고려 성종의 업적

① 12목 설치
② 별무반 조직
③ 집현전 설치
④ 4군 6진 개척

초급 28회 12번 사실알기

2. (가)에 들어갈 왕으로 옳은 것은? [2점]

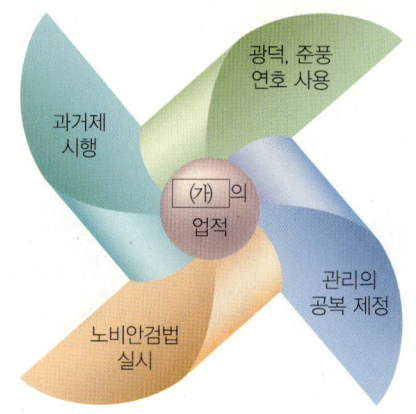

(가) 의 업적 / 과거제 시행 / 광덕, 준풍 연호 사용 / 관리의 공복 제정 / 노비안검법 실시

① 광종
② 예종
③ 공민왕
④ 공양왕

> **해설**
> 제시된 자료는 고려 성종에 대한 내용이다. ① 성종은 최승로의 상소문을 채택하여 유교를 정치 이념으로 삼았고, 당의 제도를 수용한 2성 6부 제도를 실시하여 중앙 통치 기구를 정비하였다. 또한 12목을 설치하고 지방관을 파견하였으며 (983), 유교 교육의 진흥을 위해 국자감을 설립하였다(992).
>
> **오답피하기**
> ② 별무반은 고려 숙종 때 윤관의 건의로 설치된 여진 정벌을 위한 특수군이다.
> ③ 집현전은 세종이 직접 주도하여 설치한 기구로, 유교 경전과 역사를 강론하고 임금에게 자문하는 역할을 하였다.
> ④ 세종 때 여진족을 몰아내고 4군 6진을 개척하여 오늘날의 국경선을 확정하였다.
>
> [정답 : ①]

> **참고** 성종의 체제 정비
> (1) 중앙 통치 기구 정비 : 당의 제도를 수용한 2성 6부제 실시, 중추원 설치
> (2) 지방 제도 정비 : 12목을 설치하고 지방관(절도사) 파견, 향리 제도를 마련하여 지방의 중소 호족을 향리로 편입, 10도를 설치하고 도 아래 주·군·현·진 설치
> (3) 유교 교육의 진흥 : 최고의 국립 교육 기관인 국자감 설립, 12목에 경학박사와 의학박사 파견, 과거 제도 정비

> **해설**
> 제시된 자료의 (가)에 들어갈 왕은 고려 광종이다. ① 광종은 왕권을 강화하기 위해 노비안검법을 실시하고, 신진 인사를 등용하기 위해 과거제를 시행하였으며, 관리의 기강을 세우기 위해 공복을 제정하였다. 또한 국왕의 권위를 높이기 위해 황제 호칭과 독자적 연호(광덕, 준풍)를 사용하였다.
>
> **오답피하기**
> ② 예종은 윤관의 건의를 받아들여 여진을 정벌하고 동북 9성을 개척하였으나 곧 동북 9성을 반환하였다.
> ③ 공민왕은 원·명 교체기에 신진 사대부를 등용하여 권문세족을 억압하고 반원 정책을 추진하였다.
> ④ 공양왕 때 최초의 지폐인 저화가 만들어졌고, 서적원이 설치되어 금속 활자로 서적을 간행하였다.
>
> [정답 : ①]

keyword
성종, 유교 정치, 2성 6부제, 12목 설치, 광종, 국자감 설립, 노비안검법, 과거제 실시, 공복 제정, 광덕·준풍 연호 사용

초급 24회 19번

3. 다음 가상 인터뷰의 밑줄 그은 '부대'로 옳은 것은? [2점]

― 배중손 장군께서는 개경으로 돌아가기를 반대 하셨는데 앞으로 어떻게 하실 계획입니까?
― 나와 우리 부대는 몽골에게 항복하지 않고 끝까지 맞서 싸울 것입니다.

① 별기군　　② 별무반
③ 삼별초　　④ 장용영

초급 29회 12번

4. (가)에 들어갈 내용으로 옳은 것은? [3점]

― 이것은 고려 시대 장양수라는 사람이 1205년에 받은 홍패입니다. 홍패란 (가)

① 16세 이상의 남자에게 발급했던 신분증입니다.
② 과거에 급제한 사람에게 주었던 증서의 일종입니다.
③ 관원이 역에서 말을 빌리는 데 사용했던 증표입니다.
④ 국가의 재정을 보충하기 위해 팔았던 관직 임명장입니다.

> **해설**
> 제시된 가상 인터뷰의 밑줄 그은 '부대'는 삼별초이다. ③ 삼별초는 개경 환도에 반대하고 강화도에서 배중손의 지휘 하에 항전을 지속하였다. 그 후 진도로 내려가 용장성을 쌓고 항전하였으나 김방경이 이끄는 여·몽 연합군에 밀려 다시 제주도로 밀려났다. 삼별초가 진압된 이후 원은 제주도에 탐라총관부를 설치하고 직접 통치하였다.

> **오답피하기**
> ① 별기군은 1881년(고종 18년) 개화 정책을 추진하면서 창설한 신식 군대이다.
> ② 별무반은 고려 숙종 때 윤관의 건의로 설치된 여진 정벌을 위한 특수군으로, 신보군(보병)·신기군(기병)·항마군(승병)으로 편성되었다.
> ④ 장용영은 조선 후기 정조가 왕권 강화를 목적으로 설치한 국왕의 호위 군대이다.
>
> [정답 : ③]

> **참고** 고려의 특수 부대
>
> | 광군 | 정종 때 거란의 침입에 대비할 목적으로 설치된 호족 연합 부대 |
> |---|---|
> | 별무반 | 숙종 때 윤관의 건의로 설치된 여진 정벌 부대 |
> | 삼별초 | 몽골에 대항한 부대, 좌별초·우별초·신의군으로 구성 |
> | 도방 | 무신 집권기에 설치된 사병 부대 |
> | 연호군 | 고려 말 왜구를 토벌하던 부대, 농민과 노비로 구성 |

> **해설**
> ② 홍패는 고려와 조선 시대에 과거 급제자에게 부여한 증서이다. 고려 시대에는 무과가 없어 문과와 잡과 급제자에게 주어졌고, 조선 시대에는 문과와 무과 최종 합격자에게 주어졌다.

> **오답피하기**
> ① 호패는 조선 시대에 16세 이상의 남자에게 발급하였던 신분 증명패이다.
> ③ 마패는 조선 시대에 관원이 역에서 말을 빌리는 데 사용하던 증표이다.
> ④ 공명첩은 국가의 재정을 보충하기 위해 팔았던 관직 임명장으로, 이름이 비어 있었다.
>
> [정답 : ②]

> **참고** 고려 시대의 과거 제도
>
> (1) 목적 : 광종이 호족 세력을 약화시키고, 왕권을 강화할 목적으로 시행
> (2) 문과와 잡과, 승과
> 　① 문과 : 문예 능력을 시험하는 제술과, 유교 경전 이해 능력을 평가하는 명경과로 구분
> 　② 잡과 : 법률·회계·지리 등의 실용적인 기술학 시험
> 　③ 승과 : 교종과 선종을 구분하여 승려 선발
> (3) 응시자의 신분 : 양인 이상은 과거에 응시할 수 있었으나 제술과와 명경과에는 주로 귀족과 향리의 자제들이 응시, 양민은 주로 잡과에 응시

---

keyword
배중손, 몽골, 삼별초, 대몽 항쟁, 별무반, 장양수 홍패

초급 26회 12번

5. (가)에 들어갈 내용으로 옳은 것은? [2점]

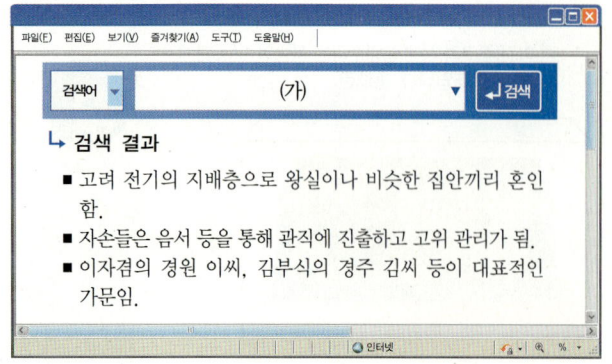

① 6두품
② 권문세족
③ 문벌 귀족
④ 신진 사대부

초급 25회 20번

6. 다음 대화에 나타난 사건이 발생한 시기를 연표에서 옳게 고른 것은? [2점]

918	1019	1170	1270	1392
(가)	(나)	(다)	(라)	
고려 건국	귀주 대첩	무신 정변	개경 환도	조선 건국

① (가) ② (나) ③ (다) ④ (라)

> **해설**
> 제시된 자료의 (가)는 문벌 귀족이다. ③ 문벌 귀족은 자손에게 세습이 허용되는 공음전의 혜택을 받았으며, 비슷한 집안끼리 혼인 관계를 맺어 권력을 강화하였다. 특히 문벌 귀족은 왕실과 혼인 관계를 맺어 외척으로서의 지위를 차지하였고, 이를 이용하여 정권을 장악하였다.
>
> **오답피하기**
> ① 6두품은 신라 시대의 신분 중 하나로, 신분의 한계 때문에 뛰어난 능력이 있어도 성골이나 진골과는 달리 높은 관직에 오르지 못하였다.
> ② 권문세족은 원 간섭 이후의 지배 계급을 말한다. 이들은 음서를 통해 권력을 세습하고 고위 관직을 차지하였다. 특히 도평의사사를 장악하여 권력을 집중시켰다. 또한 대농장을 소유하여 경제적 기반을 마련하였다.
> ④ 신진 사대부는 성리학을 공부하고 과거를 통해 중앙 관료로 진출하였다. 지방 향리 출신이 많았고, 경제적으로는 중소 지주에 속하였다. 권문세족의 친원적·친불교적 성향에 반대하였고, 공민왕 시기에 권문세족과 대항할 수 있을 만큼 성장하였다.
>
> [정답 : ③]
>
> **참고 문벌 귀족**
> (1) 문벌 귀족의 형성 : 과거와 음서를 통해 관직을 독점하며 주도적인 정치 세력이 됨
> (2) 문벌 귀족의 성장
> ① 관직에 따라 지급받는 과전과 문벌 귀족의 자손에게 세습되었던 공음전의 혜택을 받으며 경제력 독점
> ② 귀족이나 왕실과 혼인 관계를 맺어 권력 유지

> **해설**
> 두 사람의 대화는 만적의 난(1198)에 대한 것이다. ③ 만적의 난은 무신 집권기에 발생한 대표적인 신분 해방 운동이므로 무신 정변(1170)과 개경 환도(1270) 사이의 (다)에 해당한다.
>
> **오답피하기**
> ① (가)는 거란의 1·2·3차 침입이 있었던 시기이다.
> ② (나)는 여진 정벌과 동북 9성을 개척하였던 시기이다.
> ④ (라) 삼별초의 대몽 항쟁 및 원의 내정 간섭이 있었던 시기이다.
>
> [정답 : ③]
>
> **참고 무신 정권의 영향**
> (1) 정치
> ① 문신 중심의 정치 기구가 기능을 잃고 무신 중심의 회의 기구가 강화됨
> ② 문벌 귀족 사회가 무너지고 왕권과 국가 통치 질서가 약화됨
> (2) 경제
> ① 권력을 독점한 소수가 자신의 농장을 확대하며 국가 경제가 어려워짐
> ② 땅을 빼앗긴 농민이 늘어나면서 농촌 사회가 몰락함
> (3) 사회
> ① 엄격하게 지켜지던 신분 제도가 흐트러져 하극상의 분위기가 퍼져나감
> ② 귀족 사회에서 관료가 중심이 되는 사회로 옮겨 감

keyword
문벌 귀족, 신진 사대부, 6두품, 권문세족, 음서, 공음전, 무신 정변, 만적의 난, 최충헌, 노비 해방

7. (가)에 들어갈 인물로 옳은 것은? [2점]

역사 신문
제△△호 ○○○○년 ○○월 ○○일

백성들과 함께 거둔 값진 승리!

고려 조정이 도읍을 강화도로 옮기자, 관군의 대부분도 왕실을 지키기 위하여 강화도로 들어갔다. 백성들을 보호해 줄 군대가 거의 없는 상황에서 몽골군이 다시 쳐들어오자 (가) 은/는 백성들과 함께 처인성에서 몽골군을 물리쳤다.

① 윤관 ② 최영
③ 김윤후 ④ 배중손

8. 다음 탐구 주제에 대한 모둠별 발표 제목으로 옳지 않은 것은? [2점]

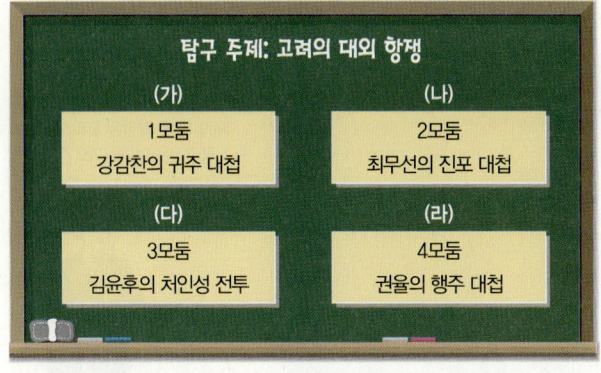

탐구 주제: 고려의 대외 항쟁
(가) 1모둠 강감찬의 귀주 대첩
(나) 2모둠 최무선의 진포 대첩
(다) 3모둠 김윤후의 처인성 전투
(라) 4모둠 권율의 행주 대첩

① (가) ② (나) ③ (다) ④ (라)

해설
제시된 신문의 (가)에 들어갈 인물은 김윤후이다. ③ 몽골군은 강화도 천도를 빌미로 고려에 침입하였으나(몽골의 제2차 침입, 1232), 김윤후가 처인성(용인)에서 적장 살리타를 사살하였다.

오답피하기
① 윤관은 별무반을 이끌고 천리장성을 넘어 여진족을 북방으로 쫓아 버리고, 동북 지방 일대에 9성을 쌓았다.
② 최영은 홍건적과 왜구를 토벌(홍산 대첩)하면서 큰 전과를 올려 백성들의 신망을 얻었다.
④ 대몽 항쟁에 앞장섰던 삼별초는 고려 정부의 개경 환도에 반대하여 배중손의 지휘 아래 진도에서 제주도로 근거지를 옮기며 항쟁을 계속하였다.

[정답 : ③]

참고 몽골의 침입(총 6차)
(1) 제1차 침입 : 몽골과 힘을 합쳐 고려에 들어온 거란족 소탕 → 몽골의 지나친 공물 요구 → 고려의 거절 → 몽골 사신 피살 → 몽골 사신의 피살을 구실로 침입(1231) → 다루가치(감독관)를 통한 몽골의 횡포 → 최우의 강화도 천도
(2) 제2차(1232) 및 제3차(1235) 침입 : 강화도 천도를 빌미로 재침입 → 김윤후가 처인성 전투에서 적장 사살 → 보복을 구실로 다시 침략

해설
강감찬의 귀주 대첩, 최무선의 진포 대첩, 김윤후의 처인성 전투는 고려 시대의 대외 항쟁에 해당한다. ④ 권율의 행주 대첩은 조선 시대 임진왜란의 3대 대첩(한산도 대첩, 진주 대첩, 행주 대첩) 중 하나이다.

오답피하기
① 강감찬의 귀주 대첩은 거란의 3차 침입(1019) 때 퇴각하던 거란군을 귀주에서 격퇴한 전투이다.
② 최무선의 진포 대첩은 1380년 진포에 침입한 왜구를 최무선이 화포를 이용해 격퇴한 전투이다.
③ 김윤후의 처인성 전투는 경기 용인 처인성(처인 부곡)에서 승려 김윤후가 몽골 장수 살리타를 사살한 전투이다.

[정답 : ④]

참고 거란의 침입

1차 침입(993)	서희의 외교 담판으로 강동 6주를 획득하여 압록강까지 영토가 넓어짐
2차 침입(1010)	거란이 송과의 수교 단절을 요구하며 침입 → 양규가 퇴각하는 거란군 공격
3차 침입(1018)	강감찬이 귀주 대첩(1019)으로 물리침

---

keyword
윤관, 별무반, 동북 9성, 최영, 홍산 대첩, 배중손, 삼별초, 대몽 항쟁, 김윤후, 처인성 전투, 최무선, 진포 대첩

9. 밑줄 그은 '국경선'을 지도에서 옳게 고른 것은? [2점]

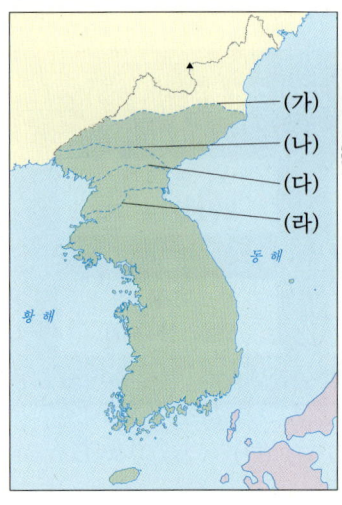

① (가)   ② (나)   ③ (다)   ④ (라)

10. 다음 가상 시나리오 장면에 등장하는 왕의 업적으로 옳은 것은? [3점]

S# 10
시기: 14세기
장소: 고려의 왕궁
왕: 몽골식 풍습을 버리고 고려의 전통을 되살리는 데 앞장 설 것이오. 앞으로는 변발을 금지하고, 몽골식 관복 대신 우리나라의 관복을 입으시오.
신하들: 그대로 시행하겠습니다.

① 동북 9성을 쌓았다.
② 4군 6진을 개척하였다.
③ 교정도감을 설치하였다.
④ 철령 이북의 땅을 회복하였다.

해설

원은 고종 말년에 화주(영흥)에 쌍성총관부를 설치하여 철령 이북의 땅을 직속령으로 편입하였는데, 공민왕 5년(1356)에 유인우가 무력으로 공략하여 이를 회복하였다. ① (가)는 공민왕 때 원에 빼앗겼던 우리 땅을 되찾고 확정한 고려의 국경선이다.

[정답 : ①]

참고 원의 내정 간섭

(1) 정동행성 설치
 ① 원이 일본 원정을 위해 정동행성을 설치한 뒤 선박·식량·무기 등 징발
 ② 정동행성은 이후 그대로 남아 고려의 정치를 간섭하는 기구로 변질됨
(2) 원의 영토 확보
 ① 쌍성총관부 : 철령 이북의 땅을 원의 직속 땅으로 편입 → 공민왕 때 무력으로 회복
 ② 동녕부 : 원이 자비령 이북의 땅 차지 → 충렬왕 때 반환
 ③ 탐라총관부 : 원이 제주도 점령 → 충렬왕 때 반환

해설

제시된 가상 시나리오 장면에 등장하는 왕은 공민왕이다. 공민왕은 원·명 교체기 상황에서 신진 사대부를 등용하여 권문세족을 억압하면서 반원 자주 정책을 추진하였다. ④ 공민왕은 유인우로 하여금 쌍성총관부를 공격하도록 하여 철령 이북의 땅을 수복하였다(1356).

오답피하기

① 고려 예종 때 윤관이 여진족을 몰아낸 뒤 동북 9성(함주, 영주, 웅주, 길주, 복주, 공험진, 숭녕진, 통태진, 진양진)을 쌓았다.
② 조선 세종 때 북방의 여진족을 몰아내고 4군 6진을 개척하여 오늘날의 국경선을 확정하였다.
③ 최충헌은 무신 집권기 최고 권력 기구로 교정도감을 설치하였다.

[정답 : ④]

참고 공민왕의 개혁 정치

(1) 반원 자주 정책 : 정동행성 이문소 폐지, 몽골풍 금지, 2성 6부제의 관제 복구, 기철·권겸 등 친원파 숙청, 쌍성총관부 탈환, 동녕부 정벌, 요동 수복 운동 전개
(2) 왕권 강화 정책 : 전민변정도감 설치, 성균관과 과거제 정비 → 신진 사대부 등용

---

keyword
공민왕, 쌍성총관부, 정동행성, 동녕부, 탐라총관부, 철령 이북의 땅 수복, 반원 자주 정책, 친원 세력 숙청, 몽골풍 금지, 변발 금지, 유인우

11. (가)에 들어갈 내용으로 옳지 <u>않은</u> 것은? [3점]

① 상평통보가 널리 유통되었습니다.
② 절에서 종이와 기와를 만들어 팔았습니다.
③ 송에 인삼, 나전 칠기 등을 수출하였습니다.
④ 벽란도를 중심으로 활발하게 무역을 하였습니다.

12. 다음 가상 인터뷰에서 (가)에 들어갈 내용으로 적절하지 <u>않은</u> 것은? [2점]

① 종이와 기와를 만들어 팔았습니다.
② 청화 백자를 만들어 판매하였습니다.
③ 여행자를 위한 숙소를 운영하였습니다.
④ 땅과 곡식을 빌려주고 대가를 받았습니다.

> **해설**
> 고려 시대에는 상업 활동이 활발해지면서 화폐가 발행되었다. 성종 때 철전인 건원중보가, 고려 숙종 때 동전인 삼한통보·해동통보·해동중보와 활구(은병)가 발행되었다. ① 상평통보는 조선 숙종 때인 1678년에 주조되어 전국으로 유통된 화폐이다.
>
> **오답피하기**
> ② 고려 시대에는 기술 좋은 승려와 노비가 절에서 베·모시·기와·술·소금 등을 만들어 팔았다.
> ③ 고려 광종 이후 친송 정책으로 송과의 무역이 활발해지면서 송에 금, 은, 인삼, 종이, 먹, 부채, 나전 칠기, 화문석 등을 수출하였다.
> ④ 벽란도(예성강 하구)는 고려 시대의 국제 무역항으로, 송, 여진, 거란, 일본뿐만 아니라 아라비아 상인과도 무역을 하였다.
>
> [정답 : ①]

> **참고 고려의 무역활동**
> (1) 무역항 : 벽란도가 국제 무역항으로 번성
> (2) 여러 나라와의 무역
> ① 송
>   ㉠ 수입품 : 비단, 약재, 서적 등
>   ㉡ 수출품 : 금, 은, 인삼, 종이, 먹, 부채, 나전 칠기, 화문석 등
> ② 거란·여진
>   ㉠ 수입품 : 은, 모피, 말 등
>   ㉡ 수출품 : 식량, 문방구 등
> ③ 아라비아
>   ㉠ 수입품 : 수은, 향료, 산호 등
>   ㉡ 상인들에 의해 '고려(Corea)'의 이름이 알려지게 됨

> **해설**
> 제시된 가상 인터뷰의 (가)에 들어갈 알맞은 내용은 고려 시대 사원(절) 경제에 대한 것이다. ② 청화 백자는 조선 후기에 유행한 도자기이다.
>
> **오답피하기**
> ① 고려 시대 절에서는 기술 좋은 승려와 노비가 종이와 기와 등을 만들어 팔았다.
> ③ 고려 시대 절에서는 여행자를 위해 '원'이라는 숙소를 운영하였다.
> ④ 고려 시대 절에서는 땅과 곡식을 빌려주고 대가를 받았다.
>
> [정답 : ②]

> **참고 승려의 경제 활동**
> 지금 부역을 피하려는 무리들이 부처의 이름을 걸고 돈놀이를 하거나 농사·축산을 업으로 삼고 장사를 하는 것이 보통이 되었다. …… 어깨를 걸치는 가사는 술 항아리 덮개가 되고, 범패를 부르는 장소는 파·마늘의 밭이 되었다. 장사꾼과 통하여 팔고 사기도 하며, 손님과 어울려 술 먹고 노래를 불러 절간이 떠들썩하다.
> – "고려사" –

keyword
상평통보, 벽란도, 국제 무역항, 인삼, 종이, 나전 칠기, 청화 백자, 사원, 사원전, 승려

초급 27회 15번 개념 이해

13. (가)에 들어갈 용어로 옳은 것은? [2점]

역사 용어 해설

(가)

- 성리학을 이념으로 하여 고려 사회를 개혁하려고 한 새로운 정치 세력이다.
- 조선 건국의 중심이 된 세력이다.

① 호족　　　　　　② 6두품
③ 문벌 귀족　　　　④ 신진 사대부

초급 21회 18번 사실 추론

14. 다음 재판이 이루어진 시기의 사회 모습으로 옳지 않은 것은? [3점]

① 재혼한 여성은 사회적으로 차별받았다.
② 아들과 딸이 돌아가면서 제사를 지냈다.
③ 사위가 처가에서 생활하는 경우가 많았다.
④ 자녀는 태어난 순서대로 족보에 기록되었다.

해설
제시된 자료의 (가)는 신진 사대부이다. ④ 신진 사대부는 성리학을 공부하였고, 과거 시험을 통해 공민왕 때 중앙 정계에 진출하였다. 이들은 성리학을 이념으로 하여 사회 개혁과 문화 혁신을 주장하였고, 조선 건국의 중심 세력이 되었다.

오답피하기
① 호족은 신라 말 진골 귀족들의 왕위 쟁탈전으로 국가 기강이 혼란해지고 중앙의 지방 통제력이 약화되면서 대두한 지방 세력이다.
② 6두품은 신라의 신분 중 하나로, 두품층 가운데 가장 높은 등급이다. 6두품은 골품제의 모순을 비판하면서 유교를 바탕으로 한 새로운 정치 이념을 제시하였다.
③ 문벌 귀족은 과거와 음서를 통해 관직을 독점하고 중서문하성과 중추원의 재상이 되어 정국을 주도하였다.

[정답 : ④]

참고 신진 사대부
(1) 출신 배경
　① 지방 향리 출신이 많음, 경제적으로는 중소 지주
　② 성리학을 받아들이고 과거를 통해 중앙 관료로 진출
　③ 권문세족의 친원적·친불교적 성향에 반대, 공민왕 시기에 세력이 커짐
(2) 분열
　① 온건 개혁파 : 고려 왕조를 유지하면서 점진적인 사회 개혁 주장
　② 급진 개혁파 : 고려 왕조 자체를 교체하여 새로운 나라 건국 주장

해설
제시된 자료는 고려 시대 여성의 지위에 대한 것이다. 고려 시대에는 여성의 정치 진출에는 제한을 두었으나 경제적·사회적으로는 남성과 대등하였다. ① 고려 시대에는 여성의 재가가 비교적 자유로웠으며, 재가하여 낳은 자식도 사회적으로 차별을 받지 않았다.

오답피하기
② 고려 시대에는 아들과 딸이 돌아가면서 부모님의 제사를 지냈으며, 아들이 없을 경우 양자를 들이지 않고 딸이 제사를 지냈다.
③ 고려 시대에는 사위가 처가의 호적에 올라가거나 처가에서 생활하는 경우도 많았다. 또한 사위나 외손자도 음서의 혜택을 받을 수 있었다.
④ 고려 시대에는 남녀의 순서가 아니라 태어난 순서대로 호적에 기록하였고, 여성이 호주가 되는 경우도 있었다.

[정답 : ①]

keyword
호족, 6두품, 문벌 귀족, 권문세족, 신진 사대부, 성리학, 고려 시대 여성의 지위, 족보

15. 다음 주제에 해당하는 문화유산으로 옳지 <u>않은</u> 것은? [3점]

① (가) ② (나) ③ (다) ④ (라)

16. 밑줄 그은 '이 행사'에 대한 설명으로 옳은 것은? [3점]

① 쌍기의 건의로 시작되었다.
② 제사장인 천군이 주관하였다.
③ 공자를 모신 문묘에서 매년 행해졌다.
④ 불교는 물론 다양한 종교와 사상이 어우러졌다.

> **해설**
> 제시된 자료의 주제는 '사진으로 보는 고려 시대 문화유산'이며, (나) 청자 상감 운학문 매병, (다) 논산 관촉사 석조 미륵보살 입상, (라) 수월관음도는 모두 고려 시대 문화유산에 해당한다. ① (가) 성덕 대왕 신종은 신라 중기에 만들어졌다.
>
> **오답피하기**
> ② 12세기 중엽 고려의 독창적인 기법인 상감법이 개발되면서 상감 청자가 유행하였다.
> ③ 고려 초기에는 논산 관촉사 석조 미륵보살 입상처럼 지역적인 특색이 드러난 거대한 불상이 제작되었다.
> ④ 수월관음도는 충선왕 때 제작된 고려 시대의 불화이다.
>
> [정답 : ①]

> **참고 고려 시대의 예술**
> (1) 고려 자기
>   ① 11세기경 송의 자기 기술에 영향을 받은 순청자 발달
>   ② 12세기 중엽 상감 기법이 적용된 상감 청자 유행
>   ③ 고려 후기 북방 지역의 가마 기술이 도입되면서 소박한 분청사기가 만들어짐
> (2) 불상
>   ① 석불·금동불이 주류, 9세기 말부터 철불 유행(광주 춘궁리 철불)
>   ② 부석사 소조 아미타여래 좌상 : 신라의 양식을 계승한 고려 시대의 대표 불상
>   ③ 지역적 특색이 강하며 신라 시대에 비해 예술성이 떨어지고 인체 비례도 맞지 않음
> (3) 불화 : 혜허의 양류관음도가 유명

> **해설**
> 제시된 자료의 밑줄 그은 '이 행사'는 팔관회이다. ④ 팔관회는 개경(11월 15일)과 서경(10월 15일)에서 1년에 두 차례 열린 불교 행사로, 여러 토속 신에 대한 제사도 겸하였다. 팔관회는 겨울에 행한 일종의 기우제로, 임금과 신하가 함께 참여하여 국가와 왕실의 태평을 기원하였다.
>
> **오답피하기**
> ① 과거 제도는 쌍기의 건의로 시작되었다.
> ② 팔관회는 임금과 신하가 함께 참여하였다.
> ③ 문묘는 성균관에서 가장 중요한 곳으로, 공자·맹자 등 170여 명의 중국 유학자들과 10여 명의 우리나라 유학자들을 모시고 제사를 지냈다.
>
> [정답 : ④]

> **참고 연등회**
> 연등회는 음력 1월 15일(거란의 2차 침입 이후에는 2월 15일로 변경)에 전국적으로 거행되던 불교 행사로, 부처님의 공덕을 기리는 의식이었으나 고려 후기에 신에 대한 제사도 함께 지냈다.

keyword
고려청자, 청자 상감 운학문 매병, 상감법, 수월관음도, 논산 관촉사 석조 미륵보살 입상, 연등회, 팔관회, 문묘

III 조선 유교 사회의 성립과 변화

1. (가)에 들어갈 내용으로 옳지 <u>않은</u> 것은? [3점]

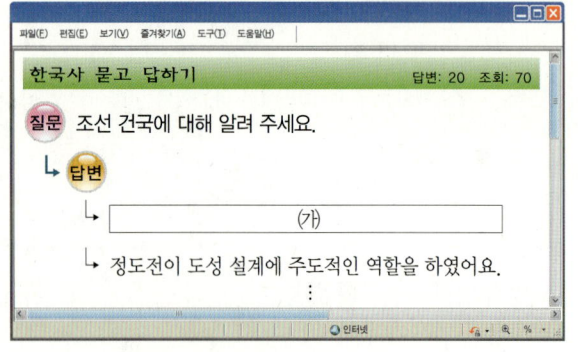

① 이성계가 나라를 세웠어요.
② 호족이 건국의 중심 세력이었어요.
③ 유교가 국가 통치의 근본 이념이었어요.
④ 나라 이름은 고조선을 계승한다는 뜻에서 조선이라 했어요.

해설
제시된 자료의 (가)에 들어갈 내용은 조선 건국에 대한 것이다. ② 호족이 건국의 중심 세력이었던 시대는 고려 시대이다. 고려 태조 왕건은 송악(개경) 지역의 호족 출신으로, 후삼국을 통일하고 고려를 건국하였다(918).

오답피하기
① 조선은 이성계를 중심으로 한 신흥 무인 세력과 정도전을 중심으로 한 신진 사대부 세력이 결합하여 세운 나라이다(1392).
③ 조선은 유교를 국가 통치의 근본 이념으로 삼고, 불교를 배척하였다.
④ 조선은 고조선을 계승한다는 뜻에서 국호를 조선이라 정하고, 1394년 한양으로 천도하여 새 왕조의 기틀을 마련하였다.

[정답 : ②]

참고 조선의 건국
(1) 건국(1392)
  ① 급진파 신진 사대부가 온건파 신진 사대부를 제거하고, 이성계를 왕으로 추대
  ② 새 왕조를 개창하고 국호를 조선, 도읍을 한양으로 정함(1394)
(2) 정도전의 활약
  ① 민본적 통치 규범 제시, 재상 중심의 정치 주장, 왕에게 권력이 집중되는 것 견제
  ② 불교 비판, 성리학을 통치 이념으로 확립하는 데 기여

2. 다음 시조를 지은 인물이 실시한 제도로 옳은 것은? [2점]

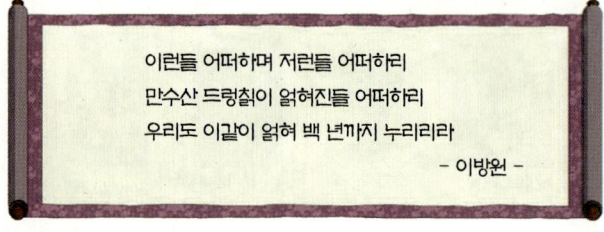

① 호패법 ② 대동법
③ 균역법 ④ 노비안검법

해설
제시된 자료는 태종 이방원이 고려 말 충신이었던 정몽주를 회유하기 위해 쓴 시이다. ① 태종 이방원은 사병을 혁파하고 호패법을 실시하는 등 국왕 중심의 중앙 집권 체제를 강화하였다.

오답피하기
② 대동법은 조선 후기 공납 제도의 폐단을 바로잡기 위해 세금을 쌀·포목·돈 등으로 내도록 한 제도이다(토지 1결당 쌀 12두).
③ 균역법은 조선 영조 때 군역의 폐단을 바로잡기 위해 군포를 1년에 2필에서 1필로 줄여 주던 제도이다.
④ 노비안검법은 고려 광종 때 억울하게 노비가 된 자들을 조사하여 원래의 양인 신분으로 되돌려 주던 제도이다.

[정답 : ①]

참고 태종의 중앙 집권 체제 강화
(1) 왕실이나 신하들이 개인적으로 거느리던 군대인 사병을 혁파함
(2) 의정부 권한 축소, 6조 직계제 시행
(3) 호패법 실시 → 국가 재정 확보
(4) 전국을 8개의 도로 나누고 관찰사를 파견하여 중앙 집권 강화

keyword
조선 건국, 이성계, 고조선 계승, 정도전, 신흥 무인 세력, 신진 사대부, 한양 천도, 유교적 통치 이념, 태종 이방원, 호패법, 사병 혁파

초급 26회 27번 상황인식

3. 다음 학생이 생각하고 있는 기관으로 옳은 것은? [2점]

① 의금부 ② 집현전
③ 춘추관 ④ 홍문관

초급 26회 21번 사실 알기

4. (가)에 들어갈 문화유산으로 옳은 것은? [2점]

세조께서 편찬하기 시작한 (가) 을/를 드디어 완성하였노라. 앞으로 이것을 국가 통치의 기본 법전으로 삼겠노라.

①  경국대전
②  동사강목
③  삼국유사
④  조선왕조실록

> **해설**
> 제시된 자료는 집현전에 대한 것이다. ② 집현전은 세종 때 확대 설치된 학문 연구 기관이다. 세종은 젊은 학자들을 집현전에 소속시켜 학문을 연구하도록 하였다. 이에 집현전 학자들은 훈민정음 창제와 이에 관련된 편찬 사업에 주력하였다. 집현전은 세종 시기 민족 문화의 발달을 이끌었다.

> **오답피하기**
> ① 의금부는 조선 시대 국왕 직속의 사법 기관으로, 죄인의 조사를 담당하였다.
> ③ 춘추관은 조선 시대 역사서의 편찬과 보관을 담당하던 기관이다.
> ④ 홍문관은 경연과 서연 및 국왕에 대한 자문 역할을 담당하던 기관이다.
> [정답 : ②]

> **참고 한글 창제**
> (1) 목적 : 우리말의 자유로운 표현과 피지배층에 대한 도덕적 교화 등을 위해 세종 대왕이 집현전 학자들과 더불어 창제
> (2) 한글 작품 : '용비어천가', '월인천강지곡'을 비롯하여 각종 불경, 농서, 윤리서, 병서 등이 쓰여짐
> (3) 영향 : 일반 백성들의 문자 생활이 가능해지면서 민족 문화의 기반이 확고해짐

> **해설**
> 제시된 자료의 (가)에 들어갈 문화유산은 "경국대전"이다. ① 세조 때부터 편찬하기 시작한 "경국대전"은 성종 때에 이르러 완성되었다. 조선은 "경국대전"의 편찬으로 유교적 법치 국가의 기틀을 마련할 수 있었다.

> **오답피하기**
> ② "동사강목"은 조선 후기 실학자 안정복이 쓴 역사서이다.
> ③ "삼국유사"는 고려 후기 일연이 쓴 역사서로, 단군의 건국 이야기가 실려 있다.
> ④ "조선왕조실록"은 조선 시대 왕들의 역사를 기록한 역사서로, 1997년에 유네스코 세계 기록 문화유산으로 등재되었다.
> [정답 : ①]

> **참고 성종의 정치**
> (1) 문물 제도 정비 : 홍문관 설치, 경연 실시
> (2) 유교적 통치 체제 완성 : "경국대전" 반포(1474)
> (3) 토지 제도 정비 : 직전법을 개혁하여 관수 관급제 실시

keyword
세종, 집현전, 훈민정음, 의금부, 춘추관, 홍문관, 성종, 경국대전, 동사강목, 삼국유사, 조선왕조실록, 유교적 법치주의

5. (가)에 들어갈 기관으로 옳은 것은? [2점]

① 승정원　② 의금부　③ 의정부　④ 춘추관

6. 다음 학습 주제에 대한 발표 내용으로 옳지 않은 것은? [3점]

학습 주제: 조선 시대 중인

① 아픈 사람을 치료하는 의관이 있습니다.
② 외국 사신이 있을 때 통역하는 역관이 있습니다.
③ 도화서에서 그림을 그리는 화원이 있습니다.
④ 가축을 잡아 고기를 파는 백정이 있습니다.

해설
제시된 자료의 (가)에 들어갈 기관은 의정부이다. ③ 의정부는 영의정·좌의정·우의정의 3정승이 모여 국정을 논의하고 의결하였던 조선 전기 최고의 기구이다.

오답피하기
① 승정원은 국왕의 비서 기관이다.
② 의금부는 국왕 직속의 사법 기관이다.
④ 춘추관은 역사를 기록하고 보관하던 기관이다.

[정답 : ③]

참고 조선의 중앙 통치 조직
(1) 의정부와 6조
　① 의정부 : 3정승의 합의로 국정 총괄
　② 6조 : 이조·호조·예조·병조·형조·공조로 구성되어 행정 업무 분담
(2) 3사 : 사헌부(관리 감찰), 사간원(국왕의 잘못 간언), 홍문관(국왕 자문 기구)으로 구성, 언론 기능 담당
(3) 의금부 : 국왕의 사법 기관으로, 반역죄를 주로 담당
(4) 승정원 : 왕명을 직접 출납하는 역할 담당
(5) 한성부 : 수도의 행정과 치안 담당
(6) 성균관 : 최고 교육 기관, 예비 관료 교육
(7) 춘추관 : 역사서 편찬과 보관 담당, 국왕 사후 실록청을 설치하여 왕조실록 편찬

해설
제시된 자료는 조선 시대 신분 중 하나인 중인에 대한 것이다. 조선 시대 신분은 양반·중인·상민·천민으로 나뉘었는데, 그중 중인은 양반과 상민 사이의 중간 계층이었다. ④ 가축을 잡아 고기를 파는 백정은 조선 시대 천민에 해당한다.

오답피하기
① 의관, ② 역관, ③ 화원은 모두 중인에 해당한다.

[정답 : ④]

참고 조선 시대의 사회 구조
(1) 특징 : 지배 계층과 피지배 계층으로 구분
(2) 신분 제도 : 법적으로는 양인과 천민으로 구분되는 양천제, 실제로는 양인은 양반·중인·상민으로 구분되는 반상제

양반	문반과 무반을 가리키는 말, 점차 지배 계층 전체를 의미
중인	양민과 상민 사이의 중간 계층, 기술관·서리·향리·군관·서얼 계층을 의미
상민	평민이나 양인으로도 불림, 주로 농민·상인·수공업자를 말함, 법적으로 과거 응시 가능
천민	대부분이 노비, 백정·광대·무당·기생 등 포함

keyword
의정부, 영의정, 좌의정, 우의정, 승정원, 의금부, 춘추관, 조선의 신분 제도, 양반, 중인, 상민, 천민, 의관, 역관, 화원, 백정

초급 28회 23번 사실 알기

7. 밑줄 그은 '이 전쟁' 때 있었던 사실로 옳지 않은 것은? [3점]

이 전쟁에서 활약한 주요 인물은 누구인가요?

이순신, 유성룡, 사명대사 등이 있습니다.

① 을지문덕이 살수에서 적군을 격퇴하였다.
② 곽재우 등 의병들이 각지에서 활약하였다.
③ 김시민이 진주성에서 왜군을 크게 물리쳤다.
④ 신립이 탄금대에서 배수의 진을 치고 싸웠다.

해설
제시된 자료의 '이순신, 유성룡, 사명대사'를 통해 밑줄 그은 '이 전쟁'이 임진왜란임을 알 수 있다. ① 고구려의 장수 을지문덕이 살수에서 수나라의 적군을 물리친 전쟁은 살수 대첩(612)이다.

오답피하기
② 곽재우는 임진왜란 때 전라도 일대에서 의병으로 활약하였다.
③ 김시민은 임진왜란의 3대첩 중 하나인 진주성 대첩을 승리로 이끌고 전사하였다.
④ 신립은 임진왜란 초기 왜군의 북상을 막고자 충주 탄금대에서 배수진을 치고 왜적을 막다가 전사하였다.
[정답 : ①]

참고 임진왜란의 발발과 전개
(1) 배경
 ① 국내 : 16세기 조선의 국방력 약화
 ② 일본 : 도요토미 히데요시의 전국 통일
(2) 수군과 의병의 활약
 ① 수군의 승리 : 이순신이 남해의 제해권 장악 → 전라도 곡창 지대 보호, 왜군의 수륙 병진(바다와 육지에서 동시 공격) 작전 좌절
 ② 의병의 활약 : 양반 유생이 자발적으로 의병 조직, 육지에서 관군을 도와 전세를 역전시킴
(3) 왜란의 극복 : 수군과 의병의 활약, 명나라 원군의 참전 등으로 전세 역전 → 일본이 휴전 제의 → 결렬 → 왜군 재침입 → 이순신이 명량 대첩(1597)에서 왜군 대파 → 7년간의 전란 종결

초급 27회 19번 상황 인식

8. 다음에서 설명하는 민속놀이로 옳은 것은? [2점]

민속놀이 소개

놀이 유래
이순신 장군이 임진왜란 당시 적에게 우리 군사가 많은 것처럼 보이기 위해 부녀자에게 남자 옷을 입혀 산을 돌게 했다는 데서 유래되었다는 이야기가 있습니다.

놀이 방법
여러 사람이 손을 잡아 둥근 원을 만들고, 목청 좋은 사람이 먼저 노래를 부르면 나머지 사람들이 후렴을 부르면서 빙빙 돌며 춤을 춥니다.

①
널뛰기

②
강강술래

③
그네뛰기

④
놋다리밟기

해설
제시된 자료에서 설명하는 민속놀이는 강강술래이다. ② 강강술래는 임진왜란 때 왜군에 비해 아군의 수가 적자 이순신 장군이 마을의 아녀자들에게 남장을 하게 하고 옥매산 허리를 빙빙 돌게 한데서 유래하였다. 2009년에 유네스코 세계 무형 유산으로 지정되었다.

오답피하기
① 널뛰기는 우리나라 고유의 놀이로, 음력 정월, 단오, 추석에 즐겼다.
③ 그네뛰기는 여성들이 단오절에 즐기던 대중적인 놀이이다.
④ 놋다리밟기는 고려 공민왕이 홍건적의 난을 피해 안동으로 피란하였을 때 그곳 아녀자들이 사람 다리를 만들어 내를 건너게 한 데서 유래하였다.
[정답 : ②]

---

keyword
이순신, 유성룡, 사명대사, 곽재우, 김시민, 신립, 탄금대, 임진왜란, 강강술래, 민속놀이

Ⅲ. 조선 유교 사회의 성립과 변화 139

초급 28회 19번

9. (가)에 대한 설명으로 옳은 것은? [3점]

① 학문과 기술을 전해 주었다.
② 매년 정기적으로 파견되었다.
③ 스에키 토기 제작에 영향을 주었다.
④ 처음으로 일본에 불교를 전파하였다.

초급 26회 23번

10. 다음 대화가 이루어진 시기의 대외 정책으로 옳은 것은? [3점]

① 북벌 정책을 추진하였다.
② 개화 정책을 실시하였다.
③ 중립 외교 정책을 펼쳤다.
④ 통상 수교 거부 정책을 전개하였다.

해설
제시된 자료의 (가)는 조선 통신사이다. 임진왜란 이후 조선은 일본과 국교를 단절하였으나 일본이 거듭 국교 재개를 요청해 오자 기유약조(1609)를 맺어 제한적으로 무역을 허가하였다. ① 300~500명 정도의 대규모로 구성된 조선 통신사는 조선의 선진 문화와 기술을 일본에 전파하는 등 양국의 문화 교류를 이끌었다.

오답피하기
② 조선 통신사는 막부의 파견 요청 시 일본에 파견되었다.
③ 가야 토기의 영향을 받아 일본에서 스에키가 제작되었다.
④ 6세기 백제의 노리사치계가 처음으로 일본에 불교를 전파하였다.

[정답 : ①]

참고 조선 통신사
(1) 기유약조(1609) : 에도 막부의 요청으로 국교 재개
(2) 조건 : 일본으로 끌려간 조선인 포로 석방, 일본 사신의 한양 방문 금지, 동래 왜관 체류만 허용 등
(3) 파견
  ① 에도 막부의 통신사 파견 요청 시 파견
  ② 조선의 선진 문화를 일본에 전파

해설
제시된 자료는 광해군 시기의 중립 외교 정책에 대한 것이다. ③ 광해군은 임진왜란 이후 명의 국력이 약해지고, 후금의 세력이 강성해지자 양국 사이에서 상황에 따라 적절히 행동하는 중립 외교 정책을 펼쳤다.

오답피하기
① 호란 이후 효종 때 청을 정벌하자는 북벌 정책을 추진하였다.
② 강화도 조약 이후 조선 정부는 근대적 문물을 받아들이는 개화 정책을 실시하였다.
④ 흥선 대원군은 서양과의 통상을 거부하며 통상 수교 거부 정책을 전개하였다.

[정답 : ③]

keyword
조선 통신사, 임진왜란, 광해군, 중립 외교 정책, 북벌 정책, 개화 정책, 통상 수교 거부 정책

11. 밑줄 그은 '이 전쟁' 중에 있었던 사실로 옳은 것은? [3점]

① 충주성에서 승리를 거두었다.
② 행주산성에서 적을 격파하였다.
③ 남한산성에서 적과 맞서 싸웠다.
④ 처인성에서 적의 침입을 막아 냈다.

12. (가)에 들어갈 문화유산으로 옳은 것은? [2점]

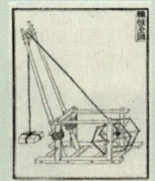 녹로는 고정 도르래를 이용하여 물건을 낮은 곳에서 높은 곳으로 옮기는 기구입니다. 이 기구를 이용하여 만든 (가) 은 정조의 개혁 정치를 상징하는 문화유산입니다.

①  남한산성

②  해미읍성

③  수원 화성

④  공산성

해설
제시된 자료의 밑줄 그은 '이 전쟁'은 병자호란이다. ③ 인조반정 이후 서인 정권이 친명 배금 정책을 취하자 후금(청)은 두 차례 호란을 일으켰다. 병자호란이 일어나자 인조는 남한산성에서 45일간 적과 맞서 싸웠으나 결국 항복하고 말았다.

오답피하기
① 고려 시대 김윤후가 충주성 전투에서 몽골군을 물리치고 승리를 거두었다.
② 임진왜란 때 권율 장군은 행주산성에서 왜군을 물리쳤다(행주 대첩, 1593).
④ 고려 시대 김윤후와 처인 부곡민이 몽골의 침략을 맞아 몽골 장군 살리타를 죽이고 승리를 거두었다(처인성 전투, 1232).

[정답 : ③]

참고 두 차례의 호란
(1) 정묘호란(1627)
  ① 배경 : 서인 정권의 친명 배금 정책, 이괄의 난 발생 → 후금(청)이 광해군의 원수를 갚는다는 명분으로 침입
  ② 전개 : 정봉수, 이립 등 의병의 활약
  ③ 결과 : 후금과 형제 관계의 화약 체결
(2) 병자호란(1636)
  ① 배경 : 후금은 국호를 청으로 고치고 군신 관계를 요구하며 조선에 침입
  ② 전개 : 인조는 남한산성에서 45일간 항전하였으나 결국 청에게 항복함
  ③ 결과 : 청과 군신 관계의 강화 체결, 소현 세자 등이 청에 인질로 끌려감, 청이 조선에 막대한 공물 요구

해설
제시된 자료의 (가)는 수원 화성이다. ③ 수원 화성은 정조가 아버지 사도 세자의 능을 수원부 화성으로 옮기면서 쌓은 성이다. 방어와 공격을 함께 할 수 있도록 만들어진 수원 화성은 정약용이 설계한 거중기를 사용하여 쌓은 것으로 유명하다. 수원 화성은 1997년에 유네스코 세계 문화유산으로 등재되었다.

오답피하기
① 남한산성은 조선 시대에 북한산성과 함께 서울을 지키던 산성의 하나로, 병자호란 때 인조가 피신하여 싸웠지만 45일 만에 항복한 곳이다. 남한산성은 2014년에 유네스코 세계 문화유산으로 등재되었다.
② 해미 읍성은 충남 서산에 위치한 조선 시대의 성곽으로, 서해안 방어를 맡았던 곳이다.
④ 공산성은 백제의 도읍인 공주를 방어하기 위해 쌓은 산성이다.

[정답 : ③]

참고 정조의 정책
(1) 탕평책 실시 : 각 붕당의 인사를 골고루 등용, 남인 세력도 중앙 정계에 등용
(2) 장용영 설치 : 왕의 군사력을 강화하여 병권 장악
(3) 규장각 설치 : 정조의 정책을 뒷받침하고 붕당의 비대화를 막기 위해 인재 양성을 목적으로 설치
(4) 문물 정비 : "대전통편", "동문휘고", "탁지지" 편찬, 수원 화성 건설(거중기 사용)

keyword
후금, 친명 배금 정책, 정묘호란, 병자호란, 남한산성, 삼전도의 굴욕, 정조, 유네스코 세계 문화유산, 수원 화성, 거중기

13. 밑줄 그은 '이곳'에 해당하는 기구로 옳은 것은? [2점]

① 교정청   ② 규장각
③ 성균관   ④ 의금부

14. (가)에 들어갈 용어로 옳은 것은? [2점]

① 마패   ② 호적
③ 호패   ④ 공명첩

해설
제시된 자료의 밑줄 그은 '이곳'은 규장각이다. ② 규장각은 정조가 인재들을 모아 학문을 연구하도록 한 왕실 도서관이다.

오답피하기
① 교정청은 1894년 조선 정부가 동학 농민군과 전주 화약 체결 시 약속한 개혁 정치를 실천하기 위해 설치한 개혁 기구이다.
② 성균관은 조선 최고의 교육 기관이다.
④ 의금부는 국왕 직속의 사법 기관이다.

[정답 : ②]

해설
두 사람의 대화 중 (가)에 들어갈 용어는 공명첩이다. ④ 조선은 임진왜란 이후 부족해진 국가 재정을 확보하기 위해 곡물을 받고 공명첩(성명이 적혀 있지 않은 벼슬 임명장)을 발급해 주었다. 공명첩은 납속책과 함께 합법적으로 신분을 상승시킬 수 있는 수단이 되어 조선 후기 신분제의 동요를 불러일으켰다.

오답피하기
① 마패는 조선 시대 관리가 공적인 업무로 출장을 갔을 때 말을 징발할 수 있는 증명으로 가지고 다니던 패이다.
② 호적은 조선 시대에 나라에서 백성들을 파악하기 위해 호(戶) 단위로 백성들의 인적 정보를 수록한 장부이다.
③ 호패는 조선 시대에 16세 이상의 남자가 가지고 다니던 패로, 오늘날의 신분증과 같다.

[정답 : ④]

keyword
정조, 탕평 정치, 장용영, 규장각, 조선 후기 신분제의 변동, 공명첩, 납속책, 호적, 호패

15. 다음 내용에 해당하는 사건으로 옳은 것은? [3점]

역사 신문
제△△호   ○○○○년 ○○월 ○○일

서북 지방에 대한 차별을 없애라!

서북 지방에서 지역 차별과 세도 정치를 비판하며 봉기가 일어났다. 가난한 농민, 상인, 수공업자, 광산 노동자 등 다양한 계층의 사람들이 봉기에 참여하였다.

① 이자겸의 난 ② 홍경래의 난
③ 김사미·효심의 난 ④ 망이·망소이의 난

16. 다음 대화가 이루어진 시기의 사실로 옳지 <u>않은</u> 것은? [3점]

① 건원중보가 만들어져 사용되었다.
② 벼와 보리의 이모작이 실시되었다.
③ 전국에 1,000여 개의 장시가 생겨났다.
④ 경강상인, 송상 등이 활발하게 활동하였다.

해설
두 사람의 대화가 이루어진 시기는 조선 후기이다. ① 건원중보는 고려 성종 때 만들어진 화폐로, 바깥은 둥글고 안은 네모난 구멍이 뚫려 있다. 고려 시대에는 상공업 유통 경제가 발달하지 못하여 건원중보의 유통이 활발하지 못하였다.

오답피하기
② 조선 후기에는 모내기의 확대로 벼와 보리의 이모작이 가능해졌으며, 노동력이 줄어들면서 광작이 나타났다.
③ 조선 후기 농업 생산력의 증대는 상공업의 발달로 이어져 전국에 1,000여 개의 장시가 생겨났다.
④ 조선 후기 상공업의 발달로 경강상인, 송상, 유상, 만상 등이 활발하게 활동하였다.

[정답 : ①]

참고 조선 후기의 경제 변화
(1) 농업 생산력 증대
 ① 양 난 이후 개간 사업으로 농경지 확대
 ② 수리 시설 복구, 농기구와 비료 개발 등 농업 기술 개발
 ③ 모내기법 확대로 노동력 절감, 수확량 증대, 벼와 보리의 이모작 가능, 광작 발생
 ④ 상품 작물의 재배를 통한 농가 소득 증대
 ⑤ 결과 : 농민층의 계층 분화(부농, 임노동자)
(2) 수공업·광산 개발 : 민영 수공업 발달, 광산 개발 성행
(3) 상품 화폐 경제 발달
 ① 신해통공으로 자유로운 상업 활동 전개
 ② 대동법의 시행으로 공인 등장(상품 화폐 경제의 발달에 기여)
 ③ 전국적으로 경강상인, 송상, 유상, 만상 등 사상 등장
 ④ 장시가 1,000여 개로 늘어나 전국적 유통망 형성(보부상 활약)

해설
제시된 역사 신문의 '서북 지방에 대한 차별', '세도 정치 비판' 등을 통해 조선 순조 때 발생한 홍경래의 난(1811)에 대한 것임을 알 수 있다. ② 홍경래의 난은 세도 정치 시기 삼정의 문란과 서북 지역민에 대한 차별 대우에 불만을 품고 몰락 양반 출신 홍경래가 평안도 가산 지역에서 일으킨 봉기이다. 약 5개월간 지속된 홍경래의 난은 관군에 의해 진압되었으나 이후 일어나는 농민 봉기에 영향을 주었다.

오답피하기
① 이자겸의 난(1126)은 고려 인종의 외조부이자 장인이었던 이자겸이 일으킨 난으로, 문벌 귀족이 일으킨 대표적인 난이다.
③ 김사미·효심의 난(1193)은 고려 무신 집권기에 일어난 농민 봉기이다.
④ 망이·망소이의 난(1176)은 고려 무신 집권기에 공주 명학소 지역이 일반 군현에 비해 차별받은 것에 반발하여 일어난 봉기이다.

[정답 : ②]

keyword
세도 정치, 삼정의 문란, 홍경래의 난, 모내기, 상품 작물의 재배, 노동력 절감, 이모작, 광작, 경강상인, 송상, 장시

17. 다음 퀴즈의 정답으로 옳은 것은? [3점]

18. (가)에 들어갈 책으로 옳은 것은? [2점]

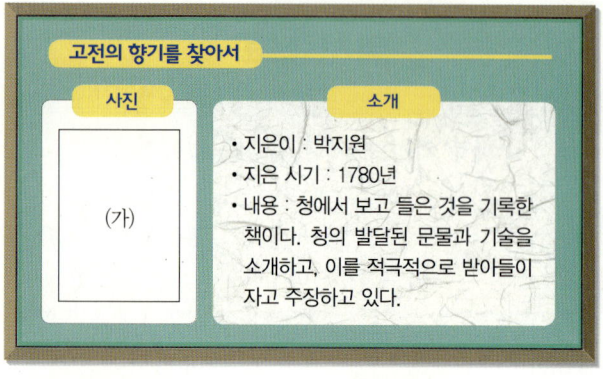

①  북학의
②  목민심서
③  반계수록
④ 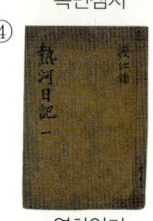 열하일기

해설
제시된 퀴즈의 정답은 "반계수록"이다. ① 조선 후기 성리학이 한계에 부딪힌 가운데 현실 사회의 문제를 해결하고자 실학이 대두되었다. 그중 농업의 개혁을 통해 자영농 육성을 주장한 학파를 중농 학파라고 한다. 대표적인 중농 학파 학자인 유형원은 신분에 따라 토지를 차등 있게 나누어 주어 자영농을 육성하자는 균전론을 주장하였고, 대표 저서로는 "반계수록"이 있다.

오답피하기
② "목민심서"는 정약용이 저술한 책이다.
③ "성호사설"은 이익이 저술한 책이다.
④ "열하일기"는 박지원이 청나라를 다녀와서 저술한 책이다.
[정답 : ①]

참고 중농 학파
(1) 농업 중심의 개혁론 : 토지 제도의 개혁을 통해 자영농을 육성하여 현실 사회의 문제를 해결하고자 함
(2) 대표 학자
① 유형원의 균전론("반계수록") : 신분에 따라 토지를 차등 있게 나누어주어 자영농 육성
② 이익의 한전론("성호사설") : 사고팔 수 없도록 한 영업전을 설정하여 농민의 몰락을 막고 토지 소유의 평등 주장
③ 정약용의 여전론("여유당전서", "목민심서", "경세유표") : 마을 단위의 공동 소유와 공동 경작, 노동량에 따른 분배 주장

해설
제시된 자료의 (가)에 들어갈 책은 "열하일기"이다. ④ "열하일기"는 박지원이 청에 다녀와서 청의 발달된 상공업과 문물을 수용하자고 주장하며 저술한 책이다.

오답피하기
① "북학의"는 박제가가 저술한 책이다.
② "목민심서"는 정약용이 저술한 책이다.
③ "반계수록"은 유형원이 저술한 책이다. [정답 : ④]

참고 중상 학파
(1) 상공업 중심의 개혁론 : 상공업의 진흥과 기술 개발을 통한 부국강병 주장, 청 문물의 수용 주장
(2) 대표 학자
① 유수원("우서") : 상공업 진흥과 사·농·공·상의 직업적 평등 주장
② 홍대용("임하경륜", "의산문답") : 기술 문화 장려와 신분 제도 철폐 주장, 지전설 주장
③ 박지원("열하일기", "과농소초") : 청에 다녀와서 상공업 진흥에 관심을 가지고 수레와 선박의 이용, 화폐의 유통을 강조, 양반 제도 비판
④ 박제가("북학의") : 북학파 실학 집대성, 청과의 통상 강화, 수레나 선박의 이용, 절약보다 소비 강조

keyword
실학, 중농 학파, 유형원, 반계수록, 이익, 성호사설, 정약용, 여유당전서, 목민심서, 경세유표, 상공업 중심의 개혁론, 유수원, 홍대용, 박지원, 박제가

19. (가)에 들어갈 인물로 옳은 것은? [3점]

책을 소개합니다
- 사진
- 소개
  - 책이름 : 「발해고」
  - 지은이 : (가)
  - 지은 연도 : 1784
  - 의의 : 발해를 우리나라 역사로 보고 본격적으로 연구함.

① 유득공 ② 신경준
③ 김정호 ④ 정약전

20. 다음 퀴즈의 정답으로 옳은 것은? [3점]

이것은 바다를 표류하다가 제주도에 도착한 네덜란드인이 쓴 책 속의 그림입니다. 이 책에는 서양인의 시선으로 본 조선인들의 생활 모습이 담겨 있습니다. 이 책을 쓴 사람은 누구일까요?

①  베델
②  알렌
③  하멜
④  오페르트

> **해설**
> 제시된 자료의 (가)에 들어갈 인물은 유득공이다. ① 조선 후기 중국 중심의 세계관이 흔들리고 실학이 발달하면서 우리 역사와 문화, 강토를 연구하는 국학이 활기를 띠게 되었다. 유득공은 "발해고"에서 발해를 우리나라의 역사로 편입하였다.
>
> **오답피하기**
> ② 신경준은 "훈민정음운해"를 편찬하여 한글의 과학적 연구와 발전에 공헌하였다.
> ③ 김정호는 전국을 직접 답사하고 실측하여 대동여지도를 제작하였다.
> ④ 정약전은 귀양 가 있던 흑산도의 수산물을 조사·채집하여 "자산어보"를 편찬하였다.
>
> [정답 : ①]

> **참고 조선 후기의 국학 연구**
> (1) 역사 : 안정복의 "동사강목", 한치윤의 "해동역사", 유득공의 "발해고"
> (2) 지리 : 이중환의 "택리지", 정약용의 "아방강역고", 김정호의 "대동여지도"
> (3) 국어 : 신경준의 "훈민정음운해", 유희의 "언문지"

> **해설**
> 제시된 그림이 실린 책은 "하멜 표류기"이고, 이 책을 쓴 사람은 네덜란드 출신의 선원 하멜이다. ③ 하멜은 17세기 중엽 일본과 무역을 하기 위해 항해를 하다가 폭풍을 만나 조난을 당하여 제주도에 표류해 온 인물이다. 하멜은 조선에서 14년 동안 억류 생활을 하다가 탈출하여 "하멜 표류기"를 저술하였다.
>
> **오답피하기**
> ① 영국인 베델은 1904년 '대한매일신보'를 창간하여 일본의 침략을 비판하였다.
> ② 미국인 선교사 알렌은 1885년 근대식 병원인 광혜원을 설립하였다.
> ④ 독일 상인 오페르트는 1868년 흥선 대원군의 아버지인 남연군의 묘를 도굴하려다 실패하였다.
>
> [정답 : ③]

keyword
유득공, 발해고, 하멜, 하멜표류기, 서양 문물의 전래, 천리경, 곤여만국전도, 화포, 베델, 알렌, 오페르트

초급 27회 27번 사실 알기

21. 밑줄 그은 '서양 문물'로 옳은 것은? [2점]

초급 28회 28번 상황 인식

22. (가)에 들어갈 내용으로 옳지 <u>않은</u> 것은? [2점]

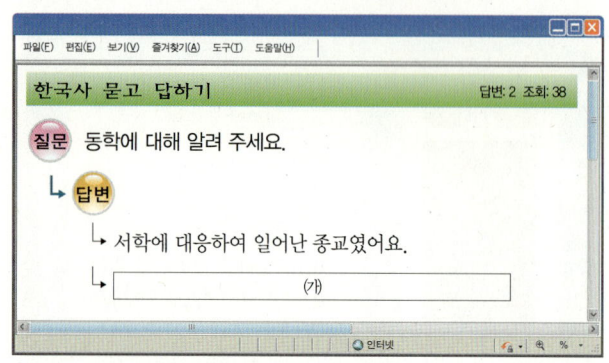

① 단군을 숭배하는 민족 종교였어요.
② 몰락 양반인 최제우가 창시하였어요.
③ 용담유사라는 포교용 가사집이 있어요.
④ 사람이 곧 하늘이라는 사상을 강조하였어요.

해설
제시된 자료의 밑줄 그은 '서양 문물'은 천리경이다. ③ 조선 후기에는 청을 왕래한 사신들에 의해 서양 과학 기술이 우리나라에 전래되었다. 천리경은 조선 후기 우리나라에 전래된 새로운 서양 문물 중 하나이다. 이외에도 "천주실의", 서양 화포, 자명종, 시헌력, 곤여만국전도 등이 있다.

오답피하기
① 자격루는 조선 세종 때 발명된 물시계이다.
② 측우기는 조선 세종 때 만들어진 강수량 측정 기구이다.
④ 앙부일구는 조선 세종 때 만들어진 해시계이다.

[정답 : ③]

참고 조선 후기 과학 기술의 발달
(1) 서양 문물 전래 : "천주실의", 화포, 천리경, 자명종, 시헌력, 곤여만국전도 등
(2) 농업 분야 : 신속의 "농가집성", 박세당의 "색경" 등이 저술되어 농업 생산력 증대에 기여
(3) 의학 분야 : 허준의 "동의보감", 허임의 "침구경험방", 이제마의 "동의수세보원"이 저술됨
(4) 새로운 기계의 등장 : 수원 화성 건축 시 거중기 고안, 한 강에 배다리 설계

해설
제시된 자료의 (가)에 들어갈 내용은 동학에 대한 것이다. 동학은 1860년 경주의 몰락 양반인 최제우가 민족 신앙과 유·불·도를 합하여 만든 종교이다. 조선의 지배층들은 모든 사람이 평등하다는 인내천 사상과 후천 개벽 사상을 받아들일 수 없었기에 교조 최제우를 혹세무민의 죄로 처형하였다. 그러나 2대 교주 최시형이 포접제로 삼남 지방을 중심으로 교세를 확장하면서 "용담유사", "동경대전" 등을 편찬하여 교단을 정비하였다. ① 단군을 숭배하는 민족 종교는 대종교이다.

오답피하기
② 동학은 몰락 양반인 최제우가 창시하였다.
③ "용담유사"는 최제우가 지은 포교용 가사집이다.
④ 동학은 '사람이 곧 하늘'이라는 인내천(人乃天) 사상을 강조하였다.

[정답 : ①]

참고 조선 후기 사회 변혁의 움직임
(1) 사회 불안의 고조 : 세도 정치로 인한 정치 질서의 파탄, 삼정의 문란으로 인한 농민의 몰락, 이양선의 잦은 출몰 등 사회적 불안 고조
(2) 예언 사상의 유행 : 사회적 불안과 동요 속에 왕조의 교체, 변란의 예고 등으로 "정감록" 유행, 민간 신앙과 미륵 신앙 유행
(3) 동학(최제우 창시, 인내천 사상) 창시, 서학(평등 사상, 내세 사상) 전래

keyword
조선 후기 서양 문물, 천리경, 동학, 서학, 최제우, 인내천 사상, 용담유사, 동경대전

23. 다음 학생들의 발표 내용으로 옳지 않은 것은? [3점]

24. (가)에 들어갈 문화유산으로 옳은 것은? [2점]

 ①    ②

 ③    ④

해설

제시된 자료는 조선 후기 '탈놀이'에 대한 것이다. ④ 소리꾼이 고수의 장단에 맞추어 이야기를 엮어 나가는 것은 조선 후기에 유행한 판소리에 해당한다. 판소리는 현재 12마당 중 신재효에 의해 정리된 5마당만 전해지고 있다.

오답피하기

① 탈놀이는 광대들이 가면으로 얼굴을 가리고 서민 생활의 실상과 어려움을 연기하는 일종의 연극이다.
② 대표적인 탈놀이로는 양주의 별산대놀이, 송파의 산대놀이, 서북 지방의 봉산 탈춤, 영남 지방의 통영 오광대놀이 등이 있다.
③ 광대는 탈을 쓰고 양반 사회의 위선을 폭로하고 사회의 모순을 풍자하였다.

[정답 : ④]

해설

제시된 자료의 (가)에 들어갈 문화유산은 조선 후기 풍속화가 신윤복의 그림이다. ① 신윤복은 양반의 풍류 생활, 남녀 간의 애정 등을 주제로 그림을 그렸다. 여인도는 신윤복의 대표적인 작품이다.

오답피하기

② 김홍도의 자리짜기이다.
③ 강희안의 고사관수도는 조선 전기의 대표적인 그림이다.
④ 김득신의 반상도이다. 양반 지주와 농민이 길에서 만난 모습을 통해 당시 신분제 사회를 엿볼 수 있다.

[정답 : ①]

참고   조선 후기 그림의 새 경향

(1) 진경 산수화 : 우리 자연을 실제로 묘사, 정선(인왕제색도, 금강전도 등)에 의해 개척
(2) 풍속화의 유행 : 서민을 주제로 하는 풍속화가 김홍도, 도회지 양반의 풍류 생활을 주제로하는 신윤복이 유명
(3) 민화의 발달 : 서민들의 소박한 미의식 반영, 이름이 알려지지 않은 화가들이 그림, 생활 공간을 장식하기 위한 목적

keyword

서민 문화의 발달, 탈춤, 산대놀이, 판소리, 조선 후기 회화, 풍속화, 김홍도, 신윤복

IV 국제 질서의 변동과 근대 국가 수립 운동

1. 다음 프로그램에 들어갈 내용으로 적절하지 <u>않은</u> 것은? [3점]

> △△△ 특별 기획
> **운현궁의 주인, 흥선 대원군**
> ○○월 ○○일 ○요일 9시 50분 방송

① 서원을 정리하다.
② 통신사를 파견하다.
③ 척화비를 건립하다.
④ 당백전을 발행하다.

2. (가) 사건에 대한 설명으로 옳은 것은? [3점]

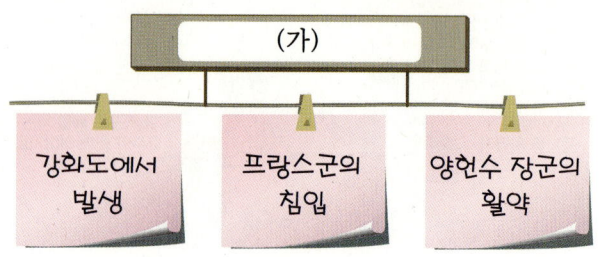

(가) — 강화도에서 발생 / 프랑스군의 침입 / 양헌수 장군의 활약

① 외규장각 도서가 약탈당하였다.
② 갑오개혁을 단행하는 계기가 되었다.
③ 제너럴 셔먼호 사건이 원인이 되었다.
④ 흥선 대원군이 물러나는 결과를 가져왔다.

해설
흥선 대원군은 1863년 고종이 즉위한 이후 실질적으로 권력을 장악하고 왕권을 강화하기 위한 각종 개혁 정책을 실시하였다. 또한 서양 세력의 통상 수교 요청에 맞서 통상 수교 거부 정책을 전개하였다. ② 통신사는 임진왜란 이후 일본이 조선의 선진 문물을 받아들이고, 에도 막부의 쇼군의 권위를 인정받기 위해 요청한 사절단의 명칭이다.

오답피하기
① 흥선 대원군은 전국의 서원 중 47개소만 남기고 모두 정리하였다.
③ 병인양요와 신미양요 이후 흥선 대원군이 통상 수교 거부 정책을 보여 주기 위해 척화비를 전국에 건립하였다.
④ 당백전은 흥선 대원군이 경복궁 중건을 위해 발행한 화폐이다.

[정답 : ②]

참고 — 흥선 대원군의 왕권 강화 정책
(1) 안동 김씨 세력 축출
(2) 비변사 폐지 : 의정부, 삼군부의 기능 부활
(3) 서원 정리 : 양반들의 반발
(4) 경복궁 중건 : 왕실의 권위 회복, 원납전 징수, 당백전 발행 → 양반과 백성의 반발

해설
제시된 자료의 (가) 사건은 병인양요이다(1866). 병인양요는 프랑스군이 병인박해를 구실로 조선에 통상을 요구하며 강화도를 침략한 사건이다. 이때 문수산성의 한성근과 정족산성의 양헌수가 대항하여 프랑스군의 침략을 막아냈다. 그러나 프랑스군은 후퇴하면서 강화도의 외규장각에서 각종 도서와 문화재를 약탈해갔다.

오답피하기
② 갑오개혁은 갑신정변, 동학 농민 운동 등에서 나타났던 개혁 요구와 함께 일본의 경복궁 점령 사건을 배경으로 단행되었다.
③ 미국 상선인 제너럴 셔먼호가 대동강을 거슬러 올라와 통상을 요구하다 침몰된 제너럴 셔먼호 사건(1866)은 신미양요(1871)의 원인이 되었다.
④ 흥선 대원군은 경복궁 중건과 서원 철폐 등에 항의하는 유생들의 상소로 물러났다.

[정답 : ①]

참고 — 병인양요(1866)
(1) 배경 : 병인박해 구실 → 프랑스군 침략
(2) 전개 : 문수산성의 한성근과 정족산성의 양헌수가 프랑스군 격퇴
(3) 결과 : 프랑스군 철수 → 강화도의 외규장각에서 도서와 문화재 등 약탈

keyword
흥선 대원군, 서원 정리, 당백전, 경복궁 중건, 강화도, 병인양요, 프랑스, 양헌수, 한성근, 외규장각, 문수산성, 정족산성, 척화비

3. (가)에 들어갈 사건에 대한 설명으로 옳지 않은 것은? [3점]

이 비석은 흥선 대원군이 두 차례의 양요인 병인양요와 (가) 을/를 겪은 이후 전국 각지에 세운 척화비입니다.

① 어재연 장군이 활약하였다.
② 광성보에서 전투가 벌어졌다.
③ 외규장각 의궤를 약탈당하였다.
④ 제너럴 셔먼호 사건이 원인이 되어 일어났다.

4. (가) 조약이 맺어진 결과로 옳은 것은? [3점]

운요호 사건을 계기로 이곳에서 조선은 일본과 (가) 을 맺었습니다.

① 일본군이 조선에 주둔하였다.
② 조선이 외교권을 박탈당하였다.
③ 조선이 일본에 배상금을 지불하였다.
④ 조선이 부산을 포함한 3개 항구를 개항하였다.

해설
제시된 자료의 척화비는 흥선 대원군이 병인양요와 신미양요를 겪고 난 뒤 통상 수교 거부 정책에 대한 의지를 확고히 하며 전국 각지에 세운 것이다. 따라서 (가)에 들어갈 사건은 신미양요이다(1871). ③ 프랑스군은 병인박해를 구실로 강화도를 침략한 후 퇴각하면서 외규장각에서 각종 도서와 문화재를 약탈하였다.

오답피하기
①·② 신미양요 당시 미군은 강화도에 상륙한 후 초지진과 덕진진을 점령한 후 광성보에서 어재연의 부대와 충돌하였다. 병인양요 당시에는 문수산성에서 한성근, 정족산성에서 양헌수가 항전하였다.
④ 제너럴 셔먼호는 미국의 상선으로 대동강을 거슬러 올라가 조선에 통상을 요구하며 약탈을 일삼았다. 이에 평양 관민이 합심하여 배를 침몰시켰고, 이를 구실로 미국은 신미양요를 일으켰다.

[정답 : ③]

참고 신미양요(1871)
(1) 배경 : 제너럴 셔먼호 사건(1866) → 미군의 강화도 침략
(2) 전개
  ① 미군이 강화도에 상륙한 후 초지진과 덕진진 점령
  ② 광성보에서 어재연 장군과 충돌 → 점령 후 철수
(3) 결과 : 전국에 척화비를 세워 통상 수교 거부 의지를 널리 알림

해설
제시된 자료의 (가) 조약은 강화도 조약이다. 일본은 조선에 개항할 것을 강요하며 운요호 사건을 일으킨 후 강화도 조약을 체결하였다. 강화도 조약은 청의 간섭을 배제하기 위해 조선을 자주국으로 규정하였고, 부산 외에 2개 항구(인천과 원산) 개항 및 해안 측량권과 치외 법권의 인정 등을 규정하였다. 이는 조선의 주권을 침해한 불평등 조약이었다.

오답피하기
① 임오군란 당시 일본인 교관이 구식 군인과 백성들에게 살해당하고, 일본 공사관이 습격당하였다. 이에 일본은 제물포 조약을 통하여 일본에 막대한 배상금을 지불하고, 일본군이 서울에 주둔할 수 있도록 허용하였다.
② 1905년 을사늑약(을사조약)이 체결되면서 조선이 외교권을 박탈당하였다.
③ 일본은 임오군란 이후 제물포 조약을 통해, 갑신정변 이후에는 한성 조약을 체결해 조선에 배상금을 요구하였다.

[정답 : ④]

참고 강화도 조약(1876)
(1) 배경 : 운요호 사건과 통상 개화론의 등장, 고종의 친정 → 강화도 조약 체결
(2) 내용 : 청의 종주권 부인, 부산 외에 2개 항구(인천과 원산) 개항, 해안 측량권과 치외 법권 규정
(3) 성격 : 조선이 외국과 체결한 최초의 근대적 조약, 조선의 주권을 침해한 불평등 조약

---

keyword
신미양요, 제너럴 셔먼호, 광성보, 어재연, 척화비, 운요호 사건, 강화도 조약, 해안 측량권, 치외 법권, 3개 항구 개항(부산, 인천, 원산)

5. 다음 가상 상장을 받은 기관으로 옳은 것은? [2점]

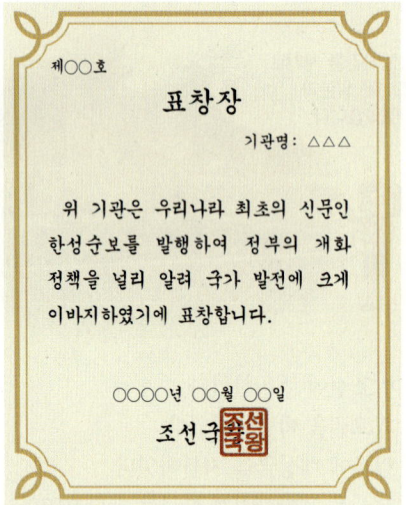

① 광혜원   ② 기기창
③ 박문국   ④ 전환국

6. 다음 사건의 결과로 옳은 것은? [3점]

역사 신문

제△△호   ○○○○년 ○○월 ○○일

구식 군인들의 불만 폭발!

정부는 신식 군인들에게 좋은 대우를 해주었지만 구식 군인들에게는 월급도 제대로 주지 못하였다. 그러던 중 밀린 월급으로 받은 쌀에 겨와 모래가 섞여 있자, 이에 불만을 품은 구식 군인들이 봉기하였다.

① 집강소가 설치되었다.
② 갑오개혁이 추진되었다.
③ 청나라의 간섭이 심해졌다.
④ 고종이 러시아 공사관으로 처소를 옮겼다.

해설
제시된 자료는 박문국에 대한 내용이다. 조선은 1876년 강화도 조약을 체결하면서 근대적 문물의 도입을 위한 개화 정책을 추진하였다. ③ 박문국은 근대적 신문을 발간하기 위한 기관으로, 10일에 한 번씩 한성순보를 발간하였다. 한성순보는 우리나라에서 발행된 최초의 근대적 신문이다.

오답피하기
① 광혜원은 최초의 서양식 의료 기관으로, 미국인 선교사였던 알렌이 설립하였고 같은 해에 제중원으로 이름을 바꾸었다.
② 조선은 개항 이후 근대적 무기 제조 기술과 군사 훈련법을 배우기 위하여 청에 영선사를 파견하였다. 이후 근대적 무기 생산을 위하여 기기창을 설치하였다.
④ 전환국은 근대적 화폐를 만들기 위하여 설치한 기관이다.

[정답 : ③]

참고 개화 정책의 추진
(1) 배경 : 통상 개화론 바탕, 개화사상 등장
(2) 주도 인물 : 김옥균, 박영효, 김윤식 등 개화파
(3) 내용
  ① 통리기무아문 : 개화 정책 총괄
  ② 사절단의 파견 : 수신사와 조사 시찰단(일본), 영선사(청), 보빙사(미국)
  ③ 박문국(신문 발간), 기기창(무기 제조), 전환국(화폐 제조), 별기군(신식 군대) 설치

해설
제시된 자료는 임오군란에 대한 내용이다. 개화 정책을 추진한 이후 신식 군인인 별기군과 구식 군인을 차별 대우하면서 불만이 생겨 구식 군인이 임오군란을 일으켰다(1882). 이들은 일본 공사관과 궁궐을 습격하였고, 고위 관료들을 죽였다. 이에 고종은 흥선 대원군을 불러들여 개화 정책을 중단시켰다. 그러나 청군이 개입하여 흥선 대원군을 청으로 데려가면서 군란은 진압되었으며, 그 결과 청의 내정 간섭이 심화되고 청 상인의 특권도 인정하게 되었다. 또한 일본과는 제물포 조약을 체결해 배상금을 지불하는 한편, 일본군의 서울 주둔을 허용하였다.

오답피하기
① 집강소는 동학 농민 운동 과정에서 전주 화약을 체결한 이후 농민군이 설치한 자치 개혁 기구이다.
② 1894년 갑오개혁은 일본의 경복궁 점령과 동학 농민 운동 과정에서 제기된 개혁 요구 등을 배경으로 일어났다.
④ 명성 황후가 시해된 을미사변(1895)으로 신변의 위협을 느낀 고종은 러시아 공사관으로 처소를 옮겼다(아관 파천).

[정답 : ③]

참고 임오군란(1882)
(1) 배경 : 구식 군인 차별 대우, 개화 정책에 대한 반발
(2) 전개 : 구식 군인의 봉기 → 일본 공사관 습격 → 청군의 개입 → 민씨 정권 재집권
(3) 결과 : 청의 내정 간섭 심화, 청 상인의 특권 인정, 일본과 제물포 조약 체결(일본군의 서울 주둔 허용)

---

keyword
개화 정책, 기기창, 박문국, 전환국, 광혜원, 한성순보, 임오군란, 구식 군인, 별기군, 청의 간섭 심화, 제물포 조약

7. 학생들이 준비하고 있는 역할극의 주제로 옳은 것은? [2점]

① 갑신정변
② 병인양요
③ 을미사변
④ 동학 농민 운동

8. (가)에 들어갈 사건으로 옳은 것은? [3점]

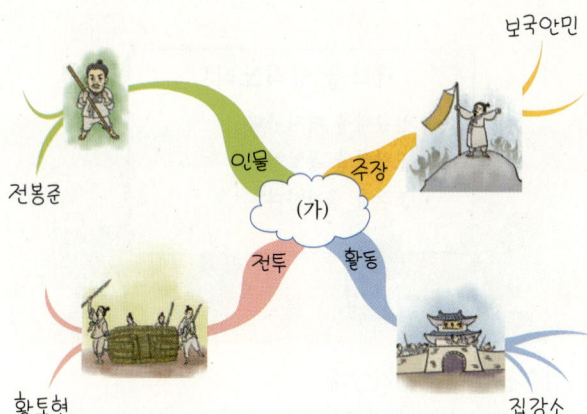

① 갑신정변
② 임오군란
③ 동학 농민 운동
④ 진주 농민 봉기

해설

제시된 자료는 갑신정변(1884)에 대한 내용이다. 김옥균, 박영효 등을 중심으로 한 급진 개화파는 청의 군대가 일부 철수한 상황 속에서 일본의 지원을 받아 우정총국 개국 축하연을 이용하여 정변을 일으켰다(갑신정변, 1884). 이들은 14개조 개혁 정강을 발표하며 근대적 개혁을 꿈꾸었지만 청군의 개입으로 실패하였다. 갑신정변은 근대 국가 건설을 위한 최초의 정치 개혁 운동이었으나 일본에 의존적이었고, 백성들의 지지를 얻지 못한 한계를 지녔다.

오답피하기

② 병인양요는 병인박해를 구실로 하여 프랑스군이 강화도를 침략한 사건이다(1866).
③ 을미사변은 러시아의 영향력이 강화되는 것을 경계한 일본이 명성 황후를 시해한 사건이다(1895).
④ 동학 농민 운동은 일본의 경제적 침탈과 탐관오리의 폭정에 맞서 일어난 농민 봉기였다(1894).

[정답 : ①]

참고 갑신정변(1884)

(1) 배경 : 청의 내정 간섭, 소극적 개화 정책
(2) 전개 : 청군의 일부 철수, 일본의 지원 약속 → 우정총국 개국 축하연에서 정변 → 개혁 정강 발표 , 청군 개입
(3) 결과 : 청·일 양국 군대 철수, 파병시 사전 통보
(4) 의의 및 한계 : 최초의 근대적 정치 개혁 운동, 일본에 의존, 백성들의 지지를 얻지 못함

해설

제시된 자료의 (가)에 들어갈 사건은 동학 농민 운동이다. 개항 이후 일본의 경제적 침탈이 심화되는 상황 속에서 탐관오리의 횡포가 이어졌다. 여기에 포교의 자유를 얻기 위한 동학의 활동이 서로 연관되어 동학 농민 운동이 일어났다. 동학 농민 운동은 나라를 지키고 백성을 편안하게 한다는 보국안민을 추구였다. 동학 농민군은 황토현 전투에서 승리하고 전주성까지 점령하였으며, 전주 화약을 체결한 이후 집강소를 설치하고 개혁 정책을 실시하였다. 그러나 일본군이 경복궁을 점령하자 농민군은 다시 봉기하였고, 우금치 전투에서 패배하며 동학 농민 운동은 실패하였다.

오답피하기

① 갑신정변은 우정총국 개국 축하연을 이용해 급진 개화파가 일으킨 근대적 정치 개혁 운동이다(1884).
② 임오군란은 구식 군인에 대한 차별 대우로 일어난 개화 추진 반대 운동이다(1882).
④ 진주 농민 봉기는 세도 정치 시기 삼정의 문란에 맞서 일어난 농민 봉기이다(1862).

[정답 : ③]

참고 동학 농민 운동(1894)

(1) 배경 : 일본의 경제적 침탈, 탐관오리의 횡포
(2) 전개 : 고부 농민 봉기 → 백산 봉기, 황토현 전투 → 전주성 점령, 전주 화약 체결 → 집강소 설치 → 일본군의 경복궁 점령 → 2차 봉기, 우금치 전투 패배 → 실패
(3) 의의 : 반봉건·반외세 운동, 갑오개혁에 영향

---

keyword

우정총국(우정국), 김옥균, 박영효, 갑신정변, 14개조 개혁 정강, 동학 농민 운동, 전봉준, 보국안민, 사발통문, 황토현 전투, 집강소, 전주 화약, 우금치 전투

9. 다음 개혁에 대한 설명으로 옳은 것은? [3점]

① 김홍집 등이 추진하였다.
② 대한 제국 시기에 선포되었다.
③ 구식 군인의 불만이 주요 원인이었다.
④ 원산 학사를 세워 근대 교육을 실시하였다.

10. 밑줄 그은 '이 단체'가 만들어질 당시에 볼 수 있는 모습으로 적절한 것은? [3점]

서재필은 나라의 독립을 지키려면 국민의 애국심과 자주 정신이 필요하다고 생각하였다. 이에 그가 중심이 되어 독립신문을 창간하고 이 단체를 만들었다.

① 척화비를 세우기 위해 돌을 다듬는 석공
② 3·1 운동에 참여하여 태극기를 흔드는 학생
③ 러시아 공사관으로 거처를 옮겨 생활하는 왕
④ 국채 보상 운동에 동참하여 성금을 내는 부녀자

> **해설**
> 제시된 자료는 갑오개혁에 대한 내용이다. 1894년 갑오개혁은 일본군이 경복궁을 점령한 후 조선 정부에 강요하며 시작되었다. 김홍집을 중심으로 한 내각이 구성되고, 개혁 추진을 위한 기구로 군국기무처가 설치되었다. 이후 김홍집 내각은 정치, 경제, 사회 분야를 포괄하는 근대적 개혁을 실시하였다. 주요 내용으로는 과거제와 신분제 폐지, 과부의 재가 허용, 재정 담당 기관의 통일 등이 있다. 갑오개혁은 일본의 강요로 시작되었으나, 우리나라 최초의 근대적 개혁이자 갑신정변과 동학 농민 운동의 개혁 요구가 일부 반영되었다는 점에서 의의를 가진다.
>
> **오답피하기**
> ② 대한 제국 시기 구본신참의 원칙에 따라 광무개혁이 추진되었다.
> ③ 구식 군인의 불만이 주요 원인이 되었던 것은 임오군란이다(1882).
> ④ 원산 학사는 우리나라 최초의 근대적 교육 시설로 1883년에 설립되었다.
>
> [정답 : ①]

> **참고 갑오개혁(1894)**
> (1) 배경 : 동학 농민군의 개혁 요구, 일본의 강요, 정부의 개혁 의지
> (2) 내용
>   ① 김홍집 내각 중심, 군국기무처 설치
>   ② 과거제·신분제 폐지, 재정 기관의 일원화, 과부의 재가 허용 등
> (3) 의의 : 우리나라 최초의 근대적 개혁, 갑신정변과 동학 농민 운동의 개혁 요구 일부 반영

> **해설**
> 제시된 자료의 밑줄 그은 '이 단체'는 독립 협회이다. 독립 협회는 고종이 러시아 공사관으로 거처를 옮긴 이후(아관 파천, 1896) 열강의 이권 침탈이 심화되는 가운데 미국에서 귀국한 서재필과 국내의 개화파 지식인을 중심으로 설립되었다(1896). 국내외 소식을 전달하기 위해 독립신문을 창간하는 한편, 독립문과 독립관을 건립하여 독립 의식을 고취시키고자 하였다. 특히 러시아의 이권 침탈에 맞서 이권 수호 운동을 벌이는 등 자주 국권 운동을 펼쳤고, 백성들의 민권 의식을 높이기 위해 만민 공동회와 관민 공동회와 같은 집회를 개최하였다. 그러나 보수파 관료들이 모함을 해 황국 협회와 군대에 의해 강제로 해산되었다.
>
> **오답피하기**
> ① 척화비는 흥선 대원군이 병인양요와 신미양요를 겪은 후 통상 수교 거부 정책을 알리기 위해 전국 곳곳에 설립하였다(1872).
> ② 1919년에 일어난 3·1 운동은 일제의 무단 통치에 맞선 독립운동이다.
> ④ 1907년 국채 보상 운동은 일제에 대한 국채를 국민들의 모금으로 갚아 경제적으로 독립하자는 운동으로 대구에서 시작되었다.
>
> [정답 : ③]

keyword
갑오개혁, 김홍집, 과거제 폐지, 신분제 폐지, 도량형 통일, 조혼 금지, 독립 협회, 서재필, 독립신문, 독립문, 만민 공동회, 관민 공동회, 헌의 6조

11. (가)에 들어갈 답변으로 옳은 것은? [3점]

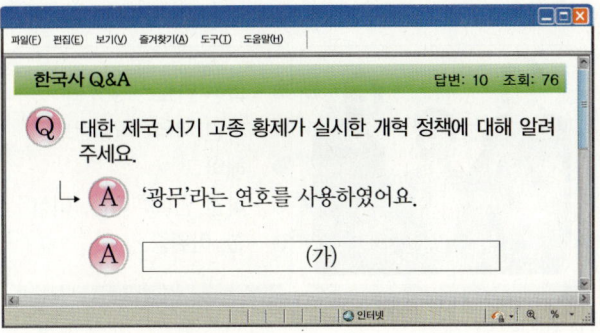

① 집강소를 설치하였어요.
② 호패법을 실시하였어요.
③ 강화도 조약을 체결하였어요.
④ 근대적 공장과 회사를 세웠어요.

12. 밑줄 그은 '이 조약'의 내용으로 옳은 것은? [3점]

역사신문
1905년 ○○월 ○○일

사설 강제로 체결된 <u>이 조약</u>은 무효이다!

고종 황제는 끝까지 조약에 반대하였으나, 이토 히로부미는 궁궐 주변을 군대로 포위하고 친일 대신들을 부추겨 강제로 조약을 체결하였다. 따라서 조약 체결은 무효이다.

① 군대의 해산
② 사법권의 상실
③ 외교권의 박탈
④ 세 항구의 개항

해설
제시된 자료는 광무개혁에 대한 내용이다. 아관 파천 이후 열강의 이권 침탈이 심해지는 가운데 자주권이 훼손되자 고종은 경운궁(덕수궁)으로 돌아온 후 국호를 '대한 제국', 연호를 '광무'로 하고 대한 제국을 수립하였다. 또한 '옛 것을 근본으로 하여 새 것을 참고한다.'라는 '구본신참(舊本新參)'의 원칙에 따라 광무개혁을 실시하였다. 근대적 토지 소유 문서인 지계를 발급하여 조세 수입을 증가시키려고 노력하였으며, 근대적 공장과 회사를 설립하고 유학생을 파견하는 등 산업 발전과 교육 진흥을 위한 노력을 기울였다. 그러나 지배층의 보수적 성향과 열강의 간섭으로 인해 광무개혁은 실패하였다.

오답피하기
① 집강소는 동학 농민 운동 과정에서 농민군이 설치한 자치적 개혁 기구였다.
② 조선 태종이 실시한 호패법은 성인 남자에게 일종의 신분 증인 호패를 지급한 제도이다.
③ 1876년 일본과 체결한 강화도 조약은 우리나라 최초의 근대적 조약이었다.

[정답 : ④]

해설
제시된 자료의 밑줄 그은 '이 조약'은 을사늑약이다. 대한 제국은 1905년 을사늑약을 강제로 체결하여 일제에 외교권을 빼앗겼다.

오답피하기
① 1907년 고종의 헤이그 특사 파견을 구실로 일제에 의해 강제로 군대가 해산되었다.
② 1909년 7월 12일 일본이 한국의 사법권과 감옥사무를 빼앗는 것을 내용으로 하는 기유각서가 체결되었다. 기유각서로 인해 한국의 법부와 재판소는 폐지되고, 그 사무를 통감부의 사법청이 맡게 되었다.
④ 1876년 강화도 조약에 의해 세 항구가 개항되었다. 조선은 일본과 강화도 조약을 체결하면서 부산 외에 인천과 원산 등의 항구를 개항하였다.

[정답 : ③]

참고 일제의 국권 침탈 과정

을사늑약(1905)	외교권을 빼앗음
한·일 신협약(1907)	행정권을 빼앗음 군대를 해산함
기유각서(1909. 7.)	사법권을 빼앗음
한·일 병합 조약(1910. 8.)	국권을 빼앗음

keyword
대한 제국, 광무, 광무개혁, 고종, 환구단, 덕수궁(경운궁), 구본신참, 을사늑약(을사조약), 외교권 박탈, 통감부 설치

13. (가)에 들어갈 사건으로 옳은 것은? [3점]

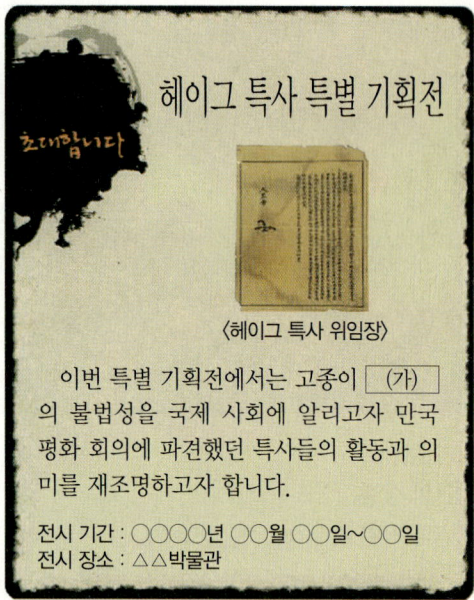

〈헤이그 특사 위임장〉

이번 특별 기획전에서는 고종이 [(가)]의 불법성을 국제 사회에 알리고자 만국 평화 회의에 파견했던 특사들의 활동과 의미를 재조명하고자 합니다.

전시 기간 : ○○○○년 ○○월 ○○일~○○일
전시 장소 : △△박물관

① 갑오개혁　　② 을미사변
③ 을사늑약　　④ 강화도 조약

14. 다음 자료의 외교 사절을 파견한 배경으로 옳은 것은? [2점]

- 파견 연도: 1907년
- 파견 지역: 네덜란드의 헤이그
- 파견 인물: 이준, 이상설, 이위종

① 을사늑약 체결
② 조선 총독부 설치
③ 고종 황제 강제 퇴위
④ 대한 제국 군대 해산

해설

제시된 자료의 (가)에 들어갈 사건은 을사늑약이다. 1905년 일제는 우리나라의 외교권을 강제로 빼앗은 을사늑약을 체결하였다. 이에 1907년 고종은 만국 평화 회의가 열리는 네덜란드 헤이그에 특사(이준, 이상설, 이위종)를 파견하여 을사늑약의 부당성을 알리려 하였다. 그러나 일제는 헤이그 특사 파견을 구실로 강제로 고종 황제를 퇴위시키고 대한 제국 군대를 해산시켰다.

오답피하기

① 갑오개혁은 낡은 제도를 고치고 근대 국가로 발돋움하기 위해 정부에서 실시한 정치·경제·사회에 대한 개혁이다(1894).
② 을미사변은 일본이 경복궁에 침입해 명성 황후를 시해한 사건이다(1895).
④ 강화도 조약은 운요호 사건을 계기로 일본과 체결한 최초의 근대적 조약이자 불평등 조약이었다(1876).

[정답: ③]

해설

제시된 자료의 외교 사절은 헤이그 특사이다. 1905년 일본이 을사늑약을 강제로 체결하고 외교권을 박탈하자 1907년 고종은 네덜란드 헤이그에서 열린 만국 평화 회의에 이상설, 이준, 이위종 등을 특사로 파견해 을사늑약의 부당함과 일본의 침략을 폭로하고 국제 사회에 도움을 요청하도록 하였다. 그러나 일본의 방해로 뜻을 이루지 못하였다.

오답피하기

② 조선 총독부는 1910년 국권 피탈로부터 1945년 8·15 광복까지 35년간 한반도에 대한 식민 통치 및 수탈 기관이었다.
③ 고종 황제 강제 퇴위, ④ 대한 제국 군대의 해산은 헤이그 특사 사건을 구실로 일제에 의해 강제로 진행되었다.

[정답: ①]

참고　을사늑약

을사늑약은 1905년 11월 17일, 일본이 대한 제국을 강압해 체결한 조약으로 공식 명칭은 '한일 협상 조약'이며, '제2차 한·일 협약'이라고도 한다.

러·일 전쟁에서 승리한 일본은 본격적으로 우리나라를 침략하기 시작하였고, 이토 히로부미는 군대를 이끌고 와 왕궁을 포위한 채 을사늑약을 체결하였다. 고종 황제는 끝까지 서명을 거부하였지만 일본이 을사늑약을 일방적으로 발표하였다.

대한 제국은 을사늑약의 체결로 일본에게 우리나라의 외교권을 빼앗겨 독립국의 지위를 잃어버리고 일본의 보호국으로 전락하고 말았다.

keyword
을사늑약(을사조약), 외교권 박탈, 헤이그 특사, 이준, 이상설, 이위종, 군대 해산, 고종 강제 퇴위

15. 다음 인물들이 의병 운동을 일으킨 공통된 원인으로 옳은 것은? [3점]

① 외교권을 빼앗겼다.
② 병자호란이 일어났다.
③ 임진왜란이 일어났다.
④ 고종이 강제로 퇴위당했다.

16. 선생님의 질문에 대한 답변으로 옳은 것은? [3점]

① : 장인환 의사가 스티븐스를 저격했어요.
② : 안중근 의사가 이토 히로부미를 저격했어요.
③ : 이봉창 의사가 일본 국왕을 향해 폭탄을 던졌어요.
④ : 나석주 의사가 동양 척식 주식회사에 폭탄을 던졌어요.

해설
제시된 자료는 을사의병에 대한 내용이다. 일제의 침탈에 맞서 일어난 항일 의병 운동은 크게 을미의병, 을사의병, 정미의병으로 구별한다. 그중 을사의병은 을사늑약의 강제 체결에 저항하여 일어난 의병으로 유생 뿐 아니라 신돌석과 같은 평민 의병장이 등장하였다는 점이 특징이다.

오답피하기
② 병자호란은 1636년 후금에서 청으로 국호를 바꾼 청이 조선에 군신 관계를 요구하였으나 이를 거절하자 일어났다.
③ 임진왜란은 1592년 일본의 도요토미 히데요시가 명을 정복하러 간다는 구실로 조선을 침략한 사건이다.
④ 고종은 을사늑약에 대한 저항으로 헤이그에 특사를 파견하였으나, 일제는 이를 구실로 고종을 강제 퇴위시켰다. 이에 저항하여 정미의병이 일어났다.

[정답 : ①]

참고 | 항일 의병 운동

구분	원인	특징
을미의병 (1895)	명성 황후 시해, 단발령	유생층 중심(유인석, 이소응)
을사의병 (1905)	을사늑약 체결	유생층(최익현), 평민 의병장(신돌석) 등장
정미의병 (1907)	고종의 강제 퇴위, 군대 해산	해산 군인의 합류 → 의병 전쟁, 의병 연합 부대 결성

해설
제시된 지도의 (가) 지역은 만주 하얼빈이다. 만주 하얼빈에서 안중근 의사는 이토 히로부미를 저격하였다. ② 일제가 국권을 침탈한 이후 국권 수호 운동이 전개되었는데, 특히 안중근 의사는 만주 하얼빈에서 이토 히로부미를 사살하였다. 이토 히로부미는 을사늑약 체결 이후 설치된 통감부의 초대 통감으로 일제의 국권 침탈에 앞장선 대표적인 인물이었다.

오답피하기
① 제1차 한·일 협약으로 파견된 미국인 외교 고문인 스티븐스는 미국에서 일본의 국권 침탈을 지지하는 강연을 하였다. 장인환 의사와 전명운 의사는 스티븐스를 로스앤젤레스(LA)에서 사살하였다.
③ 이봉창 의사는 김구가 조직한 한인 애국단의 단원으로, 1932년 일본 국왕을 향해 폭탄을 던졌다.
④ 나석주 의사는 김원봉을 중심으로 조직된 의열단의 단원으로, 1919년 동양 척식 주식회사에 폭탄을 던졌다.

[정답 : ②]

---

keyword
의병 운동, 을미의병, 을사의병, 정미의병, 신돌석, 최익현, 만주 하얼빈, 안중근, 이토 히로부미, 나석주, 동양 척식 주식회사

17. 밑줄 그은 '비밀 단체'로 옳은 것은? [2점]

역사가 숨 쉬는 도심 속 공원

이곳은 도산 선생의 뜻을 기리고자 초성된 공원입니다. 망우리 공동 묘지에 안장되어 있던 도산 선생의 묘소를 옮기면서 만들어졌습니다.
도산 선생은 자주와 독립을 위해 평양에 대성 학교를 세우고, 1907년에 비밀 단체를 조작하였습니다.

① 신민회 ② 신간회
③ 한국광복군 ④ 한인 애국단

18. 다음 시나리오의 소재가 된 민족 운동으로 옳은 것은? [3점]

s# 17
- 때 : 1907년 ○○월 ○○일
- 곳 : △△신문 편집국

기 자 국장님! 대구에서는 가난한 사람들도 일본에 진 나라 빚을 갚겠다며 성금을 냈다고 합니다.
국 장 그래? 대한매일신보에서 모금 운동에 앞장서니 국민들의 호응이 크군. 우리 신문사도 그 내용을 기사로 내보내게.

① 형평 운동 ② 국채 보상 운동
③ 물산 장려 운동 ④ 민립 대학 설립 운동

해설

제시된 자료의 밑줄 그은 '비밀 단체'는 1907년 안창호를 중심으로 조직된 신민회이다. 신민회는 국권 회복과 공화정 체제의 국민 국가 수립을 목표로 조직된 비밀 결사 단체이다. 신민회는 근대적 학교 설립과 회사 운영을 통해 교육과 산업을 육성하고, 만주에 독립운동 기지를 건설하였다. 도산 공원(서울 강남구)에 안창호의 묘소를 안장하고 기념관과 동상을 세웠다.

오답피하기
② 신간회는 1927년에 설립된 좌·우 합작 항일 독립 단체이다.
③ 대한민국 임시 정부는 지청천을 총사령관으로 하여 한국광복군을 창설하였다(1940).
④ 한인 애국단은 김구를 중심으로 침체된 독립운동을 되살리기 위해 중국 상하이에서 조직한 항일 비밀 단체로, 이봉창과 윤봉길 등이 활동하였다.

[정답 : ①]

참고 | 신민회

(1) 결성 : 안창호는 양기탁 등과 함께 비밀 결사 조직인 신민회를 결성
(2) 목표
 ① 국권의 회복과 공화정 체제의 국민 국가 수립을 궁극적 목표로 하여 표면적으로는 문화적, 경제적 실력 양성 운동 전개
 ② 만주 삼원보에 독립군 기지 건설

해설

제시된 자료는 국채 보상 운동에 대한 내용이다. 일제는 경제적으로 대한 제국을 예속하기 위해 1,300만원에 달하는 막대한 차관을 강제로 제공하였다. 이로 인해 일제에 대한 경제적 예속이 심해지자 나라의 빚을 갚아 국권을 지키자는 국채 보상 운동이 전개되었다(1907). 이 운동은 대구에서 처음 시작되어 대한매일신보와 애국 계몽 단체들에 의해 전국적으로 확산되었고, 사람들은 적극적으로 금연, 금주를 통한 모금 운동 등을 벌였다. 그러나 통감부의 방해로 실패하고 말았다.

오답피하기
① 형평 운동은 1920년대 진주에서 일어난 백정들의 신분 상승 운동이다.
③ 물산 장려 운동은 1920년대 일제의 회사령 철폐와 관세 철폐 움직임에 맞서 민족 자본 육성을 위해 벌인 운동이다.
④ 민립 대학 설립 운동은 1920년대 일제의 우민화 교육에 맞서 민립 대학을 설립하고자 일어난 운동이다.

[정답 : ②]

참고 | 국채 보상 운동(1907)

(1) 배경 : 일제에 의한 강제적인 차관 제공 → 경제적 예속 심화
(2) 전개 : 대구에서 처음으로 시작, 대한매일신보 등에 의해 전국적으로 확산
(3) 결과 : 일제 통감부의 방해와 탄압으로 실패

---

keyword
비밀 단체, 신민회, 안창호, 양기탁, 국권 회복, 독립군 기지, 국채 보상 운동, 대구, 대한매일신보

19. 다음 공모전에 출품할 작품으로 적절하지 <u>않은</u> 것은? [3점]

광고 공모전
1. 주제: 개항 이후 처음 들어온 근대 문물
2. 접수 기간: 2015년 ○○월 ○○일~○○월 ○○일

①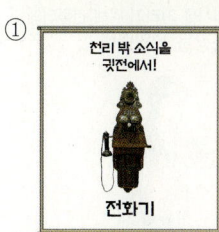
천리 밖 소식을 귓전에서!
전화기

②
밤도 낮과 같이 불을 밝히세요!
전등

③
먼 거리도 한달음에!
전차

④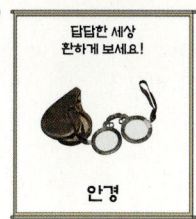
답답한 세상 환하게 보세요!
안경

해설
제시된 자료는 개항 이후 처음 들어온 근대 문물에 대해서 물어보고 있다. ④ 안경은 임진왜란 이후 조선 후기에 전래된 문물로 개항 이후 처음 들어온 문물이라고 할 수 없다.

오답피하기
① 전화기는 궁궐과 상류 사회를 중심으로 19세기 후반 보급되었다.
② 개항기에는 경복궁에 전등이 가설되었다.
③ 전기가 보급되면서 1899년 서대문과 청량리 사이에 처음으로 전차가 운행되었다.

[정답 : ④]

참고 | 근대 문물의 수용
(1) 의식주의 변화
 ① 의생활 : 양복, 양장 도입, 조끼와 마고자 도입, 장옷과 쓰개치마 사라짐
 ② 식생활 : 커피, 케이크 등의 서양 음식 유행
 ③ 주생활 : 일본식 주택, 서양식 건물 등장(독립문, 명동성당, 덕수궁 석조전 등)
(2) 근대 문물의 수용
 ① 교통 : 경인선·경부선·경의선 철도 설치, 전차 개통
 ② 통신 : 우편 업무 시작, 전화 설치 등
 ③ 전기 : 경복궁에 전등 가설, 가로등
 ④ 의료 : 광혜원(제중원) 설립

20. (가)에 들어갈 신문으로 옳은 것은? [3점]

우리나라 근대 신문
• 발행인 : 베델
• 발행 기간 : 1904. 7. 18.~1910. 8. 28.
• 주요 활동
 – 일제 침략을 비판하는 내용 보도
 – 국채 보상 운동 모금 활동에 참여

(가)

① 독립신문
② 제국신문
③ 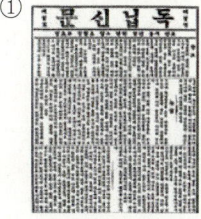 황성신문
④  대한매일신보

해설
제시된 자료의 (가)에 들어갈 신문은 대한매일신보이다. 대한매일신보는 영국인 베델이 발행하여 일제 침략을 비판하는 내용을 보도하였으며, 국채 보상 운동 모금 활동에 참여하였다.

오답피하기
① 독립신문은 독립 협회에서 만든 우리나라 최초의 민간 신문으로 순한글과 영문판으로 제작되었다.
② 제국신문은 서민과 부녀자를 대상으로 한 한글 신문이었다.
③ 황성신문은 유생층이 주된 독자로 을사늑약에 항거하는 장지연의 '시일야방성대곡'을 게재하였다.

[정답 : ④]

Keyword
전화기, 전등, 전차, 커피, 홍차, 양복, 병원, 한성순보, 독립신문, 황성신문, 제국신문, 대한매일신보, 베델

Ⅴ. 일제의 강점과 민족 운동의 전개

1. 밑줄 그은 '이 건물'에 대한 설명으로 옳은 것은? [3점]

이 건물은 일제가 의도적으로 조선 시대 정궁인 경복궁을 가로막고 세운 것이다. 광복 이후 50년간 여러 용도로 이용되다가 1995년에 철거되기 시작하였다.

① 경성부의 부청으로 사용된 건물이었다.
② 식민 통치의 중심이었던 조선 총독부 건물이었다.
③ 화폐 정리 사업을 담당한 일본 제일 은행 건물이었다.
④ 나석주가 폭탄을 던진 동양 척식 주식회사 건물이었다.

2. (가)에 들어갈 기관으로 옳은 것은? [2점]

사진 속 (가) 는 식민지 지배 정책을 실행하던 기관입니다. 여기에 폭탄을 던진 나석주 의사를 기리기 위해 건물터에 동상을 세웠습니다.

① 통감부
② 조선 총독부
③ 서대문 형무소
④ 동양 척식 주식회사

해설
제시된 자료의 밑줄 그은 '이 건물'은 조선 총독부 건물이다. 1916년 경복궁의 여러 건물을 훼손하고 지은 조선 총독부는 일제 강점기 식민 통치의 최고 기구가 되었다.

오답피하기
① 일제 강점기 경성부의 부청은 서울시청을 말한다.
③ 일본 제일 은행은 현재 인천광역시에 있었으며, 현관 중앙부에 돔(dome : 반구형으로 된 지붕)을 얹는 등 후기 르네상스 양식의 모티브를 취하고 세부적으로 잘 다듬어져 있어 정중한 느낌을 주고 있다.
④ 동양 척식 주식회사는 1908년 식민지 농업 경영과 일본인 이민 사업을 수행하기 위해 설립되었다. 토지 수탈의 중심 기구이자 조선 최대의 지주였다.

[정답 : ②]

참고 | 일제 강점기 주요 건축물

 ▲ 조선 총독부
 ▲ 동양 척식 주식회사
 ▲ 경성부청
 ▲ 일본 제일 은행

해설
제시된 자료의 (가)에 들어갈 기관은 동양 척식 주식회사이다. 동양 척식 주식회사는 일제 강점기 내내 조선을 경제적으로 착취하는 대표적 기관이었다.

오답피하기
① 통감부는 1906년 2월 설치되어 1910년 8월 국권의 상실과 더불어 조선 총독부가 설치될 때까지 4년 6개월 동안 한국의 국정 전반을 장악했던 식민 통치 기구이다.
② 조선 총독부는 1910년 국권 피탈로부터 1945년 8·15 광복까지 35년간 한반도에 대한 식민 통치 및 수탈 기관이다.
③ 서대문 형무소는 1908년 통감부가 의병 등 반일 세력을 탄압하고 수용하기 위해 만든 감옥이다.

[정답 : ④]

참고 | 동양 척식 주식회사

동양 척식 주식회사는 일제가 영국의 동인도 회사를 본떠 만든 식민지 수탈 기관으로, 우리나라의 토지와 금융을 장악하는 것이 목적이었다. 이 기관은 토지 조사 사업을 실시하여 토지를 약탈하고, 그 토지를 일본인들에게 싼 값으로 넘겨주어 일본인들이 많은 토지를 소유할 수 있는 조건을 마련해 주었다. 1926년 나석주가 동양 척식 주식회사에 폭탄을 던진 것도 바로 이러한 경제 수탈에 대한 민족적 증오의 표현이었다.

keyword
일제 강점, 식민 통치, 조선 총독부, 동양 척식 주식회사, 토지 조사 사업, 토지 약탈, 금융 장악

초급 26회 37번

3. 밑줄 그은 ㉠의 결과로 옳지 <u>않은</u> 것은? [2점]

일본인들이 토지를 측량하고 있군.
그래, ㉠ 토지 조사 사업을 하는 거라네.

① 일제가 토지세를 더 많이 거두었다.
② 조선 총독부가 왕실 토지를 차지하였다.
③ 자기 땅을 가진 우리 농민들이 늘어났다.
④ 동양 척식 주식회사에서 토지를 일본인에게 싼값에 팔았다.

초급 27회 36번

4. 밑줄 그은 ㉠에 해당하는 사실로 옳지 <u>않은</u> 것은? [3점]

이 사진은 황국 신민 서사를 암송하는 모습입니다. 이는 일제가 한국인을 일본 제국의 신민으로 만들기 위해 실시한 ㉠ 일제 강점기 말의 식민지 지배 정책이었습니다.

① 창씨개명을 실시하였다.
② 고종을 강제로 퇴위시켰다.
③ 한국 역사 대신에 일본 역사를 가르쳤다.
④ 학교에서 한국어 대신 일본어 사용을 강요하였다.

해설
제시된 자료의 밑줄 그은 ㉠ '토지 조사 사업'은 일제는 근대적 토지 소유권의 확립과 조세 수입 확보를 목적으로 전개하였으나, 실제로는 토지를 약탈하기 위한 사업이었다.
①·②·④ 토지 조사 사업에 대한 설명이다.

오답피하기
③ 조선 후기 이앙법이 확산되면서 적은 노동력으로 넓은 땅을 경작할 수 있게 되어 자기 땅을 가진 농민들이 늘어났다.

[정답 : ③]

참고 토지 조사 사업
(1) 목적 : 근대적 토지 소유권 확립, 조세 확보 및 수탈
(2) 방법 : 토지 조사령 공포(1912) → 기한 내 신고주의(증거주의) → 미신고 토지 약탈
(3) 결과 : 동양 척식 주식회사의 토지 관리, 일본인 이민자 지주 증가, 소작인 몰락

해설
제시된 자료의 밑줄 그은 ㉠에 해당하는 사실은 일제 강점기 말의 식민지 지배 정책 중 황국 신민 서사를 암송하는 모습이다. ② 1907년 고종이 헤이그 특사를 파견하였다는 구실로 일제는 고종을 강제 퇴위시켰다.

오답피하기
①·③·④ 일제 강점기 말의 식민지 지배 정책인 민족 말살 정책에 해당하는 내용이다.

[정답 : ②]

참고 일제의 민족 말살 정책

일본식 성명 강요 (창씨개명)	한국인의 성명을 바꾸어 일본식 성과 이름을 사용하도록 강요
신사 참배 실시	각지에 일본 신사를 세워 참배하도록 강요
황국 신민 서사 암송	어린 학생들까지도 황국 신민 서사를 외우도록 강요
민족 교육 금지	한국어의 사용 금지, 일본어 사용 강요, 학교에서 한국 역사에 대한 교육 금지

keyword
토지 조사 사업, 토지 약탈, 동양 척식 주식회사, 민족 말살 통치, 일본식 성명 강요(창씨개명), 황국 신민 서사, 신사 참배

초급 25회 36번 상황 상상

5. 다음 가상 일기에 나타난 시기에 볼 수 있는 모습으로 적절하지 <u>않은</u> 것은? [2점]

> 19○○년 ○○월 ○○일
> 오늘은 동생이 국민학교를 졸업하는 날이다. 하지만 그리 기쁘지만은 않다. 일제가 중국, 미국과 전쟁을 벌이면서 형은 전쟁터로 끌려갔고, 우리 집에 있는 가마솥, 놋그릇도 빼앗겼기 때문이다. 하루 빨리 일제의 지배에서 벗어났으면 좋겠다.

① 창씨개명을 거부하는 지식인
② 신사 참배에 저항하는 종교인
③ 신탁 통치에 반대하는 정치인
④ 황국 신민 서사를 외우는 학생

초급 30회 35번 사실 추론

6. 다음 민족 운동의 영향으로 옳은 것은? [2점]

- 탑골 공원에서 학생 대표가 독립 선언서를 낭독하였다.
- 학생과 시민들이 적극 참여하였다.
- 일제는 만세 시위를 탄압하였다.
- 전국 방방곡곡, 국외까지 확산되었다.

① 황성신문이 폐간되었다.
② 동학 농민 운동이 일어났다.
③ 대한 제국 군대가 해산되었다.
④ 대한민국 임시 정부가 세워졌다.

해설

제시된 자료를 통해 중·일 전쟁(1937~1945)과 태평양 전쟁(1941~1945)이 일어나고 있는 시기임을 알 수 있다. 이 시기에는 일제에 의해 민족 말살 통치와 병참 기지화 정책이 추진되었다. 일제는 전쟁을 수행하기 위해 병참 기지화 정책을 추진하여 우리나라 수십만의 학생들과 청년들을 전쟁터로 끌고 갔다. 또한 무기를 만들기 위해 가마솥, 놋그릇, 교회의 종, 학교 철문 등 금속 제품을 강제로 거두어 갔다.
①·②·④ 일제가 추진한 민족 말살 정책의 내용이다.

오답피하기

③ 1945년 모스크바 3국 외상 회의에서 한반도 문제를 의논하였고, 이 회의에서 신탁 통치를 결정하였다. 우리 민족은 모스크바 3국 외상 회의의 결정을 지지하는 사람들과 신탁 통치에 반대하는 사람들이 나뉘어 갈등하였다.

[정답 : ③]

참고 황국 신민 서사

- 우리들은 대일본 제국의 신민(臣民)이다.
- 우리들은 마음을 합하여 천황 폐하에게 충의를 다한다.
- 우리들은 인고단련(忍苦鍛鍊)하고 훌륭하고 강한 국민이 되겠다.

해설

제시된 자료의 민족 운동은 1919년 3월에 일어난 3·1 운동이다. 3·1 운동 이후 보다 조직적이고 체계적인 독립운동을 위해 중국 상하이에 대한민국 임시 정부가 세워졌다.

오답피하기

① 황성신문은 을사늑약이 강제로 이루어진 과정과 장지연의 '시일야방성대곡'을 실어 일제의 침략에 저항하였다.
② 1894년 동학 농민 운동은 고부 군수의 횡포에 맞서 일어났다.
③ 대한 제국 군대는 1907년 헤이그 특사 파견을 구실로 일제가 강제로 해산시켰다.

[정답 : ④]

참고 3·1 운동

3·1 운동은 1919년 3월 1일 고종의 장례식 날 전국에서 조선의 독립을 위해 만세를 부른 사건으로, 윌슨의 민족 자결주의와 2·8 독립 선언서의 영향으로 전개되었다. 1919년 3월 1일 민족 대표 33인은 태화관에서 독립 선언서를 낭독하였고, 탑골 공원에서는 학생과 시민들이 만세 시위를 전개하였다. 만세 시위는 전국과 해외로 확산되었으나 일본의 무자비한 진압으로 실패하였다. 3·1 운동의 결과 독립운동을 조직적으로 전개할 필요성을 인식하여 상하이에 대한민국 임시 정부가 수립되었고, 무장 항일 투쟁의 필요성으로 만주에서 1920년대 독립군의 활동이 활발해졌다. 또한 중국의 5·4 운동, 인도의 무저항 운동에 영향을 끼쳤다.

---

keyword

민족 말살 정책, 병참 기지화, 창씨개명, 황국 신민 서사, 신사 참배, 징병, 징용, 공출, 3·1 운동, 독립 선언서, 만세 시위, 대한민국 임시 정부

7. (가)에 대한 설명으로 옳은 것은? [3점]

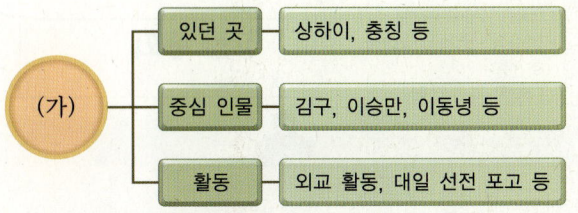

① 만민 공동회를 개최하였다.
② 한국광복군을 창설하였다.
③ 국채 보상 운동에 앞장섰다.
④ 동학 농민 운동을 이끌었다.

8. (가)에 들어갈 단체로 옳은 것은? [2점]

① 신민회
② 독립 협회
③ 대한 국민 의회
④ 대한민국 임시 정부

해설
제시된 자료의 (가)는 대한민국 임시 정부이다. 대한민국 임시 정부는 3·1 운동을 계기로 김구, 이승만, 이동녕 등이 중심이 되어 1919년 중국 상하이에서 수립되었다.

오답피하기
① 1898년 만민 공동회는 독립 협회의 주최로 서울 종로에서 열린 민중 집회이다.
③ 1907년 국채 보상 운동은 일본에 진 빚을 우리의 힘으로 갚아 국권을 지키자는 민족 운동이다.
④ 1894년 동학 농민 운동은 전봉준을 중심으로 한 동학교도와 농민들이 합세하여 일으킨 농민 운동이다.

[정답 : ②]

참고 — 대한민국 임시 정부
3·1 운동을 계기로 국내외에서 활동하던 민족 지도자들은 독립운동을 보다 효과적으로 전개하기 위해 임시 정부가 필요하다는 점을 깨닫게 되었다. 이에 1919년 중국 상하이에 임시 정부를 세우고 나라의 이름을 '대한민국'이라 하였으며, 이승만을 대통령으로 뽑았다. 임시 정부는 나라 안팎의 독립운동 단체를 통합하여 독립운동의 기반을 마련하고 방향을 제시하였으며, 1940년대 충칭으로 이동한 임시 정부는 무장 독립군을 양성하여 한국광복군을 창설하였다.

해설
제시된 자료의 (가)에 들어갈 단체는 대한민국 임시 정부이다. 3·1 운동 이후 보다 조직적이고 체계적인 독립운동을 위해 일제의 영향력이 미치지 않고 세계 여러 나라와 외교 활동이 편리한 중국 상하이에 대한민국 임시 정부가 세워졌다.

오답피하기
① 1907년 신민회는 안창호, 양기탁, 이동녕 등이 국권 회복을 목적으로 조직하였다.
② 1896년 독립 협회는 서재필, 이상재, 윤치호 등이 우리나라의 자주독립과 내정 개혁을 위하여 조직하였다.
③ 1919년 3·1 운동 직후 대한 국민 의회는 연해주에서 손병희를 대통령으로 추대하며 성립되었다.

[정답 : ④]

keyword
3·1 운동, 대한민국 임시 정부, 상하이, 김구, 이승만, 외교 활동, 대일 선전 포고, 한국광복군

9. 밑줄 그은 '독립군 부대'로 옳은 것은? [2점]

지도는 대한민국 임시 정부의 이동 경로를 나타낸 것이다. 임시 정부는 충칭에서 독립군 부대를 조직하여 연합군과 협력하였다.

① 조선 의용군
② 조선 혁명군
③ 한국 광복군
④ 한국 독립군

10. 다음 강령을 내세운 민족 운동 단체로 옳은 것은? [3점]

- 정치적·경제적 각성을 촉진함.
- 단결을 공고히 함.
- 기회주의를 일체 부인함.

① 보안회
② 신간회
③ 대한 자강회
④ 대한 광복회

해설

제시된 자료의 밑줄 그은 '독립군 부대'는 한국광복군이다. 1940년 충칭으로 이동한 대한민국 임시 정부는 무장 독립군을 양성하여 한국광복군을 창설하였다.

오답피하기

① 1942년 김두봉은 조선 의용대 화북 지대를 조선 의용군으로 개편하였다.
② 조선 혁명군은 1930년대 초반 만주를 근거지로 양세봉을 총사령관으로 하여 중국 의용군과 연합 작전을 전개하였다. 영릉가 전투(1932)에서 일본군을 크게 격파하고, 흥경성 전투(1933)에서도 승리를 거두었다.
④ 한국 독립군은 지청천을 총사령관으로 하여 북만주 지역을 중심으로 중국 호로군과 연합하여 항일 투쟁을 전개하였다. 1932년 쌍성보 전투에서 일본군을 크게 격파하였다.

[정답 : ③]

참고 한국 광복군

1940년 충칭으로 이동한 대한민국 임시 정부는 무장 독립군을 양성하여 한국광복군을 창설하였다. 한국광복군은 영국, 미국, 중국 등의 연합군과 독립 전쟁을 전개하였고, 인도·미얀마 전선에 파견되어 대일 전투에 참여하였다. 또한 미국과 국내 진공 작전을 계획하였으나 일본의 항복으로 실행에 옮기지 못하였다.

▲ 한국광복군 창설 기념회

▲ 인도·버마(미얀마) 전선에 파견된 한국광복군 대원

해설

제시된 자료의 강령을 내세운 민족 운동 단체는 신간회이다. 신간회는 일제의 지배하에서 민족주의 세력과 사회주의 세력이 민족의 독립을 위해 서로 협력해야 한다는 공동의 목표를 세우고 창립되었다.

오답피하기

① 보안회는 1904년 일본의 황무지 개척을 반대하기 위해 만든 단체이다.
③ 대한 자강회는 1906년 을사늑약으로 한국인의 정치 활동이 금지되어 헌정 연구회가 해산되자, 이 단체의 주요 인물들인 윤효정·장지연 등이 새롭게 결성하였다.
④ 대한 광복회는 1915년 대구에서 결성된 독립운동 단체이다.

[정답 : ②]

참고 신간회

(1) 조직 : 1927년 국내의 독립운동 단체 통합
(2) 구성 : 민족주의자들과 사회주의자들이 힘을 합쳐 조직
(3) 전개
  ① 우리말 교육의 실시 주장
  ② 일제와의 타협 반대, 완전한 독립을 위한 민족 단결 노력
  ③ 광주 학생 항일 운동 당시 학생들의 독립운동 지원

---

keyword
대한민국 임시 정부, 한국광복군, 조선 의용군, 조선 혁명군, 한국 독립군, 신간회, 민족주의, 사회주의, 신간회 강령

11. 인물과 그가 활동한 단체의 연결이 옳은 것은? [3점]

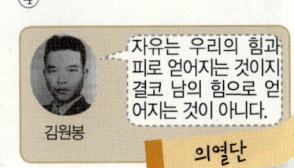

① 김구 – 신간회 / "내 소원은 우리나라 대한의 완전한 자주 독립이다."
② 안중근 – 한인 애국단 / "대한 독립의 소리가 전국에 들려오면 춤을 추며 만세를 부를 것이다."
③ 신채호 – 흥사단 / "역사란 무엇이뇨. 인류 사회의 아와 비아의 투쟁 기록이다."
④ 김원봉 – 의열단 / "자유는 우리의 힘과 피로 얻어지는 것이지 결코 남의 힘으로 얻어지는 것이 아니다."

해설
④ 1919년 김원봉은 의열단을 조직하여 의열 투쟁을 전개하였다. 특히 신채호가 작성한 조선 혁명 선언을 활동 지침으로 삼아 일제의 주요 인물을 처단하고 식민 통치 기관을 파괴하였다.

오답피하기
① 김구는 1931년 한인 애국단을 조직하여 일제의 주요 인물을 처단하였다.
② 안중근은 1909년 만주 하얼빈 역에서 이토 히로부미를 저격하였다.
③ 1913년 안창호는 미국 샌프란시스코에서 민족 운동 단체인 흥사단을 창립하였다.

[정답 : ④]

참고 의열단
(1) 조직 : 김원봉, 윤세주 등이 만주의 지린에서 조직
(2) 전개
 ① 일제 요인·민족 반역자 처단, 식민 통치 기관 파괴 등
 ② 신채호의 '조선 혁명 선언' → 민중의 직접 혁명 강조
 ③ 종로 경찰서에 폭탄 투척(1923, 김상옥), 조선 식산 은행과 동양 척식 주식회사에 폭탄 투척(1926, 나석주)

12. 다음 인물의 활동으로 옳은 것은? [2점]

역사 인물 카드

김 구 (1876~1949)
■ 대한민국 임시 정부 경무국장, 주석 등을 역임함.
■ 광복 이후 통일 국가 수립을 위해 남북 협상에 참여함.

① 의열단을 조직하였다.
② 한인 애국단을 결성하였다.
③ 조선 혁명 선언을 작성하였다.
④ 신흥 무관 학교를 설립하였다.

해설
제시된 자료는 백범 김구에 대한 내용이다. 김구는 1931년 한인 애국단을 조직하고 이봉창, 윤봉길의 의거를 도왔다.

오답피하기
① 의열단은 김원봉, 윤세주 등이 1919년 만주에서 조직한 독립운동 단체이다.
③ 조선 혁명 선언은 신채호가 1923년 의열단의 독립운동 이념과 방략을 이론화해 작성한 선언서이다.
④ 신흥 무관 학교는 1919년 만주에 설립되었던 독립군 양성 학교이다.

[정답 : ②]

참고 김구
김구는 1919년 3·1 운동 직후 상하이로 망명하여 대한민국 임시 정부의 초대 경무국장이 되었고, 1939년 임시 정부 주석에 취임하였다. 또한 1931년 한인 애국단을 조직하였으며, 이봉창·윤봉길 의거를 지휘하였다. 충칭에서 한국 광복군을 조직하고 중국 각 처에서 연합군과 항일 공동 작전에 나섰다.

---

keyword
의열단, 김원봉, 신채호, 조선 혁명 선언, 안중근, 흥사단, 한인 애국단, 김구, 이봉창, 윤봉길

13. (가)에 해당하는 인물로 옳은 것은? [2점]

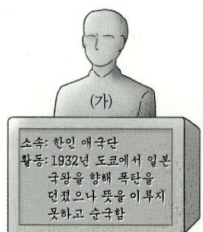

소속: 한인 애국단
활동: 1932년 도쿄에서 일본 국왕을 향해 폭탄을 던졌으나 뜻을 이루지 못하고 순국함

①  김상옥
② 이봉창
③  윤봉길
④  안중근

해설
제시된 자료의 (가)에 해당하는 인물은 이봉창이다. 한인 애국 단원이었던 이봉창은 일본 국왕에게 폭탄을 던졌으나 실패하였다(1932.1.).

오답피하기
① 1923년 의열단원인 김상옥은 종로 경찰서에 폭탄을 던졌다.
③ 1932년 윤봉길은 일제의 전승 축하식이 있던 상하이 훙 커우 공원에서 폭탄을 던져 일본의 주요 인사들을 처단하였다.
④ 1909년 안중근은 만주 하얼빈 역에서 우리나라를 식민지로 만드는 데 앞장섰던 이토 히로부미를 저격하였다.

[정답 : ②]

참고 한인 애국단

(1) 목표
 ① 침체된 독립운동을 되살리기 위해 김구가 중국 상하이에서 조직
 ② 일본의 주요 인사들을 제거하여 독립운동의 성과를 올리려는 목표를 가진 비밀 조직임

(2) 활동 내용

이봉창 의거(1932)	• 일본 도쿄에서 우리나라 침략의 원흉인 일본 왕을 향해 폭탄을 던짐 • 일제에 우리 민족의 항일 의지를 보여줌
윤봉길 의거(1932)	• 중국 상하이(상해) 훙커우 공원에서 열린 일본군의 상하이 점령 기념식장에 물통 모양의 폭탄을 던짐 • 중국인들이 한국인의 항일 독립운동을 적극적으로 지원하고 협조하게 함

---

14. (가)에 들어갈 내용으로 옳은 것은? [2점]

광복 70주년 기념 이달의 독립운동가
• 이름 : 윤봉길
• 출생지 : 충청남도 예산
• 출생~순국 : 1908~1932
• 소속 : 한인 애국단
• 활동
 - 농촌 계몽 운동을 전개하였다.
 - (가)

① 이토 히로부미를 저격하였다.
② 일왕에게 폭탄을 투척하였다.
③ 종로 경찰서에 폭탄을 투척하였다.
④ 훙커우 공원에서 일본 주요 인물들에게 폭탄을 투척하였다.

해설
제시된 자료는 한인 애국단원으로 활동하던 윤봉길 의사에 대한 내용이다.

오답피하기
① 만주 하얼빈에서 이토 히로부미를 저격한 사람은 안중근이다.
② 일본 도쿄에서 일본 왕 히로히토가 탄 마차에 폭탄을 투척한 사람은 이봉창이다.
③ 종로 경찰서에 폭탄을 투척한 사람은 의열단원인 김상옥이다.

[정답 : ④]

참고 윤봉길 의거(1932)

윤봉길은 김구가 중국 상하이에서 조직한 한인 애국단 단원으로 활동하였다. 그는 중국 상하이의 훙커우 공원에서 열린 일본군의 상항이 점령 기념식장에 물통 모양의 폭탄을 던졌으며, 일본군 최고 사령관을 비롯한 일본 주요 인물들이 죽거나 부상당하였다. 이러한 윤봉길의 의거는 중국인들에게 커다란 감동을 주어 중국인들은 한국인의 항일 독립운동을 적극적으로 지원하고 협조하게 되었다.

---

keyword
의열 투쟁, 한인 애국단, 상하이, 김구, 이봉창, 일본 국왕 폭탄 투척, 윤봉길, 상하이 훙커우 공원

15. 다음 여행기에서 소개하는 인물로 옳은 것은? [2점]

> **나의 여행기** 봉오동 전투의 영웅, 카자흐스탄에 묻히다
>
> 2015년 ○○월 ○○일
>
> 장군은 봉오동 전투와 청산리 전투 후 연해주로 이동했다. 그 후 구소련 스탈린 정부의 한인 강제 이주 정책으로 카자흐스탄까지 오게 되었고, 1943년 이곳에 묻혔다.
>
> 이곳의 고려인들은 장군을 추모하기 위해 여러 노력을 하고 있었다. 여행 중에 장군을 떠올리면서 독립운동에 대해 다시 한 번 생각해 보게 되었다.

장군의 동상 / 장군 추모 연극 공연 / 크질오르다 시에 있는 장군 이름의 거리

① 김좌진　② 신돌석　③ 안창호　④ 홍범도

해설
제시된 자료의 여행기에서 소개하는 인물은 홍범도이다. 홍범도는 한말의 독립운동가로, 대한 독립군의 총사령관이 되어 일본군을 급습하여 봉오동 전투에서 크게 승리하였다.

오답피하기
① 김좌진은 독립운동가로, 1920년 10월 20일~23일 일본군을 청산리 계곡으로 유인하여 백운평·천수평·마록구 등지에서 격렬하게 싸워 일본군 3,300명을 섬멸하였다.
② 신돌석은 대한 제국 말기의 평민 출신 항일 의병장으로, 을미사변과 을사늑약 이후 경상도 강원도 일대에서 항일 의병 운동을 전개하였다.
③ 안창호는 한말의 독립운동가이자 사상가로, 호는 도산이다. 독립 협회, 신민회, 흥사단 등에서 활발하게 독립운동을 전개하였다.

[정답 : ④]

---

16. 밑줄 그은 '이곳'을 지도에서 옳게 찾은 것은? [2점]

> **역사 신문**
> 제△△호　　　　　　　　　○○○○년 ○○월 ○○일
>
> **승리의 함성이 들리다**
>
> 독립군의 계속되는 기습에 일본군은 두만강을 건너 독립군 부대를 공격해 왔다. 이에 1920년 6월 홍범도의 대한 독립군 등 독립군 연합 부대는 일본군을 이곳으로 유인하여 크게 무찔렀다.

① (가)　② (나)　③ (다)　④ (라)

해설
제시된 자료의 역사 신문은 홍범도 장군의 봉오동 전투에 대한 내용으로, 밑줄 그은 '이곳'은 봉오동이다.

오답피하기
① 1909년 안중근 의사는 만주 하얼빈 역에서 이토 히로부미를 저격하였다.
② 1920년 김좌진 장군이 지휘하는 북로 군정서군은 청산리에서 일본군에게 크게 승리하였다.
④ 1914년 이상설은 연해주 블라디보스토크에서 대한 광복군 정부를 수립하였다.

[정답 : ③]

참고 | 봉오동 전투

| 봉오동 전투
(1920) | • 대한 독립군(홍범도 장군) 중심의 독립군 연합 부대
• 독립군의 국내 진입 작전 → 일본군이 두만강 이북의 독립군 추격 → 일본군을 봉오동으로 유인하여 승리
• 독립군 세력이 더욱 커지는 계기가 되었음 |

---

keyword
홍범도, 봉오동 전투(1920), 대한 독립군, 김좌진, 청산리 대첩(1920), 북로 군정서군

17. 다음 인물에 대한 설명으로 옳은 것은? [3점]

① 한인 애국단을 조직하였다.
② 청산리 전투를 승리로 이끌었다.
③ 하얼빈에서 이토 히로부미를 사살하였다.
④ 도쿄에서 일본 국왕을 향해 폭탄을 던졌다.

해설
제시된 자료의 이달의 독립운동가인 김좌진은 북로 군정서를 비롯한 독립군 연합 부대를 이끌고 청산리에서 일본군을 크게 물리쳤다.

오답피하기
① 김구는 1931년 한인 애국단을 조직하였다. 한인 애국단의 단원으로 이봉창, 윤봉길 등이 활동하였다.
③ 1909년 10월 26일 안중근 의사는 만주 하얼빈 역에서 이토 히로부미를 사살하였다.
④ 1932년 이봉창은 일본 도쿄에서 일본 왕 히로히토를 향해 폭탄을 던졌으나 실패로 돌아갔다.

[정답 : ②]

참고 청산리 대첩

청산리 대첩 (1920)	• 김좌진 장군이 이끄는 북로 군정서군과 대한 독립군 등의 연합 부대 • 청산리 일대에서 독립군이 6일 동안 10여 차례의 전투 끝에 승리 • 우리 민족의 독립 전쟁 중 가장 큰 승리를 거둔 전투

18. 선생님의 질문에 대한 학생의 대답으로 가장 적절한 것은? [2점]

① : 한글을 깨우치자는 운동입니다.
② : 나라의 빚을 갚자는 운동입니다.
③ : 토산품을 애용하자는 운동입니다.
④ : 민립 대학을 설립하자는 운동입니다.

해설
제시된 자료는 토산품을 애용하자는 물산 장려 운동 포스터이다. 1920년 평양에서 조선 물산 장려회 발기인 대회가 열려 물산 장려 운동이 시작되었으며, 이 운동을 통해 토산품 애용, 근검절약 등을 실천하고자 하였다.

오답피하기
① 신문사를 중심으로 한글을 보급하기 위한 운동이 전개되었다.
② 나라의 빚을 갚자는 국채 보상 운동은 1907년 대구에서 서상돈을 중심으로 시작되었으며, 남자들은 술과 담배를 끊고 여자들은 비녀와 반지를 팔아 참여하였다.
④ 민립 대학을 설립하자는 운동은 우리 민족의 고등 교육을 위해 '한민족 1000만이 한 사람이 1원씩'이라는 구호 아래 천만 원 모금 운동을 전개하였다.

[정답 : ③]

참고 물산 장려 운동

• 의복은 남자는 무명베 두루마기를, 여자는 검정물감을 들인 무명치마를 입는다.
• 우리 손으로 만든 토산품은 우리 것을 이용하여 쓴다.
• 일상용품은 우리 토산품을 상용하되 부득이한 경우 외국 산품을 사용하더라도 경제적 실용품을 써서 가급적 절약을 한다.

keyword
김좌진, 청산리 대첩, 북로 군정서, 대한 독립군, 물산 장려 운동, 조선 물산 장려회, 토산품 애용, 근검절약, '우리가 만든 것 우리가 쓰자'

초급 28회 35번

19. 다음 대화 내용에 해당하는 인물로 옳은 것은? [2점]

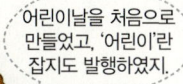

이 사람은 천도교 소년회를 조직하여 소년 운동을 전개하였어.

어린이날을 처음으로 만들었고, '어린이'란 잡지도 발행하였지.

①
방정환

②
신채호

③
안창호

④
윤동주

초급 22회 39번

20. 다음 가상 메달 속에 들어갈 인물로 옳은 것은? [2점]

역사 연구와 독립운동에 헌신한 역사학자

?

①
신채호

②
손기정

③
윤동주

④
홍범도

해설
제시된 자료의 대화 내용에 해당하는 인물은 방정환이다. 방정환은 아동문학가로 어린이라는 용어를 만들었고, 색동회를 조직하였다. 또한 어린이날을 제정하였다.

오답피하기
② 신채호는 일제 강점기의 독립운동가·역사학자·언론인으로, '황성신문', '대한매일신보' 등에서 활약하며 민족 영웅전과 역사 논문을 발표하여 우리 민족의 긍지를 살렸다.
③ 안창호는 한말의 독립운동가이자 사상가로, 호는 도산이다. 독립 협회, 신민회, 흥사단 등에서 활발하게 독립운동을 전개하였다.
④ 윤동주는 일제 강점기 일제에 맞섰던 시인으로, 일제 강점기이자 민족의 암울한 역사성을 담은 깊이 있는 시를 썼다. '서시', '자화상', '별 헤는 밤' 등이 대표적인 그의 작품이다. 특히 '하늘과 바람과 별과 시'는 어두운 시대에 깊은 우수 속에서도 티 없이 순수한 인생을 살아가려는 그의 내면 세계를 표현하였다.

[정답 : ①]

해설
제시된 자료의 가상 메달 속에 들어갈 인물은 신채호이다.

오답피하기
② 손기정은 1936년 8월 10일 베를린올림픽 남자 마라톤에서 1위를 차지하여 민족정기를 드높였다.
③ 윤동주는 '서시', '별 헤는 밤' 등을 쓴 일제 말기의 시인으로, 어두운 현실 속에서도 희망을 간직하기를 염원하였다.
④ 홍범도는 1920년 대한 독립군을 이끌고 봉오동 전투에서 일본군에 크게 승리하였다.

[정답 : ①]

참고 | 신채호
독립 운동가이자 역사학자인 신채호는 "조선상고사"에서 단군에서 백제 멸망까지를 서술하였고, 역사를 '아(我)와 비아(非我)의 투쟁'으로 규정하였다. 또한 "조선사연구초"에서는 묘청의 서경 천도 운동을 '조선 일천년 이래의 최대 사건'이라고 하여 높이 평가하였다. 신채호는 '독사신론' 등을 대한매일신보에 연재하여 민족주의 역사학의 연구 방향을 제시하였다.

---

keyword
윤동주, 신채호, 안창호, 방정환, 천도교 소년회, 어린이, 어린이날, 손기정, 베를린올림픽 마라톤

V. 일제의 강점과 민족 운동의 전개

VI. 대한민국의 발전과 현대 세계의 변화

1. 다음 보고서 목차를 시기순으로 정할 때 두 번째 사건으로 옳은 것은? [3점]

대한민국 정부의 수립 과정

작성자 : □□□

- (가) 제헌 국회의 헌법 제정
- (나) 남한 단독으로 치러진 5·10 총선거
- (다) 모스크바 3국 외상 회의와 반탁 운동의 전개
- (라) 통일 정부 수립의 열망으로 추진된 남북 협상

① (가) ② (나) ③ (다) ④ (라)

2. 다음 선거 이후의 사실로 옳은 것은? [3점]

우리나라 최초의 민주 선거

- 배경 : 국제 연합에서 남한만의 총선거 실시 결정
- 결과 : 제헌 국회 의원 선출

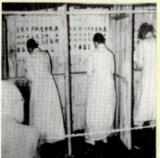

투표하는 모습

① 건국 동맹 조직
② 대한민국 정부 수립
③ 미·소 공동 위원회 설치
④ 모스크바 3국 외상 회의 개최

해설

1945년 12월 미국, 영국, 소련 세 나라 대표는 모스크바 3국 외상 회의를 열어 한반도에 민주적인 임시 정부를 수립하고 미국, 영국, 중국, 소련 4개국이 최대 5년간 신탁 통치를 하기로 결정하였다. 이후 열린 미·소 공동 위원회에서 미국과 소련 간의 입장 차이가 커 결국 회의는 결렬되었으며, 한반도 문제는 국제 연합에서 논의하기로 하였다. 이승만은 통일 정부 수립이 어렵다면 남한만이라도 임시 정부를 세워야 한다고 주장하였고, 김구와 김규식 등은 북한과의 협상을 통해 통일 정부를 수립하기 위해 노력하였으나 남북 협상은 실패하였다. 전국 각지에서 단독 정부 수립 반대 운동이 일어났으나 1948년 5월 10일 남한만의 단독 정부를 수립하기 위한 총선거가 실시되었다. 5·10 총선거를 통해 구성된 제헌 국회는 1948년 7월 17일 헌법을 제정하였다. (다) → (라) → (나) → (가)순으로 대한민국 정부가 수립되었다.

[정답 : ④]

해설

1948년 5월 10일 남한만의 총선거가 실시되어 제헌 국회가 구성되었다. 제헌 국회는 국호를 '대한민국'으로 정하고 헌법을 제정하였다. 이 헌법은 대통령 중심의 민주 공화정 체제를 바탕으로, 임기 4년의 대통령을 국회에서 간접 선출하도록 하였다. 또한 국회에서 초대 대통령으로 이승만이 선출되었다.

오답피하기

① 여운형은 일본의 항복 직전 조선 총독부와의 협상을 통해 권한 일부를 받고, 조선 건국 준비 위원회를 결성하여 활동하였다.
③ 미·소 공동 위원회는 우리나라 정부 수립에 대해 논의하였으나, 서로의 이해 관계가 달라 아무런 소득을 얻지 못하였다.
④ 모스크바 3국 외상 회의에서 미·소 공동 위원회의 설치와 신탁 통치의 실시를 결정하였다.

[정답 : ②]

keyword
모스크바 3국 외상 회의, 신탁 통치, 미·소 공동 위원회, 국제 연합, 5·10 총선거, 남북 협상, 제헌 국회, 대한민국 정부 수립

3. 다음 회의가 있었던 시기를 연표에서 옳게 고른 것은? [3점]

◈ 회의 장소 : 소련의 모스크바
◈ 참석자 : 미국, 영국, 소련의 외무장관
◈ 결정 내용
　- 조선 임시 민주 정부 수립
　- 미·소 공동 위원회 설치
　- 최대 5년간 신탁 통치 실시

회의 장면

1945	1948	1950	1953	1960
(가)	(나)	(다)	(라)	
광복	대한민국 정부 수립	6·25 전쟁 발발	휴전 협정 체결	4·19 혁명

① (가)　② (나)　③ (다)　④ (라)

4. 연표의 (가)에 들어갈 사진으로 적절한 것은? [3점]

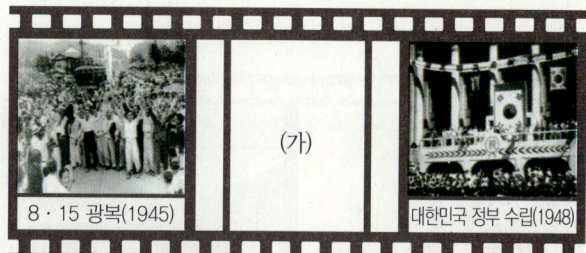
8·15 광복(1945)　　(가)　　대한민국 정부 수립(1948)

①  5·10 총선거
②  새마을 운동
③  6·25 전쟁
④ 카이로 회담

해설
1945년 12월 미국, 영국, 소련의 외무장관은 모스크바에 모여 제2차 세계 대전의 전후 처리 문제를 논의하면서 한국의 독립 문제도 의논하였다. 한반도에 임시 민주 정부 수립과 이를 돕기 위한 미·소 공동 위원회 개최, 최고 5년간의 신탁 통치 실시 등을 결정하였다.

[정답 : ①]

참고　모스크바 3국 외상 회의 주요 결정 내용
1. 한국 민주 임시 정부를 수립한다.
2. 한국 민주 임시 정부의 수립을 위해 미소 점령군 사령부의 대표들로 구성되는 공동위원회를 설치한다. 이 위원회는 한국의 민주주의 정당 및 사회단체와 협의한다.
3. 공동위원회의 제안은 한국 임시 정부와의 협의 아래 미·영·중·소 4개국의 최대 5년간에 걸친 한국 신탁 통치안을 작성하여 4개국의 공동심의에 회부한다.
4. 미·소 점령군 사령부의 대표로 구성되는 회의를 2주 안에 개최한다.

해설
제시된 연표의 (가)에 들어갈 사진은 5·10 총선거이다. 1945년 8월 15일, 광복 이후 통일 정부 수립을 위한 다양한 노력을 실시하였으나 뜻대로 되지 않았다. 단독 정부 수립 반대 운동이 격렬하게 벌어졌으나 결국 1948년 5월 10일 남한만의 단독 정부를 수립하기 위한 총선거가 실시되었다.

오답피하기
② 1970년대에는 새마을 운동이 전개되었는데, 근면·자조·협동의 정신을 바탕으로 농촌 환경 개선에 중점을 두어 성과를 거두기도 하였다.
③ 1950년 6월 25일 새벽 북한은 선전 포고도 없이 갑자기 남한을 쳐들어왔다.
④ 1943년 11월 연합국인 미국, 영국, 중국의 대표가 이집트 카이로에 모여 적당한 시기에 한국을 독립시킬 것을 약속하였다.

[정답 : ①]

참고　제헌 헌법(1948년 7월 17일)

유구한 역사와 전통에 빛나는 우리들 대한 국민은 기미 삼일 운동으로 대한민국을 건립하여 세계에 선포한 위대한 독립정신을 계승하여 …… 정당 또 자유로이 선거된 대표로서 구성된 국회에서 단기 4281년 7월 12일 이 헌법을 제정한다.
제1조 대한민국은 민주 공화국이다.
제53조 대통령과 부통령은 국회에서 무기명 투표로써 각각 선거한다.
제55조 대통령과 부통령의 임기는 4년으로 한다. 단, 재선에 의하여 1차 중임할 수 있다.

keyword
8·15 광복, 모스크바 3국 외상 회의, 조선 임시 민주 정부, 미·소 공동 위원회, 신탁 통치, 5·10 총선거, 대한민국 정부 수립, 제헌 헌법

Ⅵ. 대한민국의 발전과 현대 세계의 변화

초급 20회 38번 흐름 파악

5. (가)에 들어갈 사진으로 옳은 것은? [3점]

6·25 전쟁의 전개 과정

북한군 남침으로 전쟁 발발 / (가) / 중국군 참전 개시 / 휴전 협정 체결

①
9·28 서울 수복

②
1·4 후퇴

③
미·소 공동 위원회 개최

④
모스크바 3국 외상 회의 개최

초급 25회 39번 사실 알기

6. 다음 자료에 나타난 전쟁의 전개 과정에서 있었던 사실로 옳은 것은? [3점]

속보입니다! 6월 25일 오늘 새벽, 북한군이 탱크를 앞세워 전면 남침을 감행하였습니다.

① 조선 총독부가 설치되었다.
② 5·10 총선서가 실시되었다.
③ 인천 상륙 작전이 실행되었다.
④ 미·소 공동 위원회가 개최되었다.

해설

제시된 자료의 (가)에 들어갈 사진은 9·28 서울 수복이다. 1950년 6월 25일 선전 포고 없이 북한은 갑자기 남한에 쳐들어왔다. 국군은 3일 만에 서울을 빼앗기고 낙동강 유역까지 후퇴하였다. 7월 1일 미국을 비롯한 16개국의 연합군이 참전하였고, 9월 15일 국군과 유엔군은 인천 상륙 작전을 실시하였다. 이로 인해 전세를 역전시킨 국군과 국제 연합군은 9월 28일 서울을 수복하였다.

오답피하기

② 1950년 10월 25일 북한을 지원하는 중국군이 참전하였고, 압록강까지 올라갔던 국군과 국제 연합군은 중국군의 공세에 밀려 결국 서울에서 철수하였다(1·4 후퇴).
③ 1946년과 1947년에는 미·소 공동 위원회가 개최되어 임시 정부 구성에 대해 논의하였으나 서로 입장 차이가 심하여 결국 결렬되었다.
④ 1945년 12월 미국, 영국, 소련의 외무장관은 모스크바에 모여 제2차 세계 대전의 전후 처리 문제를 논의하면서, 한국의 독립 문제도 협의하였다. 이 회의에서 한국의 임시 민주 정부 수립과 이를 돕기 위한 미·소 공동 위원회 개최, 최고 5년간의 신탁 통치 실시 등을 결정하였다.

[정답 : ①]

해설

1950년 6월 25일 북한은 무력으로 통일하기 위해 38도선을 넘어 갑자기 남한에 쳐들어왔다. 북한은 소련과 중국의 도움을 받아 군사력을 키운 상태였기 때문에 남한보다 군사력이 앞서 있었다. 3일 만에 서울이 북한군에게 점령당하고, 정부는 부산까지 피란을 가야 했다. 이에 국제 연합군이 참전을 결정하고 인천 상륙 작전(1945년 9월 15일)을 진행하여 서울을 재탈환하였다. 이어 국군과 국제 연합군은 38도선을 지나 평양을 거쳐 압록강까지 진출하였다. 그러나 중국군의 참전으로 후퇴하여 1951년 1월 4일 서울을 다시 빼앗겼다. 이러한 팽팽한 접전 속에서 국제 연합군과 북한군, 중국군 사이에 휴전 회담이 개최되었고, 1953년 7월 휴전 협정을 맺었다.

오답피하기

① 1910년 8월 29일 우리나라의 국권을 강탈한 일제는 조선 총독부를 설치하여 우리 민족을 억압하였다.
② 1948년 5월 10일 남한만의 단독 선거를 실시하고, 제헌 국회를 구성하였다.
④ 1946년과 1947년에는 미·소 공동 위원회가 개최되어 임시 정부 구성에 대해 논의하였으나 미·소 양국의 입장 차이가 커서 결렬되었다.

[정답 : ③]

---

keyword

6·25 전쟁, 북한군 남침, 국제 연합군 참전, 인천 상륙 작전, 9·28 서울 수복, 중국군 참전, 1·4 후퇴, 휴전 협정

7. (가)에 해당하는 인물로 옳은 것은? [2점]

역사 신문
1960년 4월 27일

(가) **대통령, 자리에서 물러나다.**

1948년 7월 24일에 대한민국 초대 대통령으로 취임하였던 (가) 은/는 발췌 개헌과 사사오입 개헌을 통해 장기 집권하였다. 그러나 3·15 부정 선거에 항의하는 시민들의 요구에 따라 대통령직에서 물러났다.

① 이승만
② 윤보선
③ 전두환
④ 노태우

8. 다음 대화 내용 중 옳지 않은 답변을 한 학생은? [3점]

① 갑　② 을　③ 병　④ 정

해설

제시된 자료의 (가)에 해당하는 인물은 이승만이다. 이승만 정부는 권위주의적인 통치 방식과 고위 관직자들의 부정부패로 인하여 국민들의 지지를 잃었다. 1960년 3월 15일 대통령 및 부통령 선거에서 여당인 자유당의 부통령 후보였던 이기붕을 당선시키기 위해 대대적 부정 선거를 저질렀다. 부정 선거에 분노한 국민들은 마산, 광주, 서울 등에서 부정 선거에 항의하는 시위를 전개하였고, 정부에 대한 반감은 더욱 커졌다. 학생과 시민들의 저항이 심해지자 국민들의 요구에 따라 이승만은 대통령직에서 물러났고, 얼마 뒤 미국 하와이로 망명하였다.

오답피하기
② 4·19 혁명 이후 7월 총선거를 통해 대통령에 민주당의 윤보선이 당선되었다.
③ 1979년 12월 신군부 세력이 쿠데타를 일으켜 군사권을 장악하였고, 이후 전두환은 대통령의 자리에 올랐다.
④ 1987년 대통령 직선제를 내용으로 하는 헌법 개정이 이루어졌고, 이후 직선제에 의해 노태우가 대통령으로 당선되었다.

[정답 : ①]

참고 이승만 대통령 하야 발표(1960년 4월 26일)

나는 해방 후 본국에 돌아와서 우리 여러 애국 애족하는 동포들과 더불어 잘 지내왔으니 이제는 세상을 떠나도 한이 없으나, 나는 무엇이든지 국민이 원하는 것만이 있다면 민의를 따라서 하고자 하는 것이며 또 그렇게 하기를 원했던 것이다. 보고를 들으면 우리 사랑하는 청소년 학도들을 위시해 우리 애국 애족하는 동포들이 내게 몇 가지 결심을 요구하고 있다 하니 …… 국민이 원하는 대통령직을 사임하겠다.

해설

1979년 10·26 사태 이후 국무총리였던 최규하가 취임하였으나 중앙 정치를 장악하지 못하였다. 그해 12월 전두환, 노태우 등 신군부 세력이 쿠데타를 일으켜 군사권을 장악하였고, 학생과 시민들은 신군부 퇴진 등을 요구하며 민주화 운동을 전개하였다. 1980년 5월 17일 신군부는 모든 정치 활동을 금지하고, 계엄령을 전국으로 확대하였다. 이에 5월 18일 전라남도 광주에서는 비상계엄 확대와 휴교령에 반대하는 시위가 일어났다. 정부는 시위를 막기 위해 군대를 동원하였고, 계엄군은 시민들을 무차별적으로 폭행하였다. 시민들은 스스로 무장하고 시민군을 조직하여 이에 맞섰지만, 5월 27일 새벽 탱크와 헬기를 동원한 계엄군에 의해 진압당하였다. 5·18 민주화 운동은 이후 전개된 민주화 운동의 밑거름이 되었다.

오답피하기
② 1979년 10월 유신 헌법 선포에 반대하는 시위가 부산과 마산에서 일어났다(부·마 항쟁).

[정답 : ②]

keyword
이승만, 발췌 개헌, 사사오입 개헌, 3·15 부정 선거, 4·19 혁명, 5·18 민주화 운동, 광주, 비상계엄, 신군부, 계엄군, 시민군

초급 19회 40번

9. (가)에 들어갈 내용으로 옳은 것은? [3점]

① 호주제 폐지
② 대통령 직접 선거제 수용
③ 경제 협력 개발 기구(OECD) 가입
④ 제1차 경제 개발 5개년 계획 수립

> **해설**
> 1980년대 중반 이후 민주주의를 희망하는 국민들의 열기가 높아졌고, 학생들은 5·18 민주화 운동 진압의 진상 규명과 책임자 처벌을 주장하였다. 민주화를 요구하는 시위가 확산되는 가운데 박종철 고문치사 사건 등이 일어났고, 분노한 시민들은 더욱 거세게 민주화를 요구하였다. 그럼에도 불구하고 정부는 4월 13일 대통령 직선제 개헌을 하지 않겠다는 조치를 발표하였다. 이러한 상황에서 수십만 명의 시민은 6월 10일 전국 주요 도시에 모여 독재 타도를 외쳤다. 시위는 계속되었고, 결국 전두환 정부는 국민의 민주화 요구에 굴복하여 직선제 개헌을 수용한다는 특별 선언을 발표하였다.

> **오답피하기**
> ① 호주제는 한국 사회의 가부장 의식과 악습을 제도적으로 뒷받침하는 여성 차별적 제도라는 비판 끝에 2005년 폐지되었다.
> ③ 1996년 경제 협력 개발 기구(OECD)에 가입하였다.
> ④ 박정희 정부는 국가 주도의 경제 개발을 추진하였는데, 제1차 경제 개발 5개년 계획은 1962년부터 1966년까지 추진되었다.

[정답 : ②]

> **참고 경제 협력 개발 기구(OECD)**
> 경제 발전과 세계 무역 촉진을 위해 발족한 국제 기구로, 고도의 경제 성장과 완전 고용 추진, 생활 향상 도모, 다각적이고 무차별적 무역·경제 체제 마련, 저개발 지역에의 개발 원조를 주요 정책 방향으로 삼고 있다.

초급 22회 40번

10. (가)에 들어갈 사건으로 옳은 것은? [2점]

🙍‍♀️ : 사람들이 무엇을 보고 있는 거에요?
🙍 : 제13대 대통령 선거에 나온 후보들의 벽보를 보고 있는 것입니다.
🙍‍♀️ : 언제 실시된 대통령 선거였어요?
🙍 : 1987년 전국적으로 일어난 을/를 계기로 대통령 직선제 개헌이 이루어진 뒤 실시된 선거 때입니다.

① 4·19 혁명
② 6월 민주 항쟁
③ 5·18 민주화 운동
④ 유신 헌법 반대 시위

> **해설**
> 제시된 자료의 (가)에 들어갈 사건은 6월 민주 항쟁이다. 1980년대 중반 이후 민주화를 요구하는 시위가 확산되는 가운데 1987년 1월 박종철 고문치사 사건이 일어났다. 이에 분노한 국민들은 더욱 거세게 민주화와 대통령 직선제 개헌을 요구하였다. 그러나 전두환 정부는 개헌을 거부하는 조치를 발표하고 시위를 탄압하였다. 그러자 6월부터 민주화를 요구하는 시위가 전국적으로 일어났다. 그 결과 국민들의 요구를 수용하는 6·29 민주화 선언이 발표되고, 5년 단임의 대통령 직선제 개헌이 이루어졌다. 새 헌법에 따라 실시된 선거에서 노태우 후보가 대통령에 당선되었다.

> **오답피하기**
> ① 3·15 부정 선거 이후 국민들은 부정 선거에 항의하는 시위를 전개하였고, 정부에 대한 반감은 더욱 커졌다. 실종된 김주열의 시신이 발견되어 시민들의 분노가 폭발하면서 전국에서 대대적인 시위를 전개하였다.
> ③ 1980년 5월 18일 전라남도 광주에서는 비상계엄 확대와 휴교령에 반대하는 시위가 일어났다.
> ④ 박정희 정부는 장기 집권을 하기 위해 1972년 10월 유신을 선포하고 유신 헌법을 만들었다. 이에 유신 체제에 저항하는 시위가 곳곳에서 발생하였고, 시민이 동참하면서 시위가 확산되었다.

[정답 : ②]

---

keyword
전두환 정부, 6월 민주 항쟁, 독재 타도, 6·29 민주화 선언, 직선제 개헌, 노태우, 민주화

11. 다음 그림에 나타난 운동에 대한 설명으로 옳은 것은? [3점]

① 남북 경제 협력을 위해 실시되었다.
② 외환 위기를 극복하려는 노력이었다.
③ 농가 소득을 높이기 위해 추진되었다.
④ 전쟁의 피해를 복구하기 위해 시작되었다.

해설

제시된 자료의 그림에 나타난 운동은 박정희 정부 시기의 새마을 운동이다. 도시 중심으로 1960년대 경제 개발이 추진되면서 도시와 농촌 간의 소득 격차가 크게 벌어졌다. 박정희 정부는 이에 대한 농민들의 불만이 커지기 전에 불평등을 해소해야만 했다. 정부 주도하에 추진된 새마을 운동은 근면·자조·협동의 정신을 바탕으로 농민의 소득 증가와 농촌 사회의 생활 개선에 노력하였고, 전국적인 의식 개혁 운동으로 확산되었다. 그러나 새마을 운동은 박정희 정부의 독재와 유신 체제 정당화에 이용되기도 하였다.

[정답 : ③]

참고 새마을 운동 노래

새벽종이 울렸네 새아침이 밝았네
너도 나도 일어나 새마을을 가꾸세
살기 좋은 내 마을 우리 힘으로 만드세
초가집도 없애고 마을 길도 넓히고
푸른 동산 만들어 알뜰살뜰 다듬세
살기 좋은 내마을 우리 힘으로 만드세

---

12. 다음 시기의 사실로 옳지 <u>않은</u> 것은? [2점]

1963년부터 1977년까지 8천여 명의 광부가 독일에 파견되어 탄광에서 일하였다. 이들이 흘린 땀은 우리나라 경제 발전의 밑거름이 되었다.

① 새마을 운동 전개
② 경부 고속 국도 개통
③ 경제 개발 5개년 계획 추진
④ 국제 통화 기금(IMF) 관리 체제 극복

해설

제시된 자료는 박정희 정부 시기의 내용이다. 박정희 정부는 경제 개발 계획을 실천에 옮기고 성공시키기 위해 많은 자금이 필요하였다. 이 때문에 외국에서 차관을 도입하는 한편, 한·일 협정의 체결과 베트남 파병을 통해 경제 개발에 필요한 자금을 조달하려고 하였다. 또한 독일에 파견된 광부나 간호사들이 벌어들인 외화로 경제 개발을 추진할 수 있었다. ①·②·③ 박정희 정부 시기의 내용이다.

오답피하기

④ 김대중 정부 시기에는 기업의 구조조정 및 금융 개혁 단행, 국민의 금 모으기 운동 등의 노력으로 외환 위기를 극복할 수 있었다.

[정답 : ④]

참고 외환 위기

김영삼 정부 시기 무역 적자가 증가하고 대기업의 부도 사태가 벌어지면서 1997년 말 외화 부족으로 심각한 경제 위기를 맞게 되었다. 이에 IMF의 긴급 지원을 받아 국가 부도 위기를 모면하였지만, 실업률과 비정규직이 증가하는 등 많은 문제가 발생하였다.

---

keyword

박정희 정부, 새마을 운동, 농가 소득 증가, 근면·자조·협동, 경제 개발 계획, 경부 고속 국도, 독일 파견 광부

13. (가)에 들어갈 내용으로 옳은 것은? [3점]

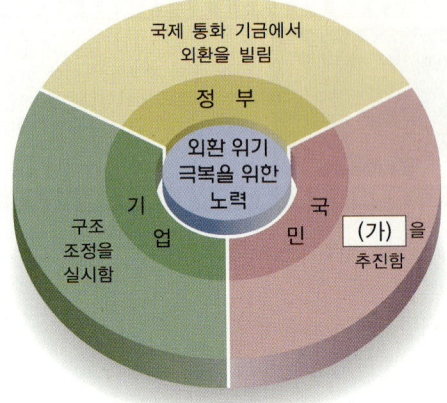

① 새마을 운동
② 국채 보상 운동
③ 애국 계몽 운동
④ 금 모으기 운동

14. (가)~(다)를 일어난 순서대로 옳게 나열한 것은? [2점]

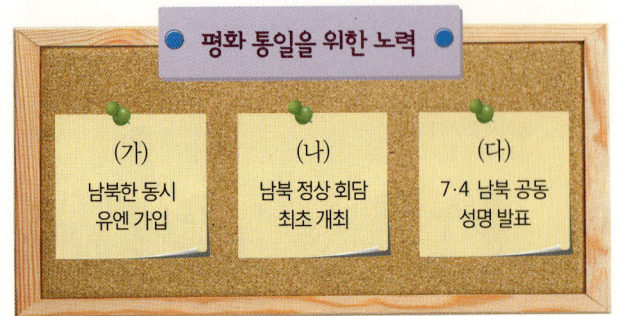

① (가)-(나)-(다)
② (가)-(다)-(나)
③ (나)-(가)-(다)
④ (다)-(가)-(나)

해설
제시된 자료의 (가)에 들어갈 내용은 금 모으기 운동이다. 1997년 말 외환 위기 때 국제 통화 기금(IMF)의 긴급 지원으로 국가 부도 위기를 겨우 모면하였다. 김대중 정부는 외환 위기를 극복하기 위해 금 모으기 운동과 신자유주의 경제 정책을 추진(기업·금융·공공·노동 등 4대 부문 개혁)하였고, 차세대 성장 산업을 육성하면서 2001년 8월 IMF 관리 체제를 극복하였다.

오답피하기
① 1970년대에는 새마을 운동이 전개되었는데, 근면·자조·협동의 정신을 바탕으로 농촌 환경 개선에 중점을 두어 성과를 거두기도 하였다.
② 1907년 국민들의 금주·금연 운동과 여성들의 패물 운동으로 전개된 경제적 구국 운동이었으나 통감부의 반대로 실패하였다.
③ 애국 계몽 운동은 개화 운동과 독립 협회 활동을 계승하여 1905년에서 1910년 사이에 전개된 실력 양성 운동이다.
[정답 : ④]

참고 신자유주의 경제 정책
자원의 효율적인 배분을 시장의 자유 경쟁하에서 실현하려고 하는 사고 방식으로 시장 개방, 정부의 역할 축소, 각종 규제의 철폐를 요구한다.

해설
1970년대 국제적으로 냉전이 완화되고 평화 공존의 분위기가 조성되었는데, 이러한 분위기 속에서 1971년에는 이산가족 재회를 위한 남북한 적십자 회담이 열렸고, 1972년에는 7·4 남북 공동 선언이 발표되었다. 1980년대 후반 냉전 체제가 붕괴되면서 노태우 정부는 공산권 국가와 수교하는 북방 정책을 추진하였다. 이러한 상황에서 남북한은 1990년부터 여러 차례 회담을 개최하였고, 1991년에는 남북한 유엔 동시 가입이 실현되었다. 김대중 정부가 들어선 이후 대북 화해 협력 정책을 추진하였고, 2000년 6월에는 평양에서 남북 정상 회담이 개최되었다.
[정답 : ④]

참고 7·4 남북 공동 성명(1972)
첫째, 통일은 외세에 의존하거나 외세의 간섭을 받음이 없이 자주적으로 해결하여야 한다.
둘째, 통일은 상대방을 반대하는 무력행사에 의거하지 않고 평화적 방법으로 실현하여야 한다.
셋째, 사상과 이념, 제도의 차이를 초월하여 우선 하나의 민족으로서 민족적 대단결을 도모하여야 한다.

keyword
외환 위기, 국제 통화 기금(IMF), 구조조정, 금 모으기 운동, 7·4 남북 공동 성명, 남북 정상 회담, 남북한 동시 유엔 가입

15. (가)에 들어갈 내용으로 가장 적절한 것은? [3점]

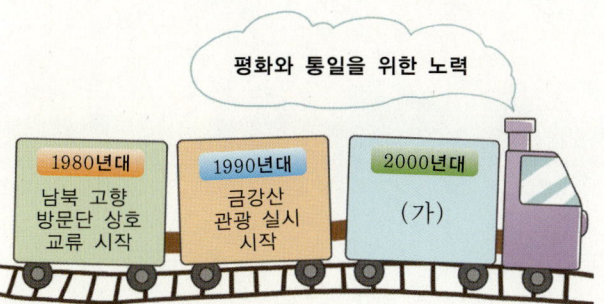

① 새마을 운동 시작
② 남북 정상 회담 개최
③ 남북한 유엔 동시 가입
④ 7·4 남북 공동 성명 발표

16. 다음 자료의 모습을 볼 수 있었던 시기를 연표에서 옳게 고른 것은? [3점]

남북 정상 회담   한·일 월드컵

1962	1977	1988	1996	2008
	(가)	(나)	(다)	(라)
제1차 경제 개발 5개년 계획 시작	수출 100억 달러 달성	서울 올림픽 개최	경제 협력 개발 기구 (OECD) 가입	호주제 폐지

① (가) ② (나) ③ (다) ④ (라)

해설
제시된 자료의 (가)에 들어갈 내용은 김대중 정부가 추진한 대북 화해 협력 정책(햇볕 정책)이다. 2000년 6월 평양에서 남북 정상 회담이 개최되고, 회담 결과 발표된 6·15 남북 공동 선언에 따라 이산가족 방문과 개성 공단 건설 등의 협력 및 교류가 전개되었다.

오답피하기
① 1970년대에는 새마을 운동이 전개되었는데, 근면·자조·협동의 정신을 바탕으로 농촌 환경 개선에 중점을 두어 성과를 거두기도 하였다.
③ 1991년에는 남북한이 유엔에 동시 가입하였다.
④ 1972년 7·4 남북 공동 성명이 발표되어 자주·평화·민족 대단결의 통일 원칙이 제시되었다. 이는 남북한 정부가 최초로 합의한 통일 방안이었다.

[정답 : ②]

참고 6·15 남북 공동 선언(2000)

1. 나라의 통일 문제를 그 주인인 우리 민족끼리 서로 힘을 합쳐 자주적으로 해결해 나가기로 하였다.
2. 나라의 통일을 위한 남측의 연합제 안과 북측의 낮은 단계의 연방제 안이 서로 공통성이 있다고 인정하고, 앞으로 이 방향에서 통일을 지향시켜 나가기로 하였다.
3. 흩어진 가족, 친척 방문단을 교환하며, 비전향 장기수 문제를 해결하는 등 인도적 문제를 조속히 풀어 나가기로 하였다.
4. 경제 협력을 통하여 민족 경제를 균형적으로 발전시키고, 사회·문화·체육·보건·환경 등 제반 분야의 협력과 교류를 활성화하여 서로의 신뢰를 다져 나가기로 하였다.

해설
제시된 자료와 관련된 시기는 김대중 정부 시기였다. 김대중 정부는 평화와 화해·협력을 통한 남북 관계 개선을 목표로 대북 화해 협력 정책인 '햇볕 정책'을 추진하였다. 그 결과 금강산 관광이 이루어졌으며, 개성 공단 건설 등 남북 경제 교류가 이루어졌다. 또한 2000년에 분단 이후 처음으로 남북 정상이 만나 남북 정상 회담을 개최하고, 6·15 남북 공동 선언을 발표하였다. 2002년에는 한·일 월드컵을 개최하였다.

[정답 : ④]

---

keyword
햇볕 정책, 남북한 고향 방문단 상호 교류, 금강산 관광, 개성 공단 건설, 남북 정상 회담, 6·15 남북 공동 선언, 한·일 월드컵

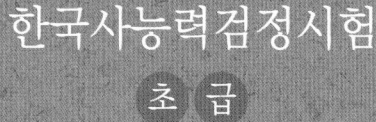

한국사능력검정시험
초 급

테마편

유네스코 세계 문화유산과 자연유산

해인사 장경판전(1995)

팔만대장경을 보관하기 위해 지어진 목조 건축물로, 온도 및 습도 조절이 잘 되도록 과학적으로 설계되었다.

종묘(1995)

조선 시대의 역대 왕과 왕비의 신위를 모신 사당으로 사적 제125호로 지정되어 보존되고 있다. 임진왜란 때 불탔으나 광해군 때 복원되었다.

석굴암과 불국사(1995)

통일 신라 경덕왕 때 김대성이 석굴암과 불국사를 창건하였다. 통일 신라 시대 건축 기술과 조형 감각을 보여 준다.

창덕궁(1997)

조선 시대 궁궐로, 임진왜란 이후 정궁 역할을 하였다. 주변 자연환경과의 조화와 배치가 탁월한 건축물이다.

수원 화성(1997)

조선 정조 때 건설된 성곽으로, 군사적·상업적 기능을 가지고 있으며, 과학적·실용적 구조로 축성되었다.

고창·화순·강화 고인돌 유적(2000)

고인돌은 청동기 시대의 대표적인 무덤으로, 세계 곳곳에서 발견되며 고창, 화순, 강화 고인돌 유적이 대표적이다.

경주 역사 유적 지구(2000)

신라 천 년의 역사와 문화를 한눈에 파악할 수 있으며, 남산 지구, 월성 지구, 대릉원 지구, 황룡사 지구, 산성 지구로 구분되어 있다.

제주 화산섬과 용암 동굴(2007)

한라산 천연 보호 구역, 성산 일출봉, 거문오름 용암 동굴계 등 제주에서 가장 보존 가치가 뛰어난 곳들이 세계 자연유산으로 선정되었다.

조선 왕릉(2009)

조선 시대 왕과 왕비의 무덤으로, 44기 중 40기가 등재되었으며, 유교의 예법을 구현하여 공간 및 구조물을 배치한 것이 특징이다.

하회와 양동(2010)

양반 주거 문화의 원형을 그대로 보존한 곳으로, 안동 하회 마을은 풍산 류씨, 경주 양동 마을은 경주 손씨와 여강 이씨의 집성촌이다.

남한산성(2014)

임진왜란 이후 5군영 중 수어청이 남한산성을 담당하며 수도 외곽의 수비를 전담하였다. 병자호란 때 인조가 청에 대항한 곳으로 알려져 있다.

유네스코 세계 기록 유산

훈민정음(1997)
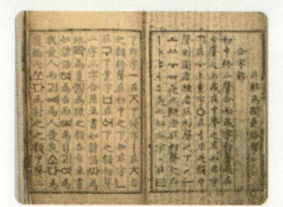
조선 세종 때 만들어진 독창적인 문자인 훈민정음의 창제 목적을 밝힌 서문과 그에 대한 해설서로 국보 제70호로 지정되어 있다.

조선왕조실록(1997)

조선 태조부터 철종까지 25대 역사를 편년체로 기록한 것으로, 조선 시대 정치, 외교, 군사, 제도, 법률 등을 기록한 역사 기록물이다.

직지심체요절(2001)

청주 흥덕사에서 1377년 인쇄된 현존하는 최고(最古)의 금속 활자본으로, 현재 프랑스 국립도서관에 보관중이다.

승정원일기(2001)
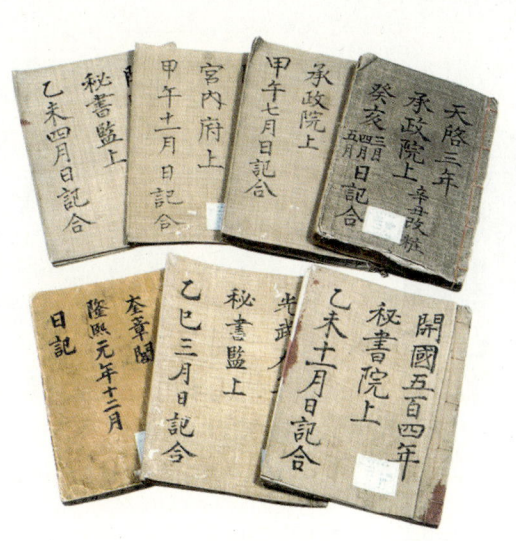
조선 시대 국왕의 비서 기관인 승정원에서 있었던 일을 기록한 책으로, 세계 최대의 1차 사료로 가치를 인정받았으며 국보 제303호로 지정되어 있다.

조선왕조의궤(2007)
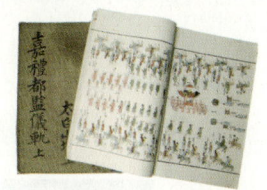
조선 왕실의 주요 행사를 기록한 것으로, 행사의 진행 과정과 참여한 사람들의 명단, 비용과 재료, 의식에 쓰인 도구와 장면을 세밀하게 시각화한 자료이다.

고려대장경판 및 제경판(2007)

국보 제32호로, 팔만대장경이라고 부르며, 몽골의 침입 당시 강화도에서 만들어졌다. 당대 최고의 인쇄 기술을 보여 준다.

동의보감(2009)

조선 광해군 때 허준이 저술하였으며, 동아시아 의학 지식을 종합한 서적이다. 의학 서적 최초로 세계 기록 유산으로 등재되었다.

일성록(2011)
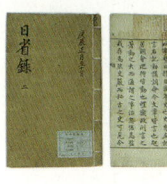
정조가 세손 시절부터 쓰기 시작한 일기로, 국왕의 수양을 위해 편찬되었고 내용과 형식의 독창성을 인정받았다.

5·18 민주화 운동 기록물(2011)
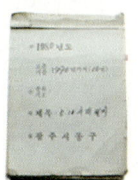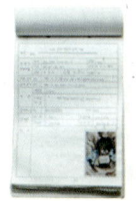
5·18 민주화 운동의 발발·진압·진상 조사 활동·보상과 관련된 문건, 사진, 영상 자료들로, 세계사적 중요성을 인정받아 등재되었다.

난중일기(2013)

임진왜란 때 이순신이 7년간 작성한 일기로, 역사적 사실과 학술 연구 가치를 인정받아 등재되었다.

새마을 운동 기록물(2013)

1970년대 전개된 새마을 운동과 관련된 대통령의 연설문, 결재 문서, 교재, 관련 사진과 영상 등의 기록물이다.

유네스코 인류 무형 유산

종묘 제례 및 종묘 제례악(2001)

종묘 제례는 종묘에서 행하는 제향 의식이며, 종묘 제례악은 종묘에서 제사를 지낼 때 연주하는 기악, 노래, 춤을 말한다.

판소리(2003)

한 명의 소리꾼이 고수의 장단에 맞춰 소리, 아니리, 발림을 섞어가며 연기하는 일종의 종합 예술이다. 초기에는 열두 마당이 있었으나 판소리 다섯 마당으로 정착되었다.

강릉 단오제(2005)

강릉 단오제는 단옷날을 전후하여 펼쳐지는 강릉 지방의 향토 제례 의식이다. 단오굿, 가면극, 농악, 농요 등 다양한 무형 문화 유산과 그네뛰기, 창포 머리 감기 등의 풍속 등이 전승되고 있다.

강강술래(2009)

우리나라 남서부 지역에서 널리 행해졌으며, 주로 한가윗날 밤 여성들이 풍작과 풍요를 기원하며 이루어진 집단 놀이이다. 밝은 보름달이 뜬 밤에 수십 명의 여성들이 손을 맞잡아 둥그렇게 원을 만들어 돌며 노래를 불렀다.

영산재(2009)

영산재는 부처가 인도의 영취산에서 법화경을 설법하던 모습을 재현한 것이다. 죽은 사람의 영혼이 극락왕생하기를 기원하는 의식으로 불교의 철학적이며 영적인 메시지를 표현하고 있다.

남사당놀이(2009)

조선 후기 사회적으로 천대받던 사람들이 떠돌아다니며 벌인 전통 민속 공연이다. 풍물, 사발 돌리기, 땅재주 묘기, 줄타기, 가면극, 꼭두각시 놀음 등이 대표적이다.

제주 칠머리 영등굿(2009)

제주도 전역에서 행해지는 굿으로, 영등 할망을 맞이하여 해녀와 어부의 안전, 마을의 평안, 풍어 등을 기원하였다.

처용무(2009)

통일 신라 시대에 기원하는 처용 설화를 바탕으로 한 춤으로 악귀를 몰아내고 복을 구하는 의미가 있다.

매사냥(2010)

'매사냥'이란 매를 길들여서 야생 상태에 있는 사냥감을 잡도록 하는 전통 사냥 방식으로, 4,000년 이상 지속되어 왔다.

가곡(2010)

조선 시대 상류 사회의 문화로, 소규모 국악 관현악 반주에 맞춰 시조를 부르는 성악곡이다.

대목장(2010)

궁궐이나 사찰, 가옥과 같은 큰 규모의 목조 건축물을 짓는 일을 하는 장인을 가리키며, 대목장은 건축과 관련된 전 공정을 책임졌다.

줄타기(2011)

한국의 전통 공연 예술로, 음악이 함께 연주되며 줄을 타는 곡예사와 땅에 있는 어릿광대 사이에 대화를 주고받는다.

택견(2011)

한국의 전통 무예로, 춤을 연상시키는 동작으로 상대를 차거나 넘어뜨리는 기술이 특징이다. 무술 뿐만 아니라 모든 사람이 즐길 수 있는 운동으로 가치를 인정받았다.

한산 모시짜기(2011)

한산 모시는 충남 서천군 한산 지역에서 제작되는 품질 좋은 모시로, 모시짜기는 모시풀을 이용하여 모시 옷감을 짜는 전통 기술이다.

아리랑(2012)

우리나라의 대표적인 민요로, 각 지역마다 가사와 곡조가 다르며 여러 세대에 걸쳐 전승·보존되었다. 정선 아리랑, 밀양 아리랑, 진도 아리랑이 대표적이다.

김장 문화(2013)

우리나라 사람들이 춥고 긴 겨울을 나기 위해 많은 양의 김치를 담그는 것을 말한다. 자연 재료를 창의적으로 이용하며, 나눔과 결속, 정체성과 소속감을 제공하는 유산으로 평가된다.

우리민족의 세시풍속

봄

[음력 1월 1일] 설날
음력 정월 초하룻날로, 차례, 세배, 연날리기, 윷놀이, 널뛰기, 머리카락 태우기 등의 세시풍속이 있다.

[음력 1월 15일] 정월대보름
'가장 큰 보름'이라는 뜻으로 다양한 놀이가 행해진다. 줄다리기, 부럼깨물기, 더위팔기, 지신밟기, 달맞이, 쥐불놀이 등이 있다.

[음력 2월 1일] 영등날
바람을 관장하는 영등신이 인간 세상으로 내려오는 날로, 농경신인 영등할머니를 잘 대접하여 농사의 풍년을 기원하였다.

[음력 3월 3일] 삼짇날
강남에 간 제비가 돌아와 추녀 밑에 집을 짓는다는 때로 봄을 알리는 명절이다. 화전놀이를 즐겼다.

여름

[동지로부터 105일째] 한식
양력으로 4월 5일 무렵이며 일정 기간 불의 사용을 금지하며 조상을 위한 제례를 지내고 찬 음식을 먹는다.

[음력 4월 8일] 초파일
석가탄신일로 연등회, 탑돌이, 관등놀이가 대표적인 풍속이다.

[음력 5월 5일] 단오
수릿날이라고도 하며 단오떡을 해 먹고 여자는 창포물에 머리를 감고 그네를 뛰며 남자는 씨름을 하는 풍속이 있다.

[음력 6월 15일] 유둣날
동쪽으로 흐르는 물에 머리를 감고 목욕을 한다는 뜻의 날로 햇과일과 여러 가지 음식을 먹으며 하루를 보낸다.

[음력 6월] 삼복
1년 중 가장 더운 시기로 초복, 중복, 말복을 의미한다. 더위를 이기고 몸을 보호하기 위해 보양식이나 여름 과일을 즐겨 먹었다.

가을

[음력 7월 7일] 칠석
견우와 직녀가 1년에 한 번 만나 회포를 푸는 날로 여자들이 길쌈을 잘 할 수 있도록 비는 풍속이 있다.

[음력 7월 15일] 백중
풍년을 일구어낸 농군들이 스스로 즐기는 날로 농사를 도와준 일꾼들과 머슴을 대접하고 휴가를 주는 날이다. 들돌들기가 대표적인 놀이이다.

[음력 8월 15일] 추석
한가위, 가배, 한가위, 중추절이라고 하며, 성묘, 차례, 강강술래, 가마싸움, 씨름 등의 풍속이 있었다.

[음력 9월 9일] 중양절
단풍놀이를 즐기며 국화전, 화채 같은 음식을 먹었다. 또한 계절 음식을 준비하여 조상에게 차례를 지내기도 하였다.

겨울

[음력 10월] 상달
새로 난 곡식을 신에게 드리기 가장 좋은 달로 제물로 시루떡과 술을 준비하여 제사를 지내는 추수 감사제의 성격을 지녔다.

[양력 12월 22일경] 동지
연중 밤이 가장 긴 시기로 동짓날은 부적을 붙여 악귀를 쫓고 팥죽을 쑤어 먹는 풍속이 있다.

[음력 12월 30일] 섣달그믐
1년의 마지막 날로 섣달그믐날 밤을 말한다. 새벽녘 닭이 울 때까지 잠을 자지 않고 새해를 맞이하는 풍속이 있다.

지역의 역사

평양 지역의 역사

- 백제 근초고왕(4세기) 고구려 평양 공격
- 고구려 장수왕의 평양 천도(427)
- 고구려 멸망 후 당의 안동도호부 설치
- 고려 태조 북진 정책의 전진 기지
- 묘청의 서경 천도 운동 발생
- 조선 후기 유상들의 활약
- 제너럴 셔먼호 사건 발생(1866)
- 1920년대 초 조만식 등을 중심으로 물산 장려 운동 시작
- 남북 협상 회의 개최(1948)
- 최초로 남북 정상 회담 개최(2000)

원산 지역의 역사

- 동예는 강원도 북부의 동해안 지역에 위치
- 신라의 삼국 통일 후 국경선인 대동강~원산만 일대에 해당
- 강화도 조약 당시 개항
- 최초의 근대적 사립 학교인 원산 학사 설립
- 일제 강점기 원산 총파업 발생

울릉도와 독도의 역사

- 신라 지증왕 때 이사부의 우산국 정복
- 조선 숙종 때 안용복의 울릉도와 독도의 주권 수호 운동 전개
- 러·일 전쟁 당시 일본의 독도 불법 약탈

강화도 지역의 역사

- 청동기 시대의 고인돌 유적(유네스코의 세계 문화유산 등재)
- 몽골의 침입 때 강화도로 천도 후 40여 년간 항전
- 4대 사고 중 정족산 사고가 위치
- 정제두 등 강화학파 형성
- 병인양요, 신미양요 당시 프랑스와 미국 침입

청주 지역의 역사

- 통일 신라 민정 문서는 서원경(청주) 부근의 조세 관련 자료
- "직지심체요절" 간행(청주 흥덕사)

공주의 역사

- 구석기 유적지인 공주 석장리 유적 발견
- 백제는 고구려의 남진 정책에 밀려 웅진(공주)으로 천도
- 백제 무령왕릉 발견
- 고려 망이·망소이의 농민 봉기 발생

제주도의 역사

- 가장 오래된 신석기 시대 유적지인 고산리 유적 발견
- 원 간섭기 탐라총관부 설치
- 삼별초의 대몽 항쟁 과정에서 최후 항전
- 조선 시대의 잉류 지역
- 제주 4·3 사건 발생(1948)

부여의 역사

- 백제 성왕의 사비 천도, 국호 '남부여' 선포
- 백제 금동 대향로 발견
- 백제 정림사지 5층 석탑 위치

진주 지역의 역사

- 조선 후기 진주 농민 운동 발생
- 백정들이 주도한 형평 운동 발생

인물 한국사

고대

연도	사건	인물
57	신라 건국	**원효(617~686)** 신라의 승려로, 통일 신라가 삼국을 통일한 뒤 백성의 마음을 하나로 모으기 위하여 일심 사상, 화쟁 사상을 주장하였고, 아미타 신앙(나무아미타불)을 통해 이전까지 주로 왕과 귀족들이 믿었던 불교를 대중화하였다. 또한 "대승기신론소"와 "십문화쟁론"을 저술하였다.
37	고구려 건국	
18	백제 건국	
372	고구려, 불교 전래	**을지문덕(?~?)** 고구려 영양왕 때의 장군으로, 지략과 무용에 뛰어나 중국 수 양제가 쳐들어왔을 때 살수에서 크게 물리쳤다.
384	백제, 불교 전래	
427	고구려, 평양 천도	**의상(625~702)** 신라의 승려로, 당에서 유학한 후 귀국하여 화엄 사상을 정립하였다. 관음 신앙을 통해 불교 대중화에 이바지하였고, 부석사 등 많은 절을 창건하였다. 또한 "화엄일승법계도"를 저술하였다.
527	신라, 불교 공인	
612	살수 대첩	**장보고(?~846)** 신라의 평민 출신으로, 당으로 건너가 무관이 되었다. 흥덕왕 때 청해진 설치를 건의하여 완도에 청해진을 건설하고 수군을 훈련시켜 해적들을 소탕하였다. 청해진을 중심으로 당-신라-일본을 연결하는 국제 무역을 주도하였고, 산둥 반도 적산촌에 법화원을 건립하였다.
660	백제 멸망	
668	고구려 멸망	
676	신라의 삼국 통일	**최치원(857~?)** 신라 말 6두품 출신 학자로, 당에 유학하여 빈공과에 합격하였다. 당에서 귀국한 후 진성 여왕에게 시무책 10여 조를 건의하였으나 실효를 거두지 못하였으며, 관직을 버리고 은둔하였다. '토황소격문'을 지었으며, "계원필경"을 저술하였다.
698	발해 건국(~926)	
828	청해진 설치	

중세

연도	사건	인물
918	고려 건국	**서희(942~998)** 거란의 군대가 청천강까지 공격해 오자 서희는 거란 장수 소손녕과 외교 담판을 벌여 송과의 관계를 끊기로 약속하고 그 대가로 강동 6주를 획득하였다. 이로써 고려의 영토는 압록강까지 확대되었다.
936	고려, 후삼국 통일	
993	거란과 담판	**의천(1055~1101)** 고려 중기의 승려로, 화엄종을 중심으로 교종을 통합하였고, 국청사를 중심으로 천태종을 창시하였다. 교관겸수를 제시하고 교종을 중심으로 선종을 통합하려 하였다.
1019	귀주 대첩	
1086	의천, 교장도감 설치	**지눌(1158~1210)** 고려 중기의 승려로, 선종을 중심으로 교종을 포용하고자 하였다. 순천 송광사에서 수선사 결사를 조직하였으며, 불교의 세속화를 비판하며 돈오점수와 정혜쌍수를 강조하였다.
1107	윤관, 여진 정벌	
1126	이자겸의 난	**묘청(?~1135)** 고려 중기의 승려로, 풍수지리설을 내세워 서경 천도를 추진하고 칭제 건원과 금국 정벌을 주장하였다. 서경 천도가 거부된 이후 국호 '대위', 연호 '천개'로 정하고 서경에서 반란을 일으켰으나 김부식이 이끄는 관군에 진압되었다.
1135	묘청의 난	
1170	무신 정변	
1176	망이·망소이의 난	**만적(?~?)** 최충헌의 사노비였던 만적은 신분 해방을 주장하며 개경의 노비들과 함께 각자의 주인을 죽이고 노비 문서를 불태우기로 하였으나 사전에 발각되어 실패하였다.
1198	만적의 난	
1231	몽골의 침입	**최무선(1325~1395)** 고려 말의 과학자이자 발명가로, 화통도감을 설치하여 화약과 화포를 제작하였다. 특히 진포 싸움에서 화포를 이용해 왜구를 격퇴하였다.
1270	개경 환도	
1388	위화도 회군	**정몽주(1337~1392)** 고려 말 유학자이자 문신으로, 호는 포은이다. 온건 개혁파 사대부로 새 왕조 건설에 반대하고 고려 왕조를 유지할 것을 주장하였다. 개성 선죽교에서 이방원의 수하에 죽임을 당하였다.
1392	고려 멸망	

근세

연도	사건	인물
1388	위화도 회군	**정도전(1342~1398)** 조선의 개국 공신으로, 호는 삼봉이다. 조선 건국 후 한양 천도에 결정적인 역할을 한 정도전은 '인, 의, 예, 지, 신'에 따라 4대문은 흥인지문(동대문), 돈의문(서대문), 숭례문(남대문), 소지문(숙청문, 북문)으로, 종루의 이름은 보신각(종각)으로 지었다.
1392	조선 건국	
1394	한양 천도	**장영실(?~?)** 장영실은 원래 노비였으나 뛰어난 재능을 인정받아 태종 때부터 궁중 기술자로 일하였고, 이후 세종의 신임을 얻어 중국 유학을 다녀왔다. 이후 앙부일구, 자격루, 측우기 등 여러 과학 기구들을 발명하였다.
1441	측우기 제작	
1446	훈민정음 반포	**조광조(1482~1519)** 조선 중기 문신으로, 호는 정암이며 훈구파와 대립하였다. 현량과 실시, 소격서 폐지, 위훈 삭제 요구 등을 추진하였으며 유교적 도덕 정치를 주장하였다. 또한 향약을 시행하고 "소학"을 보급하였으나 기묘사화로 사사되었다.
1498	무오사화	**이황(1501~1570)** 조선 중기 유학자이자 문신으로, 호는 퇴계이다. 이기론에서 이(理)의 역할을 중시하였다. "성학십도"와 "주자서절요"를 저술하였으며, 일본의 성리학 발전에 이바지하였다.
1519	기묘사화	**이이(1536~1584)** 조선 중기 유학자이자 문신으로, 호는 율곡이다. 이기론에서 기(氣)의 역할을 강조하였다. "성학집요"와 "동호문답"을 저술하였으며, 통치 체제와 수취 제도의 개혁을 주장하였다.
1545	을사사화	
1592	임진왜란, 한산도 대첩	**이순신(1545~1598)** 임진왜란 당시 거북선을 이용하여 일본 수군에 큰 피해를 입혔다. 특히 한산도 대첩, 명량 대첩 등에서 큰 승리를 거두었으며, 노량 해전 승리와 함께 전사하였다.
1598	노량 해전	**송시열(1607~1689)** 조선 후기 유학자이자 문신으로, 호는 우암이다. 효종과 효종 비 사망으로 남인과 예송 논쟁을 벌인 노론의 영수이다. 주자학의 대가로, 윤휴를 사문난적으로 몰아 비판하였다.
1608	대동법 실시	
1610	허준, "동의보감"	**유형원(1622~1673)** 조선 후기 실학자로, 호는 반계이다. 균전론을 주장하며 농업 중심 개혁론을 체계화하였으며, "반계수록"을 저술하였다.
1623	인조반정	**이익(1681~1763)** 조선 후기 실학자로, 호는 성호이다. 한전론을 주장하였으며, 나라를 좀먹는 여섯 가지 폐단을 지적하였다. "성호사설"과 "곽우록"을 저술하였고, 성호 학파를 형성하였다.
1627	정묘호란	**유수원(1694~1755)** 조선 후기 실학자로, 호는 농암이다. 상공업 중심 개혁론자의 선구자로, 사농공상의 직업적 평등과 전문화를 주장하였고, "우서"를 저술하였다.
1636	병자호란	
1654	나선 정벌	**홍대용(1731~1783)** 조선 후기 실학자로, 호는 담헌이다. 지전설을 주장하며 중국 중심의 세계관에서 탈피하였다. 천체의 운행과 위치를 측정하는 혼천의를 제작하였으며, "의산문답"을 저술하였다.
1678	상평통보 유통	**박지원(1737~1805)** 조선 후기 실학자로, 호는 연암이다. 수레와 선박의 이용, 화폐의 유통을 주장하였으며, "열하일기"를 저술하였다. 또한 양반전, 허생전, 호질 등의 한문 소설에서 양반의 무능을 비판하였다.
1696	안용복, 독도에서 일본인 쫓아냄	**박제가(1750~1805)** 조선 후기 실학자로, 서자 출신이나 규장각 검서관으로 임명되었다. "북학의"를 통해 청 문물을 적극적으로 수용할 것을 주장하였고, 수레와 선박의 이용, 소비 촉진을 통한 생산력의 증대를 권장하였다.
1712	백두산정계비 건립	
1725	영조, 탕평책 실시	**정약용(1762~1836)** 조선 후기 실학자로, 호는 다산이다. 여전론과 정전제를 주장하였으며, 수원 화성을 건설할 때 거중기를 사용하였고 한강에 배다리를 설계를 하였다. 전남 강진에서 18년 간 유배하였으며, "목민심서", "경세유표", "흠흠신서", "아방강역고" 등을 저술하였다.
1750	균역법 실시	
1776	규장각 설치	**김만덕(1739~1812)** 제주도 최고의 상인이 되어 굶는 사람들을 도운 선행으로 정조에게까지 알려졌다. 당시 우의정 채제공은 "만덕전"이라는 책을 지어 만덕의 선행을 널리 알렸다.
1801	신유박해	**안용복(?~?)** 울릉도와 독도에 출몰하는 왜인을 쫓아내고 일본으로 건너가 두 섬이 우리 영토임을 알리고 돌아왔다. 이를 계기로 조선은 울릉도와 독도 귀속 문제를 확정하고 중앙에서 관리를 파견하였다.
1811	홍경래의 난	

인물 한국사

근현대

연도	사건	인물
1860	최제우, 동학 창시	**박규수(1807~1876)** 연암 박지원의 손자로, 박지원의 실학사상을 계승하고 오경석, 유홍기 등과 통상 개화론을 주장하였다. 또한 평양 감사일 때 제너럴 셔먼호를 대동강 유역에서 불태워 침몰시켰다.
1876	강화도 조약 체결	
1884	갑신정변	**최제우(1824~1864)** 서양에서 전래한 종교인 서학에 대응하며 어지러운 세상을 구하기 위해 동학을 창시하였다. 1861년 포교를 시작하였고, 이후 교세가 크게 확장되었으나 조정에서는 백성들을 현혹시킨다는 이유로, 그를 체포·사형하였다.
1894	동학 농민 운동, 갑오개혁	**최익현(1833~1906)** 조선 말의 문신이자 위정척사론자이며, 의병장이다. 강화도 조약 체결 전후에는 개항에 반대 운동을 전개하였으며, 을사의병 때 전북 태인에서 의병을 모집하여 활동하였다. 그러나 관군이 출동하자 항전을 중지하고 체포되어 쓰시마 섬에 유배되었고, 단식을 하다 사망하였다.
1895	을미사변, 단발령, 을미의병	
1905	을사조약 체결, 을사의병	**유인석(1842~1915)** 조선 말의 위정척사론자이자 의병장이다. 을미사변과 단발령에 반발하여 의병 운동을 전개하였으나 이후 만주로 망명하여 활동하였다. 1909년 블라디보스토크에서 13도 의군을 창설하였다.
1907	신민회 설립, 헤이그 특사 파견, 고종 강제 퇴위, 군대 해산	
1908	의병, 서울 진공 작전	**전봉준(1854~1895)** 서른 살이 넘어 동학에 들어가 동학 농민 운동의 지도자가 되었다. 전라도 고부 군수인 조병갑의 횡포에 항거하여 동학 농민 운동이 일어났다.
1909	안중근, 이토 히로부미 사살	**유길준(1856~1914)** 한국 최초의 일본과 미국 유학생이며, 조사 시찰단과 보빙사로 활동하였다. '중립화론'을 통해 조선의 중립국화를 주장하였으며, "서유견문"을 저술하였다.
1910	국권 피탈	
1919	3·1 운동	**박은식(1859~1925)** 민족주의 사학자이자 독립운동가이다. 황성신문과 대한매일신보의 논설위원을 역임하였으며, 대한민국 임시 정부의 제2대 대통령이었다. 유교 구신론을 주장하였으며, "한국통사"와 "한국독립운동지혈사"를 저술하였다.
1920	봉오동 전투, 청산리 대첩	
1923	의열단 조직	**서재필(1864~1951)** 급진 개화파로, 갑신정변을 일으켰으나 이후 미국에 망명하였다. 귀국 후 1896년 독립신문을 창간하고 독립 협회를 창립하였으며, 상하이 임시 정부의 외교 위원장으로 활약하였다.
1926	6·10 만세 운동	**홍범도(1868~1943)** 조선 말기 의병장이자 독립운동가이다. 함경도 갑산에서 포수를 이끌고 의병 활동을 전개하였으며, 만주로 건너가 독립군을 양성하였다. 대한 독립군을 이끌고 봉오동을 습격한 일본군을 맞아 큰 승리를 거두었다.
1927	신간회 결성	
1929	광주 학생 항일 운동	**이상설(1870~1917)** 독립운동가로, 1904년 일본의 황무지 개간 요구 반대 상소를 올렸고, 1907년 헤이그에 특사로 파견되었다. 밀산 한흥동을 건설하고 신한촌에 권업회를 조직하였다. 또한 1914년 대한 광복군 정부를 수립하였다.
1931	한인 애국단 조직	
1940	한국광복군 창설	**김구(1876~1947)** 정치가이자 독립운동가로, 1926년 대한민국 임시 정부의 국무령에 취임하였으며, 1931년 한인 애국단을 조직하여 의열 투쟁을 전개하였다. 또한 1940년 대한민국 임시 정부의 주석을 역임하였으며, 1948년 남한만의 단독 선거를 반대하며 남북 협상을 추진하였다.
1945	8·15 광복	**신돌석(1878~1908)** 평민 출신 의병장으로, 강원도와 경상도 등지에서 의병 세력을 구축하여 의병 운동을 전개하였다. '태백산 호랑이'로 불리며 을사조약 체결 이후 영해, 울진, 원주, 삼척, 강릉 등지에서 크게 활약하였다.
1948	남북 협상	

1948	5·10 총선거 실시, 대한민국 정부 수립	**안창호(1878~1938)** 교육자이자 독립운동가이다. 비밀 결사인 신민회를 조직하였으며, 평양에 대성 학교를 설립하였다. 1912년 대한인 국민회에 회장으로 선임되었으며, 1913년 미국에서 흥사단을 조직하였다.
1950	6·25 전쟁	
1952	발췌 개헌	**안중근(1879~1910)** 국내외에서 항일전을 전개한 독립운동가이다. 1909년 10월 26일 만주 하얼빈에서 이토 히로부미를 사살하여 민족 독립의 의지를 보여 주었다. "동양평화론"을 저술하였으며, 1910년 뤼순 감옥에서 순국하였다.
1954	사사오입 개헌	
1960	4·19 혁명	**신채호(1880~1936)** 민족주의 사학자이자 독립운동가이다. 황성신문 기자, 대한매일신보 주필을 역임하였으며, 대한민국 임시 정부에 참여하였다. 1923년 조선 혁명 선언을 발표하였으며, 국민 대표 회의에서 창조파로 활동하였다. '독사신론', "조선상고사", "조선사연구초" 등을 저술하였으며, 타이완에서 체포되어 뤼순 감옥에서 순국하였다.
1961	5·16 군사 정변	
1965	한·일 협정	**김규식(1881~1950)** 외교 활동가이자 독립운동가이다. 신한 청년당 대표로 파리 강화 회의에 파견되었으며, 대한민국 임시 정부 부주석을 역임하였다. 여운형과 함께 좌우 합작 위원회를 조직하였고, 김구와 함께 남북 협상을 추진하였다.
1972	10월 유신	
1979	부·마 민주화 운동, 10·26 사태, 12·12 사태	**여운형(1886~1947)** 정치가이자 독립운동가이다. 대한민국 임시 정부의 외무부 차장, 조선 중앙일보 사장을 역임하였으며, 조선 건국 동맹을 결성하였다. 또한 조선 건국 준비 위원회를 결성하여 위원장으로 활동하였고, 김규식과 함께 좌우 합작 위원회를 조직하였다.
1980	5·18 민주화 운동	**조소앙(1887~1958)** 정치가이자 독립운동가이다. 스웨덴 스톡홀름 국제 사회당 대회에 한국 문제를 의제로 제출하였고, 대한 독립 선언서를 기초하여 독립운동가 39명의 공동 서명으로 발표하였다. 또한 김구·안창호 등과 한국 독립당을 창립하였으며, 대한민국 임시 정부 건국 강령의 이론적 기초를 마련하였다.
1987	6월 민주 항쟁, 6·29 민주화 선언	
1988	서울 올림픽 대회 개최	**지청천(1888~1957)** 군인이자 독립운동가이다. 만주로 망명한 후 신흥 무관 학교의 교관이 되었고, 서로 군정서 사령관으로 취임하였다. 한국 독립군 총사령관으로 활동하였으며, 조선 혁명당을 창당하였다. 또한 충칭 임시 정부의 한국광복군 총사령관으로 취임하였다.
1991	남북한 유엔 동시 가입	
1993	금융 실명제 실시	**김좌진(1889~1930)** 군인이자 독립운동가이다. 1919년 북로 군정서 총사령관으로 취임하였고, 1920년 청산리 대첩을 승리로 이끌었으며, 대한 독립 군단을 조직하였다.
1997	IMF 구제 금융 요청	
2000	남북 정상 회담 6·15 남북 공동 선언	**김원봉(1898~1958)** 정치가이자 독립운동가로, 1919년 만주에서 의열단을 조직하여 의열 투쟁을 전개하였다. 1932년 조선 혁명 간부 학교를 창설하였으며, 1935년 민족 혁명당을 창당하였다. 이후 조선 민족 혁명당을 창당하고 조선 의용대를 창설하였다. 1948년 북한으로 망명하였으나 김일성의 연안파 제거로 숙청되었다.
2002	한·일 월드컵 대회 개최	

1판 1쇄 2016년 6월 30일

편저자_강현태 외 8명
발행인_성진희
발행처_헤아림북스
주소_경기도 고양시 일산동구 중앙로 1123, 상가동 220-2호(백석동, 흰돌마을 청구코아상가)
대표 전화_031-903-9930 | **팩스**_031-903-9920
출판등록_제396-2013-000092호
홈페이지_http://www.hearimbooks.com
ISBN 979-11-955032-6-1

정가_13,000원

© 2016 헤아림북스
출판사의 서면 허락 없이 내용의 일부 또는 전부를 인용하거나 발췌를 금합니다.
© 2016 by
All rights reserved including the rights of reproduction in whole or part in any form.
Printed In KOREA

http://www.hearimbooks.com

Q&A 교재 내용에 대한 문의는
'헤아림북스 교재 Q&A'에서 질문하세요~
선생님과 연구원들이 직접 답변해 드립니다.

 헤아림북스 교육연구소에서
제공하는 한국사·수학의 모든 자료들을
지금! 클릭하여 이용하세요~

한국사·수학을 공부하는 모든 선생님과 학생들을 위한 **Internet Service**
작지만, 대한민국 수학·한국사선생님과 학생들이 함께 하나씩 만들어가는......
그래서 매일매일, 새롭고 알찬 내용을 제공합니다.

- 선생님의 현장 경험을 살려 학생들에게 꼭! 필요한 교재 만들기
- 학생들이 궁금해 하는 한국사·수학 학습 방법 질문하기
- 풀리지 않는 한국사·수학 문제를 질문하고 선생님과 친구들이 답변해 주기
- 한국사·수학의 자신감을 심어주는 우리들만의 작은 공간!

www.hearimbooks.com

대한민국 교육커뮤니케이션의
전략 파트너!
헤아림북스와의 만남!